本书出版得到 2019 年清华大学人才引进经费资助

经学视域下的
朱子学研究

THE STUDY OF CHU HSI'S
NEO-CONFUCIANISM
FROM THE PERSPECTIVE OF CONFUCIAN CLASSICS

丁四新　主编

社会科学文献出版社
SOCIAL SCIENCES ACADEMIC PRESS (CHINA)

图书在版编目（CIP）数据

经学视域下的朱子学研究／丁四新主编. -- 北京：
社会科学文献出版社，2020.9
　ISBN 978 - 7 - 5201 - 7024 - 6

　Ⅰ.①经…　Ⅱ.①丁…　Ⅲ.①朱熹（1130 - 1200）-
哲学思想 - 文集　Ⅳ.①B244.75 - 53

　中国版本图书馆 CIP 数据核字（2020）第 139056 号

经学视域下的朱子学研究

主　　编／丁四新

出 版 人／谢寿光
组稿编辑／刘　荣
责任编辑／单远举

出　　版／社会科学文献出版社·联合出版中心（010）59367011
　　　　　地址：北京市北三环中路甲 29 号院华龙大厦　邮编：100029
　　　　　网址：www.ssap.com.cn
发　　行／市场营销中心（010）59367081　59367083
印　　装／三河市东方印刷有限公司

规　　格／开本：787mm × 1092mm　1/16
　　　　　印张：18　字数：307 千字
版　　次／2020 年 9 月第 1 版　2020 年 9 月第 1 次印刷
书　　号／ISBN 978 - 7 - 5201 - 7024 - 6
定　　价／128.00 元

目　录

CONTENTS

1

朱子经学与四书学

朱熹《中庸章句》及其儒学思想*

陈　来**

摘　要：《中庸章句》以性—气二元论为基点，以道心、人心对应于性命、形气，但同时突出性即理，强调人之性受之于天之理，人性即是天命之性。由于人的气禀使得人之本性的表现受到气的影响和遮蔽，所以人不能自然而无所修为，必须修道立教，以戒慎恐惧和慎独的功夫，在未发和已发的时候都用力修养，强力人为，从明善致知和诚身存心两方面同时努力，以全其性之本体，渐入于中和圣域。在这种解释中，天命之性是起点，但最后落实在修道之教的功夫，而修道功夫需诚明两进，不能偏废。在《中庸章句》中，理学的理气论、天理论、心性论、功夫论都得到了全面的贯彻，朱子成功地借助对于经典的系统解释展示了新儒学的理论建构，对理学思想的传播起了关键性的作用。

关键词：朱子；《中庸章句》；存养；省察

朱子（1130—1200）是宋代儒学的集大成者，其儒学思想是宋代儒学发展的高峰。从儒学史的角度来看，朱熹对儒学发展所作的一个最重要的贡献，就是他花费了毕生的时间致力完成并不断加以修改的《四书章句集注》。朱子对四书所作的研究，集中地体现在他对四书的集结、章句、注释、解说上，事实上，他一生的学术精力，大部分都投入在对四书的研究之上，死而后已。在朱熹的《四书章句集注》中，《中庸章句》占有特殊的地位，这不仅因为他的前期思想的"中和说"出自《中庸》，并深刻影响了他后来心性论体系的主要结构，而且因为《中庸》也是他的修身功夫论的基本依据。

---

* 本文原载于《中国文化研究》第 2 期，收入本书时有修改。
** 陈来，清华大学人文学院哲学系教授，博士生导师。

一 《中庸章句序》

《中庸章句》的体裁和《大学章句》相同，同时，与《大学章句序》一样，《中庸章句序》也是朱子学的重要文献。以下是序文：

> 《中庸》何为而作也？子思子忧道学之失其传而作也。盖自上古圣神继天立极，而道统之传有自来矣。其见于经，则"允执厥中"者，尧之所以授舜也；"人心惟危，道心惟微，惟精惟一，允执厥中"者，舜之所以授禹也。尧之一言，至矣，尽矣！而舜复益之以三言者，则所以明夫尧之一言，必如是而后可庶几也。

> 盖尝论之：心之虚灵知觉，一而已矣，而以为有人心、道心之异者，则以其或生于形气之私，或原于性命之正，而所以为知觉者不同，是以或危殆而不安，或微妙而难见耳。然人莫不有是形，故虽上智不能无人心，亦莫不有是性，故虽下愚不能无道心。二者杂于方寸之间，而不知所以治之，则危者愈危，微者愈微，而天理之公卒无以胜夫人欲之私矣。精则察夫二者之间而不杂也，一则守其本心之正而不离也。从事于斯，无少间断，必使道心常为一身之主，而人心每听命焉，则危者安、微者著，而动静云为自无过不及之差矣。

> 夫尧、舜、禹，天下之大圣也。以天下相传，天下之大事也。以天下之大圣，行天下之大事，而其授受之际，丁宁告戒，不过如此。则天下之理，岂有以加于此哉？自是以来，圣圣相承：若成汤、文、武之为君，皋陶、伊、傅、周、召之为臣，既皆以此而接夫道统之传，若吾夫子，则虽不得其位，而所以继往圣、开来学，其功反有贤于尧舜者。然当是时，见而知之者，惟颜氏、曾氏之传得其宗。及曾氏之再传，而复得夫子之孙子思，则去圣远而异端起矣。

> 子思惧夫愈久而愈失其真也，于是推本尧舜以来相传之意，质以平日所闻父师之言，更互演绎，作为此书，以诏后之学者。盖其忧之也深，故其言之也切；其虑之也远，故其说之也详。其曰"天命率性"，则道心之谓也；其曰"择善固执"，则精一之谓也；其曰"君子时中"，则执中之谓也。世之相后，千有余年，而其言之不异，如合符节。历选前圣之书，所以提挈纲维、开示蕴奥，未有若是之明且尽者也。

自是而又再传以得孟氏，为能推明是书，以承先圣之统，及其没而遂失其传焉。则吾道之所寄不越乎言语文字之间，而异端之说日新月盛，以至于老佛之徒出，则弥近理而大乱真矣。然而尚幸此书之不泯，故程夫子兄弟者出，得有所考，以续夫千载不传之绪；得有所据，以斥夫二家似是之非。盖子思之功于是为大，而微程夫子，则亦莫能因其语而得其心也。惜乎！其所以为说者不传，而凡石氏之所辑录，仅出于其门人之所记，是以大义虽明，而微言未析。至其门人所自为说，则虽颇详尽而多所发明，然倍其师说而淫于老佛者，亦有之矣。

熹自蚤岁即尝受读而窃疑之，沉潜反复，盖亦有年，一旦恍然似有以得其要领者，然后乃敢会众说而折其中，既为定著章句一篇，以俟后之君子。而一二同志复取石氏书，删其繁乱，名以辑略，且记所尝论辩取舍之意，别为或问，以附其后。然后此书之旨，支分节解、脉络贯通、详略相因、巨细毕举，而凡诸说之同异得失，亦得以曲畅旁通，而各极其趣。虽于道统之传，不敢妄议，然初学之士，或有取焉，则亦庶乎行远升高之一助云尔。

淳熙己酉春三月戊申，新安朱熹序①

与《大学章句序》一样，这篇序文也是写于朱子 60 岁时，可以代表他晚年成熟的思想。

什么是"道统之传"？道统之传当然是指道统的传承。如果说"道统"和"道学"在概念上有什么区别的话，可以说道统是道的传承系谱，道学是道的传承内容。照朱子在这篇序文所说，道统之传始自尧舜。这是根据《论语·尧曰》："尧曰：'咨！尔舜！天之历数在尔躬。允执其中。四海困穷，天禄永终。'舜亦以命禹。"②论语的这段是追述尧禅让于舜时对舜说的话。照论语此段最后一句的说法，舜后来禅让于禹的时候也对禹重复了这些话，但没有具体记述舜说的话。《尚书·大禹谟》里记述了舜将要禅让给禹时所说的话："天之历数在汝躬，汝终陟元后。人心惟危，道心惟微，惟精惟一，允执厥中。"因此朱子认为，尧舜禹三代是以"允执其中"的传承而形成道统的。以后，圣圣相传，历经汤、文王、武王、皋陶、伊尹、傅说、周公、

---

① （宋）朱熹：《四书章句集注》，中华书局 1983 年版，第 14—16 页。

② （宋）朱熹：《四书章句集注》，第 193 页。

召公，传至孔子；孔子以后，则有颜子、曾子，再传至子思。子思即是《中庸》的作者。这就是朱子所肯认的道统相传的系谱。而道统相传的内容，就是以"允执其中"为核心的思想，这就是道学。朱子认为，《中庸》便是子思对这一道学思想的发挥和展开。

关于道统的系谱，由唐至宋，已有不少类似的说法，朱子的重要发明是把"人心惟危，道心惟微，惟精惟一，允执厥中"作为道学的内容。[①] 实际是把"人心惟危，道心惟微"当作古圣相传的道学内容。所以，《中庸章句序》的重心是对道心人心说的阐明。

朱子认为，心具有虚灵的知觉能力，但为什么人会形成不同的意识和知觉？意识为什么会有道心和人心的差别？朱子认为，这是由于不同的知觉发生的根源不同，"或生于形气之私，或原于性命之正"。人心根源于形气之私，道心根源于性命之正，也就是说人心根源于人所禀受的气所形成的形体，道心发自于人所禀受的理所形成的本性。人心惟危是说根于身体发出的人心不稳定而有危险，道心惟微是说根于本性发出的道心微妙而难见。人人都有形体、有本性，所以人人都有道心、有人心。照朱子在其他许多地方所指出的，道心就是道德意识，人心是指人的生命欲望。这一思想可谓从身体的性—气二元分析引申出道心—人心的二元分析。

如果人的心中道心和人心相混杂，得不到治理，那么人欲之私就会压倒天理之公，人心就变得危而又危，道心就更加隐没难见。所以正确的做法是精细地辨察心中的道心和人心，"必使道心常为一身之主，而人心每听命焉"。也就是说，要使道心常常成为主宰，使人心服从道心的统领，这样，人心就不再危险，道心就会发显著明，人的行为就无过无不及而达到"中"。

朱子认为，子思所作的《中庸》，和上面他所阐发的古代道心人心说是一致的，《中庸》里面讲的"天命率性"就是道心，"择善固执"就是精一，"君子时中"就是执中，《中庸》所说与尧舜禹相传，若合符节，高度一致。而《孟子》则继承和发扬了《中庸》的思想，继承了先圣以来相传的道统。在孟子之后，道统中断了，道学没有再传承下去。《大学章句序》中也说《大学》思想在孟子以后失传，但《中庸章句序》则整个论述道统的传承和中断，更具有代表新儒家文化抱负的意义。北宋以来的理学之所以称为道学，

---

① 此处所说的道学是朱子《中庸章句序》中所谓"子思子忧道学之失其传"的道学，指古圣相传的心法，与作为理学的同义词的"道学"意义不同。

也是因为他们一开始就以接续孟子以后中断了的道统自命。朱子甚至认为，二程得孟子之后的不传之学，主要是依据和有赖于对《中庸》的考究。他还指出，《中庸》在宋代以来的道学中具有与佛老抗衡的理论作用。

朱子的友人石子重把二程和二程后学对《中庸》的解释集结一起，而朱子认为其中颇有杂佛老之说者，故他经过多年的研究体会，"会众说而折其中，既为定著章句一篇"，即会通北宋以来道学的《中庸》解释，著成了他自己的《中庸章句》。

二 "中庸"名义

朱子首先定义"中庸"，他在篇首辨其名义曰：

> 中者，不偏不倚、无过不及之名。庸，平常也。
>
> 子程子曰：不偏之谓中，不易之谓庸。中者，天下之正道，庸者，天下之定理。此篇乃孔门传授心法，子思恐其久而差也，故笔之于书，以授孟子。其书始言一理，中散为万事，末复合为一理，放之则弥六合，卷之则退藏于密，其味无穷，皆实学也。善读者玩索而有得焉，则终身用之，有不能尽者矣。①

朱子开篇所引述的"子程子曰"，是杂引《二程遗书》《二程外书》中二程论及中庸的话，如："不偏之谓中，不易之谓庸。中者，天下之正道；庸者，天下之定理"，出自《二程遗书》卷七；"中庸乃孔门传授心法"，见于《二程外书》卷十一；"中庸始言一理，中散为万事，末复合为一理"，出自《二程遗书》卷十四；"中庸之书，其味无穷"，见于《二程遗书》卷十八；"如中庸一卷书，自至理便推之于事，如国家有九经，及历代人物之迹，莫非实学也"，出自《二程遗书》卷一；"善读中庸者，只得此一卷书，终身用不尽也"，见于《二程遗书》卷十七。

在这些二程的论述中，朱子最重视的，是对于"中"和"庸"的解释。但朱子也结合了二程门人如吕大临的说法。如"中"字，吕氏说"盖中之谓

---

① （宋）朱熹：《四书章句集注》，第17页。

义，无过不及而立名"①。朱子便吸收其说。所以朱子对"中"的解释，结合了二程的"不偏不倚"说和吕大临的"无过不及"说。至于"庸"字，二程本来解释为"不易之谓庸""庸者，天下之定理"，但朱子却解释为"庸，平常也"。朱子在《中庸或问》里对此作了说明：

> 曰：庸字之义，程子以不易言之，而子以为平常，何也？曰：惟其平常，故可常而不可易，若惊世骇俗之事，则可暂而不得为常矣。②

朱子强调"庸"的平常义，除了照顾训诂的根据外，主要是认为平常的东西才是实践中能长久的，诡异高难的东西是无法长久的，强调道理不能离开人伦日用，也隐含了对佛教离开人伦日用去追求高明境界的批评。朱子说中庸是"实学"，也是强调中庸的道理不离事事物物。

三　《中庸》首章的解释

以下我们逐段地对朱子的《中庸》首章诠释进行分析和说明：

> **天命之谓性，率性之谓道，修道之谓教**。命，犹令也。性，即理也。天以阴阳五行化生万物，气以成形，而理亦赋焉，犹命令也。于是人物之生，因各得其所赋之理，以为健顺五常之德，所谓性也。率，循也。道，犹路也。人物各循其性之自然，则其日用事物之间，莫不各有当行之路，是则所谓道也。修，品节之也。性道虽同，而气禀或异，故不能无过不及之差，圣人因人物之所当行者而品节之，以为法于天下，则谓之教，若礼、乐、刑、政之属是也。盖人之所以为人，道之所以为道，圣人之所以为教，原其所自，无一不本于天而备于我。学者知之，则其于学知所用力而自不能已矣。故子思于此首发明之，读者所宜深体而默识也。③

---

① （宋）吕大临等撰《蓝田吕氏遗著辑校》，中华书局 1993 年版，第 496 页。

② （宋）朱熹：《朱子全书》第 6 册，上海古籍出版社·安徽教育出版社 2002 年版，第 549 页。

③ （宋）朱熹：《四书章句集注》，第 17 页。本文中的《四书章句集注》引文对照中华书局本，黑体字为《中庸》原文，楷体字为朱子注文。下文同此体例，不再赘述。

天之造化以阴阳五行为材料，生成万物，在这个生成过程中，一方面阴阳五行之气聚合而成万物的形体，另一方面在形体生成的同时，理也赋予了事物，成为事物的本性。天把理赋予了事物而成为其本性（这就是所谓天命之谓性），所以性即是理。朱子在这里把二程的"性即理也"的思想与中庸联结起来，既阐明了性非空虚之性，而以理为性，又从性的天道来源说明了性与理的同一。

人与物都禀受了天赋的理，理在天是阴阳五行之理，所以禀受到人物之身，成为健顺五常之性。循着本性去做，就是道，道就是行为的当然之则。

人的性各个相同，但气禀各个不同，对阴阳五行之气的禀受有过有不及，有清浊厚薄，这就使得人之本性的表现受到气的影响、遮蔽。性的表现受到蒙蔽，如此率性的道也就有所乖戾，于是需要修整规范。圣人根据人物本来的性制定各种制度规范，规范就是所当行，所当行是对所行而言，以使人的行为过者不过，不及者能及，都可以达到中，这就是教。

朱子在这句最后指出，《中庸》首章的前三句话，是要人知道性、道、教都是"本于天而备于我"的。"本于天"是指根源于天，来源于天；"备于我"是指完全地具备于人身之内。用今人话来说，就是超越而内在。

道也者，不可须臾离也，可离非道也。是故君子戒慎乎其所不睹，恐惧乎其所不闻。离，去声。○道者，日用事物当行之理，皆性之德而具于心，无物不有，无时不然，所以不可须臾离也。若其可离，则为外物而非道矣。是以君子之心常存敬畏，虽不见闻，亦不敢忽，所以存天理之本然，而不使离于须臾之顷也。①

道是日用常行之理，但道不是外在的、与性无关的，日用常行之理亦即本性所有之德，具备于人的内心。从文本来说，"不可须臾离也，可离非道也"是就规范、当然而言，不是就存在、实然而言，即不是说在存在上无时无处不相离，而是说要注意不使它离开，由此才合理地引出戒慎恐惧的功夫，以使之须臾不离。但朱子顺其率性之谓道的说法，一方面把不离说成实然上的不离，一方面从当然功夫上说不离。

无论如何，朱子更重视的其实是戒慎恐惧。他解释说，为了使当行之

---

① （宋）朱熹：《四书章句集注》，第17页。

理不离于心，一个要成为君子的人必须常常心存敬畏，不能有顷刻的间断，即使没有接触事物的时候，也必须如此，这样才能保存内心本然的天理。照"戒慎乎其所不睹，恐惧乎其所不闻"的说法，特别强调在不睹不闻时保持心的敬畏。人心的意念活动一般是因接触外物而起，中庸则强调在不接触外物时也要警惕意念活动，心也要有所修养。这种修养方法就是未发的功夫。

> **莫见乎隐，莫显乎微，故君子慎其独也**。见，音现。隐，暗处也。微，细事也。独者，人所不知而己所独知之地也。言幽暗之中，细微之事，迹虽未形而几则已动，人虽不知而己独知之，则是天下之事无有著见明显而过于此者。是以君子既常戒惧，而于此尤加谨焉，所以遏人欲于将萌，而不使其滋长于隐微之中，以至离道之远也。①

但是在朱子看来，慎独和戒慎恐惧是不同的，戒慎恐惧于不睹不闻，是指自己没有见闻知觉的活动时，慎独是指别人看不见自己时。用其在本章结尾的说法，戒慎是未发的存养功夫，慎独是已发的省察功夫。莫见乎隐，莫显乎微，是说隐暗之处最明现，微细之事最显著，中庸思想认为人心正是如此。一个人在幽暗的房间里，别人看不见，自己的行为只有自己清楚知道。一个人不在幽暗之处，别人看得见你的行为，但不能看到你的内心，你的内心你自己清楚了解。有时你并没有行为，但内心在活动，这种内心的活动情况也只有你自己明白知道。这些都是"人虽不知而己独知"。内心有所活动，便是已发。所以无论如何，君子必须特别谨慎地审查自己的内心活动，把人欲遏止在将要萌芽的时候，不让它在隐微中滋长。

> **喜怒哀乐之未发，谓之中；发而皆中节，谓之和。中也者，天下之大本也；和也者，天下之达道也**。乐，音洛。中节之中，去声。喜、怒、哀、乐，情也。其未发，则性也，无所偏倚，故谓之中。发皆中节，情之正也，无所乖戾，故谓之和。大本者，天命之性，天下之理皆由此出，道之体也。达道者，循性之谓，天下古今之所共由，道之用也。此言性

---

① （宋）朱熹：《四书章句集注》，第18页。

情之德，以明道不可离之意。①

朱子认为，这一段是讲性情关系的。喜怒哀乐的发动是情，喜怒哀乐未发是性，用他在其他地方的说法，性是未发，情是已发。中是指性，强调性未发作时的不偏不倚。和是指情，指情的发作合乎节度。中所代表的性是天命之谓性的性，是天所赋予人的性，是天下之理的根源，所以说是天下之大本。率天命之性而达到和，这是最通达的大路，故说是天下之达道。中是道的体，和是道的用，体是静，用是动，有体而后有用，体立而后用有以行。这样，朱子就以性情、已发未发、体用的结构疏解了这一段，并把中与天命之性联结起来了。

> **致中和，天地位焉，万物育焉。**致，推而极之也。位者，安其所也。育者，遂其生也。自戒惧而约之，以至于至静之中，无少偏倚，而其守不失，则极其中而天地位矣。自谨独而精之，以至于应物之处，无少差谬，而无适不然，则极其和而万物育矣。盖天地万物本吾一体，吾之心正，则天地之心亦正矣，吾之气顺，则天地之气亦顺矣。故其效验至于如此。此学问之极功、圣人之能事，初非有待于外，而修道之教亦在其中矣。是其一体一用虽有动静之殊，然必其体立而后用有以行，则其实亦非有两事也。故于此合而言之，以结上文之意。②

照朱子这里的讲法，戒慎是与中有关的功夫，慎独是与和有关的功夫。因为戒慎是不睹不闻的功夫，不睹不闻是静的状态，推到至静，就是不偏不倚的中，如果能存守住这个状态，就是极其中。慎独是自己的独知，是有知有觉，不是静，而是意念发动，此时要精细辨察，存天理去人欲；从自己的独知，推到应接事物时，都能保守这样的状态，就是极其和。但中和不能分开为两事，须合而言之，故曰致中和。照《中庸》的说法，人如果能把中和发挥到极致，就能参与宇宙的化育，有助于宇宙的化育。朱子对此的解释是，因为天地万物与人是一体相通的，人心正则天地之心亦正，人的气顺，则天地之气亦顺。这种万物一体的思想也成为理学思想体系的

---

① （宋）朱熹：《四书章句集注》，第18页。
② （宋）朱熹：《四书章句集注》，第21页。

重要部分。

最后朱子写道：

> 右第一章。子思述所传之意以立言：首明道之本原出于天而不可易，其实体备于己而不可离；次言存养省察之要，终言圣神功化之极。盖欲学者于此反求诸身而自得之，以去夫外诱之私，而充其本然之善，杨氏所谓一篇之体要是也。①

也就是说，朱子认为，"天命之谓性"至"可离非道也"，是讲"道"出于天而备于己，讲道的"本原"和"实体"；本原即来自天的根源性，实体即体现在人心的内在性。"是故君子戒慎乎其所不睹，恐惧乎其所不闻"至"君子慎其独也"，是讲君子存养、省察的要法。"喜怒哀乐之未发"至"万物育焉"，是讲修养功夫达到极致的功效及其对宇宙的影响。整章的宗旨是要学者反求于身，去除因外诱而产生的私欲，充实并发挥其本然的善性。这样的人及其行动，既合于天命，又能参赞化育。

《中庸章句序》重点讲心，而《中庸章句》的首章重点在性情，特别是性，讲性本于天，备于人，发为情。这是两者的差别。尤其是，朱子强调气禀对人的影响，所以认为人在现实中不能率性，而必须修道，重点要落实在存养、省察的功夫上。

《中庸章句》最后一章中有一节论内省，与上面所讲慎独功夫有关，一并在这里讨论：

> 诗云："潜虽伏矣，亦孔之昭！"故君子内省不疚，无恶于志。君子之所不可及者，其唯人之所不见乎。恶，去声。诗小雅正月之篇。承上文言"莫见乎隐、莫显乎微"也。疚，病也。无恶于志，犹言无愧于心，此君子谨独之事也。诗云："相在尔室，尚不愧于屋漏。"故君子不动而敬，不言而信。相，去声。诗大雅抑之篇。相，视也。屋漏，室西北隅也。承上文又言君子之戒谨恐惧，无时不然，不待言动而后敬信，则其为己之功益加密矣。故下文引诗并言其效。②

---

① （宋）朱熹：《四书章句集注》，第22页。
② （宋）朱熹：《四书章句集注》，第46页。

朱子认为，此节是呼应首章中慎独的思想，君子的可贵就在于人所不见的时候仍能内省，不仅内省，而且无疚于心，无愧于心。朱子认为，这是接着首章"莫见乎隐，莫显乎微，故君子慎其独也"讲而且与之一致的。由此也证明他把慎独解释为别人所看不见时的功夫是有根据的。他更指出，接下来所引的诗"不愧于屋漏"，也是承接着首章"戒慎恐惧"的思想的。

四 诚身明善

以下再引述《中庸章句》其他章中的一些解释，以见朱子诠释《中庸》的特点。先看朱子对"君子之道费而隐"章中的解释：

> 君子之道，近自夫妇居室之间，远而至于圣人天地之所不能尽，其大无外，其小无内，可谓费矣。然其理之所以然，则隐而莫之见也。……子思引此诗以明化育流行，上下昭著，莫非此理之用，所谓费也。[①]

事事物物是费，是显而可见的；理是事物之所以然，是隐，即微而不可见的。朱子用理事显微的分析解释《中庸》的费隐之说，认为化育流行的万物万事都是理的"用"，即理的表现，这是对理学的理事观的运用。

> 在下位不获乎上，民不可得而治矣；获乎上有道，不信乎朋友，不获乎上矣；信乎朋友有道，不顺乎亲，不信乎朋友矣；顺乎亲有道，反诸身不诚，不顺乎亲矣；诚身有道：不明乎善，不诚乎身矣。此又以在下位者，推言素定之意。反诸身不诚，谓反求诸身而所存所发，未能真实而无妄也。不明乎善，谓未能察于人心天命之本然，而真知至善之所在也。诚者，天之道也；诚之者，人之道也。诚者不勉而中，不思而得，从容中道，圣人也。诚之者，择善而固执之者也。中，并去声。从，七容反。此承上文诚身而言。诚者，真实无妄之谓，天理之本然也。诚之者，未能真实无妄，而欲其真实无妄之谓，人事之当然也。圣人之德，浑然天理，真实无妄，不待思勉而从容中道，则亦天之道也。未至于圣，

[①]　（宋）朱熹：《四书章句集注》，第26页。

则不能无人欲之私，而其为德不能皆实。故未能不思而得，则必择善，然后可以明善；未能不勉而中，则必固执，然后可以诚身，此则所谓人之道也。不思而得，生知也。不勉而中，安行也。择善，学知以下之事。固执，利行以下之事也。①

《中庸》注重修身、反身、诚身；反身是反求于己，自我批评，反身必须以诚为标准和原则，以诚为标准和原则去反身所达到的境界就是诚身。在朱子的解释中，以真实无妄解释诚，以反求所存所发说明诚身的用力之地；所存是未发，所发是已发，这就与戒慎和慎独联系起来了。关于明善，朱子解释为明察人心所具的天命之性，并且真正认识到天命之性是至善。

朱子把"诚"释为真实无妄，把"天之道"释为天理，把"诚者，天之道"解释为诚乃天理之本然，就是把诚理解为天理的本然状态。而"诚之"是人仿效天理本然的真实无妄，尽力达到那种真实状态的努力。圣人不勉而中，自然真实无妄，与天道的本然真实"诚"相同，所以圣人的境界同于天道，都是真实无妄。一般的人有人欲私心，不能像圣人一样自然真实无妄，所以要做到真实无妄，就需要择善，以达到明善；择善后必须坚定地实行，以达到诚身。经过努力去达到真实无妄，这是人道的特点，这就是"诚之"。

博学之，审问之，慎思之，明辨之，笃行之。此诚之之目也。学、问、思、辨，所以择善而为知，学而知也。笃行，所以固执而为仁，利而行也。程子曰："五者废其一，非学也。"**有弗学，学之弗能弗措也；有弗问，问之弗知弗措也；有弗思，思之弗得弗措也；有弗辨，辨之弗明弗措也；有弗行，行之弗笃弗措也；人一能之己百之，人十能之己千之。**君子之学，不为则已，为则必要其成，故常百倍其功。此困而知，勉而行者也，勇之事也。**果能此道矣，虽愚必明，虽柔必强。**明者择善之功，强者固执之效。吕氏曰："君子所以学者，为能变化气质而已。德胜气质，则愚者可进于明，柔者可进于强。不能胜之，则虽有志于学，

---

① （宋）朱熹：《四书章句集注》，第36页。

亦愚不能明，柔不能立而已矣。……"①

朱子认为，诚之的具体方法就是博学、审问、慎思、明辨、笃行，其中学、问、思、辨属于前面说的"择善"，行属于"固执"。按《中庸》三知三行的说法，朱子认为博学、审问、慎思、明辨、笃行统属于"学知利行"，如果再分，这五者中，博学、审问、慎思、明辨属于学而知之，笃行属于利而行之。至于人一己百的努力，则属于"困知勉行"了。

> **自诚明，谓之性；自明诚，谓之教。诚则明矣，明则诚矣。** 自，由也。德无不实而明无不照者，圣人之德。所性而有者也，天道也。先明乎善，而后能实其善者，贤人之学。由教而入者也，人道也。诚则无不明矣，明则可以至于诚矣。②

为了对应于《中庸》所说的诚和明，朱子以德和明两者作为分析的基点，他认为圣人德无不实，这是诚；圣人明无不照，这是明。德是道德的德性，明是理性的能力，天命之性人人都有，但率性为道只有圣人能之，圣人是天然如此，与天道本然相同；贤人以下都是修道为教，由教而入，不是自然，而必须用各种功夫，先从学知明善入手，然后去实在地践行善，这是人道的特点。朱子这个讲法，先明乎善，而后实其善，就是以一种先知后行的知行观来说明贤人由明至诚的方法。

> **唯天下至诚，为能尽其性；能尽其性，则能尽人之性；能尽人之性，则能尽物之性；能尽物之性，则可以赞天地之化育；可以赞天地之化育，则可以与天地参矣。** 天下至诚，谓圣人之德之实，天下莫能加也。尽其性者德无不实，故无人欲之私，而天命之在我者，察之由之，巨细精粗，无毫发之不尽也。人物之性，亦我之性，但以所赋形气不同而有异耳。能尽之者，谓知之无不明而处之无不当也。赞，犹助也。与天地参，谓与天地并立为三也。此自诚而明者之事也。③

---

① （宋）朱熹：《四书章句集注》，第 37 页。按：吕氏原文见其《礼记解》，载《蓝田吕氏遗著辑校》，第 297 页，朱子所引，与吕氏原文略有不同。

② （宋）朱熹：《四书章句集注》，第 37 页。

③ （宋）朱熹：《四书章句集注》，第 38 页。

尽人物之性则可以赞天地之化育，这和首章所说致中和则天地位万物育是一致的。朱子解释说，尽人之性，是指没有丝毫人欲之私，德性真实无妄；尽物之性，是指充分明了事物的性质而处理妥当。这样的人可以协助化育流行，就可以与天地并立为三了。

其次致曲，曲能有诚，诚则形，形则著，著则明，明则动，动则变，变则化，唯天下至诚为能化。其次，通大贤以下凡诚有未至者而言也。致，推致也。曲，一偏也。形者，积中而发外。著，则又加显矣。明，则又有光辉发越之盛也。动者，诚能动物。变者，物从而变。化，则有不知其所以然者。盖人之性无不同，而气则有异，故惟圣人能举其性之全体而尽之。其次则必自其善端发见之偏，而悉推致之，以各造其极也。曲无不致，则德无不实，而形、著、动、变之功自不能已。积而至于能化，则其至诚之妙，亦不异于圣人矣。①

朱子在对《中庸》的诠释中始终贯穿其人性论，认为人与物的性是相同的，只是禀受的气不同而形成人和物的差别；人的性是各个相同的，都是理，都是善的，而人的气则各有差异。气的作用很重要，气能遮蔽本性的作用。圣人的气禀纯粹而清，本性不受遮蔽，性的作用可以全体显现。贤人以下的人，气质有所不纯，性的作用只能部分显现，或在缝隙中发见，因此一般人要学习圣人，必须从本性发见的一些善的萌芽入手，加以推拓，如果能把它推拓一直到极致，使性的全部充分显现，那就成为圣人了。《中庸》认为，一个人内心达到诚，在形体上也有所表现，能够感动、改变其他人。不过朱子在《中庸章句》中对此点并没有加以强调。

诚者自成也，而道自道也。道也之道，音导。言诚者物之所以自成，而道者人之所当自行也。诚以心言，本也；道以理言，用也。**诚者物之终始，不诚无物。是故君子诚之为贵。**天下之物，皆实理之所为，故必得是理，然后有是物。所得之理既尽，则是物亦尽而无有矣。故人之心一有不实，则虽有所为亦如无有，而君子必以诚为贵也。盖人之心能无

① （宋）朱熹：《四书章句集注》，第38页。

不实，乃为有以自成，而道之在我者亦无不行矣。**诚者非自成己而已也，所以成物也。成己，仁也；成物，知也。性之德也，合外内之道也，故时措之宜也。**知，去声。诚虽所以成己，然既有以自成，则自然及物，而道亦行于彼矣。仁者体之存，知者用之发，是皆吾性之固有，而无内外之殊。既得于己，则见于事者，以时措之，而皆得其宜也。①

在这里朱子再次阐发了他的理本论思想，他认为天下一切事物都是理所决定的，有理而后有物的存在，事物的理尽了事物也就不复存在了。朱子认为，这里说的道指人伦规范，而规范本于诚心，心诚而行则自然成道。

故君子尊德性而道问学，致广大而尽精微，极高明而道中庸。温故而知新，敦厚以崇礼。尊者，恭敬奉持之意。德性者，吾所受于天之正理。道，由也。温，犹燖温之温，谓故学之矣，复时习之也。敦，加厚也。尊德性，所以存心而极乎道体之大也。道问学，所以致知而尽乎道体之细也。二者修德凝道之大端也。不以一毫私意自蔽，不以一毫私欲自累，涵泳乎其所已知。敦笃乎其所已能，此皆存心之属也。析理则不使有毫厘之差，处事则不使有过不及之谬，理义则日知其所未知，节文则日谨其所未谨，此皆致知之属也。盖非存心无以致知，而存心者又不可以不致知。故此五句，大小相资，首尾相应，圣贤所示入德之方，莫详于此，学者宜尽心焉。②

《中庸章句》中这一段的阐发在全书中与首章同等重要。德性就是人所禀受于天的理，也就是性即理的性。尊德性就是敬持自己的道德本性。道，朱子解释为由，道问学就是通过博学、审问，以达到尊德性。尊德性的功夫是存心，道问学的功夫是致知。存心包括完全扫除私意私欲，涵泳已经知道的道理，加强自己道德实践的能力。致知功夫包括明析义理没有差错，处事待物无过不及，不断认识以前所不认识的义理，不断改进对具体道德规范的遵守的情形。朱子认为，没有存心的功夫，就无法致知；而存心又必须不离开致知。存心和致知相比，存心有优先性，但存心和致知的功夫互相促进，不能分离。朱子认为，

---

① （宋）朱熹：《四书章句集注》，第39页。
② （宋）朱熹：《四书章句集注》，第41页。

这里讲的尊德性和道问学，是圣贤对入德之方最详明的指示。

> **万物并育而不相害，道并行而不相悖，小德川流，大德敦化，此天地之所以为大也。**悖，犹背也。天覆地载，万物并育于其间而不相害；四时日月，错行代明而不相悖。所以不害不悖者，小德之川流；所以并育并行者，大德之敦化。小德者，全体之分；大德者，万殊之本。川流者，如川之流，脉络分明而往不息也。敦化者，敦厚其化，根本盛大而出无穷也。此言天地之道，以见上文取辟之意也。①

在这一段的解说中，朱子从宏观的宇宙论的角度阐发了他对统一性和多样性的看法。他认为，小德是指宇宙全体的各个具体部分，大德是指各具体事物的共同宇宙本源。万物不相害不相悖，其原因是小德川流，即万物各按自己的方向与道路发展，互不相害。万物并育并行，共同生长，共同发展，其原因是大德敦化，意味着万物之所以能如此，是因为万物同出于一个根源，这个根源越盛大，万事万物就越生生不息，这就是大德敦化。

总体来看，《中庸章句》与《大学章句》基本思想一致，但两书的文本不同，从而使诠释必然依托和结合文本而各有其特殊的表述。《大学章句序》讲性，《大学章句》本身则以明德为基础，强调心。《中庸章句序》讲心，但《中庸章句》本身以天命之性为基点，而强调性。《中庸章句》以性—气二元论为基点，以道心、人心对应于性命、形气，但同时突出性即理，强调人之性受之于天之理，天之理备具于人之性，所以人性即是天命之性。由于人的气禀使得人之本性的表现受到气的影响和遮蔽，所以人不能自然而无所修为，必须修道立教，以戒慎恐惧和慎独的功夫，在未发和已发的时候都用力修养，强力人为，从明善致知和诚身存心两方面同时努力，以全其性之本体，渐入于中和圣域。在这种解释中，天命之性是起点，但最后落实在修道之教的功夫上，而修道功夫需诚明两进，不能偏废。在《中庸章句》中，理学的理气论、天理论、心性论、功夫论都得到了全面的贯彻，朱子成功地借助对于经典的系统解释展示了新儒学的理论建构，对理学思想的传播起了关键性的作用。

---

① （宋）朱熹：《四书章句集注》，第43—44页。

试论两种不同的儒学观

——兼论《大学》成为四书之一的背景

龚建平*

摘　要：朱熹之前，《大学》并不受重视。历史上，不仅有两种不同的《大学》观，而且有两种不同的儒学观。从司马谈《论六家要旨》看，《大学》极有可能在司马谈时还未成书，至少并未进入其视野。《大学》的逻辑容易导致人们的误解和曲解，朱熹对其深信不疑除了其儒学信仰外，还有现实的原因。反思《大学》从普通的儒学文本上升到四书之一的过程，可以得出如下经验和教训：经典往往都要接受现实特别是社会政治的检验；不能认为经典都是绝对完美的文本，对经典的解读往往取决于经典解读者的背景。

关键词：《大学》；朱熹；儒学观；科举制度

对《大学》文本的研究，往往呈两个极端。朱熹之前，《大学》并不受重视。但朱子之后，大多数论者则以《大学》为四书之一的经典论之，这是以朱熹为代表的宋代理学的主流，朱熹也被视为近古可以和前古孔子比肩的儒家学者。[1] 但也有人不仅怀疑其是否出于孔、曾，甚至认为其内容也并非没有瑕疵。近人冯友兰、蒙文通、劳思光所持之论，则以《大学》的文辞与思想与《荀子》相近为由，认为《大学》必晚于《荀子》。然而，根据长沙马王堆汉墓出土帛书与湖北荆门郭店出土文献，李学勤、梁涛通过对五行的研究，认为《大学》作者应为曾子或其弟子，认识仿佛又回到从前。那么，产生如此大认识差别的原因何在呢？其实，历史上，不仅有两种不同的《大学》观，而且有两种不同的儒学观。本文试图通过对被人们所忽略的《大学》上升为经中之经的原因的分析，讨论朱子注《大学》的背景，并由此反

---

*　龚建平，西安交通大学人文社会科学学院教授，博士生导师。
①　钱穆：《朱子学提纲》，三联书店 2005 年版，第 1 页。

思儒家经典形成的一般规律。

一　两种不同的儒学观

司马谈在《论六家要旨》中指出，儒家有两大特征：第一，"儒者博而寡要，劳而少功，是以其事难尽从"；第二，儒家"以为人主天下之仪表也，主倡而臣和，主先而臣随。如此则主劳而臣逸"。应该说，司马谈指出的这两个要点如果不谈《大学》的内容，则是抓得相当准的。而《大学》所谓"大学之道"，是对应人主如何在道德上成为所谓"天下之仪表"的方法；而"明明德""亲民""止于至善"则仿佛是针对所谓"博而寡要"而言的。相反，道家在司马谈眼中不仅摄有儒墨、名法、阴阳之要，而且"与时迁移，应物变化，立俗施事，无所不宜，指约而易操，事少而功多"。司马谈认为，儒家唯一可取之处在于："若夫列君臣父子之礼，序夫妇长幼之别，虽百家弗能易也。"（《史记·太史公自序》）

当然，我们也可以说这是司马谈偏向道家的原因。然而，如果将《大学》纳入儒典要籍，则儒者"博而寡要"的观点似乎与儒学的实际并不贴切。说其"博"是事实，但是否"寡要"就不一定了。比如，朱熹视《大学》为儒家的"为学纲目"、"行程历"、"大坯模"或"只是个题目"[①]，并且将《大学》《论语》《孟子》《中庸》四书的次序做了排列。事实上，《大学》不仅将"博而寡要，劳而少功""其事难尽从"的儒家学说高度概括为"三纲领""八条目"[②]，而且明确宣称"自天子以至庶人，一是皆以修身为本"。宣布庶人也必"修身为本"，这是首见，为以前其他儒典所没有。《中庸》虽云"君子不可以不修身"，但只认为"修身"乃君子所必备，而《大学》则明言"自天子以至庶人，一是皆以修身为本"，不恰恰是针对所谓儒者"以为人主天下之仪表也，主倡而臣和，主先而臣随。如此则主劳而臣逸"而言的吗？而且，显然还是为了纠正德治语境中可能的某些误区。商鞅云："仁者有仁于人而不能使人仁；义者有爱于人而不能使人爱。是以，仁义不足以治天下。"（《商君书·画策》）这是说单纯仁义道德对于治国有限制

---

① （宋）黎靖德编《朱子语类》第一册，王星贤点校，中华书局 1986 年版，第 250、253 页。
② 刘宝才说："三纲八目的概括。简练明确，被学者们普遍接受。"见刘宝才《〈大学〉〈中庸〉的道德政治论》，《人文杂志》1990 年第 5 期。

性，慎到亦云："尧为匹夫不能治三人。"（《慎子·威德》）正是针对这一问题，《大学》明确提出庶人也以修身为本。这一观点虽没有否认所谓君主要做天下表率的观点①，但提出庶人也"以修身为本"，显然是儒家修养论上的一大突破。《礼记·檀弓上》云："君子之爱人也以德，细人之爱人也以姑息。"又《大戴礼记·子张问入官》云："一物治而万物不乱者，以身为本也。"② 显然是与《孟子》"人有恒言，皆曰'天下国家'。天下之本在国，国之本在家，家之本在身"的说法有关系。所谓"人有恒言"，是指大家都是这样说的。但这些说法都没有脱离政治范畴，而《大学》天子、庶人"皆以修身为本"之说应超出了政治治理的范畴，而有了政治和庶民道德修养的内涵。所以说，《大学》提出庶人亦"以修身为本"是一种突破。

为什么对儒家会出现司马谈和朱熹两种截然不同的看法呢？

虽然，司马谈和朱熹在思想倾向上所宗奉的学派似有道与儒之别，这种区别导致他们对儒家的宗旨与特点的理解有所不同，但从《大学》的主旨及朱熹的理解来看，得出儒者"博而寡要"的结论似并不客观，而《大学》不仅继承了"主倡而臣和，主先而臣随"的传统，且提出庶人与天子一样"皆以修身为本"，应是有针对性的，其所针对的就是"以为人主天下之仪表也""劳而少功"而言的，甚至也可说同时还是针对儒家伦理实践中的具体问题而言的。因为，无论是道德表率，还是政治权力，在实践中总会遇到新的问题。庶人修养问题其实突破了"礼不下庶人"的传统思想。虽然，"礼不下庶人"主要是指庶人生活条件有限，在礼仪、礼物等方面受到客观条件的制约，但礼也是有道德修养成分在内的。庶人"修身为本"，其实就是"礼下庶人"的一种表现。

虽然《大学》并非涉及儒学的方方面面，但作为儒学的"为学纲目""行程历""大坯模"的确是名副其实的。那么，我们就要问：导致朱熹和司马谈对儒家的认识反差如此之大的原因是什么？我们怀疑关键在于司马谈很可能没有读过《大学》。如果他读过《大学》，还会得出"博而寡要"的结论吗？在朱熹眼中，儒家所有思想，均可填充到《大学》之中。他说："今

---

① 如《大学》提出"絜矩之道"，絜即测量长度，矩乃画方的工具，"絜矩"引申为标准、榜样的意思。在道德上，儒家认为统治者自己作为榜样的效应是非常大的，《大学》仍继承了这一点，如云："上老老而民兴孝，上长长而民兴弟（悌），上恤孤而民不倍（背）"，"尧舜率天下以仁，而民从之；桀纣率天下以暴，而民从之。其所令反其所好，而民不从。"
② 此语又见于《孔子家语·入官》，原文为"治一物而万物不能乱者，以身为本者也"。

且须熟究《大学》作间架，却以他书填补去。如此看得一两书，便是占得分数多。"[1] 当然，没有读过不等于当时《大学》就不存在，但至少说明，即使当时它存在，也没有得到人们足够的重视。而我们认为，《大学》极有可能在迟至司马谈时还未成书，至少并未进入其视野。因为，它即使存在，时间离司马谈也不算太远，地位不高，不受重视是可以理解的。而如果它确实是孔、曾所著，却直到司马谈这样长一段时间都不受重视，显然是难以理解的。

从司马谈对儒家简短的评价如"博而寡要，劳而少功""以为人主天下之仪表也"可以看出，他眼中的儒学主要还是从政治角度看的。与此不同，朱熹眼中的儒学则是道德与学术。朱熹眼中的《大学》，与《论六家要旨》大相径庭。在朱熹这里，儒家不仅不是"博而寡要，劳而少功"，而且《大学》作为儒学的纲目，甚至可能被当作"空壳子"；不仅不"其事难尽从"，而且是一个"行程历"，有一定的操作程序。

本文不打算专门讨论《大学》的具体年代。在没有直接证据的情况下单从思想内容及其某些特征来断定其成书年代，难以令人信服。但要说明我们的主题却又不能不对其略做讨论。后文将根据学界关于《大学》历来存在的分歧和争议，使我们更清醒地认识到《大学》的成书年代不可能更早。

蒙文通认为《大学》晚于《荀子》，"后荀卿而张孟子者也。曰止，曰静，曰虑，曰得，皆荀卿揭橥以论者也"[2]。其实，不仅如此，所谓止、静、虑、得诸说在《庄子·外篇》如《天地》《天道》中有见。如云："其动止也，其死生也，其废起也。"（《天地》）"渊静而百姓定。"（《天地》）"圣人之静也，非曰静也善，故静也。万物无足以铙心者，故静也。"（《天道》）"纯白不备则神生不定"（《天地》）；"一心定而王天下……一心定而万物服"（《天道》）；"共给之之谓安"，"德人者，居无思，行无虑……"（《天地》），"故古之王天下者，知虽落天地，不自虑也"（《天道》）；"而今也以天下惑，予虽有所祈向，不可得也"（《天地》）；"而杨、墨乃始离跂自以为得，非吾所谓得也"（《天地》）等等。如果说这里还有可能只是巧合的话，那么《庄子》数篇还论及修身，如"而身之不能治，而何暇治天下乎？"以及"终始本末不相坐"（《天地》），还云及本末先后的关系。其谓"本在于上，末在于

---

[1] （宋）黎靖德编《朱子语类》第一册，第 250 页。
[2] 蒙文通：《古学甄微》，巴蜀书社 1987 年版，第 81 页。

下","春夏先，秋冬后，四时之序也。""夫虚静恬淡寂寞无为者，万物之本也。"其批评"骤而语形名，不知其本也；骤而语赏罚，不知其始也"(《天道》)等等。此外，《大学》还有似比《庄子》更明确的说法，如《大学》云"大学之道"，而《天地》云"不同同之之谓大"，《天道》亦云"夫天地者，古之所大也"；《大学》谓"富润屋，德润身"，而《天地》谓"有万不同之谓富"。此外，还有与《大学》"古之欲明明德者"句式类似的"是故古之明大道者，先明天而道德次之"(《天道》)；《大学》云"平天下"，而《天道》谓"均调天下"，《天地》谓"天下均治之为愿"；《天道》还云"治物""忘乎物""极物之真""修身"，还论及"意"，"意之所随者，不可以言传也"，还有论及知、"正(心)"等。如此多的用语相近就不能简单认为是偶然的了，只是思想旨趣与《大学》不同，可认为《大学》是站在儒家立场对《庄子》的回应。可见，从《庄子》外篇到《荀子》，再到《大学》，形成一种特殊的语境。据此，《大学》成书确实不可能太早。

二 两种不同的《大学》观

宋代之前对《大学》的注释寥寥无几，只在《礼记》中有郑玄之注和孔颖达之疏，并没有什么引人注目之处。宋朝以后《大学》却引起许多争议，主要可能是因为该书在唐宋以前和之后的命运大不相同。在唐宋之前，它的命运比《中庸》还要落寞，几乎被淹没在儒典的海洋中，很少引起人们注意，更没有抽离出来，单独刊行过。只有唐代韩愈、李翱少数人留意到《大学》文本。北宋司马光作《大学广义》，为《大学》作为单行本流传的开始，二程谓《大学》为孔门遗书，曾子所著，这是《大学》特别受到关注的一大原因。

《大学》前后这种截然不同地位的变化自然引起人们关注。《大学》文本确实平易简略，相比其他儒家典籍，应该没有阅读障碍，却没引起人们太多关注，只是在程朱之后，却一跃成为四书之一。杨儒宾说："(《大学》)原文及古来注解如是，它何以会变成这么重要的典籍？此事真是费解。但有一件事情可以确定，《大学》'性命之书'的性格所以会稳定下来，朱子作〈格物补传〉是最根本的原因。朱子认为《大学》一书有缺文，它的缺文刚好落在最重要的'格物致知'上面。朱子根据他对经典的理解，以心传心，填补其文。"①

朱熹花毕生精力用于解读《大学》。朱熹云:"大学如一部行程历,皆有节次。今人看了,须是行去。今日行得到何处,明日行得到何处,方可渐到那田地。若只把在手里翻来覆去,欲望之燕,之越,岂有是理!"② 又说:"《大学》是一个腔子,而今却要去填教实著。"③ 所谓"填教实著",就是按照《大学》所云的"格物"那样去格物,如像其云"诚意"那样在自家身上去诚意。朱子的这个看法,就是儒家的实践工夫。朱熹云:"此一书之间,要紧只在'格物'两字,认得这里,则许多说自是闲了。"④ 八条目的工夫,最终"本领全只在这两字上",当然,"'格物'两字,只是指个路头,须是自去格那物始得"。⑤ 不仅八条目从逻辑上以"格物"为前提,而且诚意、正心、修身等无非也是"格物"。

《大学》所说太过简略,加之后人对"格物致知""诚意正心"理解存在差异,导致其思想属性不同。郑玄注:格,来也;物,事也。其后宋明理学家皆从之。到了现代,人们思想也难有变化,认为"格"是接触,"物"是外物。格物指只有接触外界事物,才能获得知识。⑥《性自命出》云:"凡见者之谓物。"《列子·黄帝》云:"凡有貌像声色者,皆物也。"但《大学》格物之"物"应该是具有泛义的,并非单纯指事或外物。如《中庸》云:"诚者,非自成己而已也,所以成物也。成己,仁也;成物,知也。""欲察物而不由礼,弗之得矣","无节于内者,观物弗之察矣。"(《礼记·礼器》)可见,所谓"物"并非仅指单纯外物,而是道德认识与评价体系中的事物,包括人以及生活。对事物的道德认识,需借助社会规范系统和主体的修养才能完成。因为,无论什么单纯的外物,都不可能充分体现道德。"德产之致也精微。观天下之物,无可以称其德者。"(《礼记·礼器》)

在对《大学》作者的认识上,杨简、陈确与朱熹在观点上截然相反。杨

---

① 杨儒宾还说:北宋仁宗天圣八年(1030),曾赐进士王拱辰《大学》一轴,这是《大学》最早脱离《礼记》,单独流行的记载。见杨儒宾《〈中庸〉、〈大学〉变成经典的历程——从性命之书的观点立论》,载李明辉主编《中国经典诠释传统(二):儒学篇》,华东师范大学出版社2008年版。

② (宋)黎靖德编《朱子语类》第一册,第251页。

③ (宋)黎靖德编《朱子语类》第一册,第251页。

④ (宋)黎靖德编《朱子语类》第一册,第255页。

⑤ (宋)黎靖德编《朱子语类》第一册,第255页。

⑥ 金景芳:《论〈中庸〉的"中"与"和"及〈大学〉的"格物"与"致知"》,《学术月刊》2000年第6期。

简明言《大学》"非圣人语"。他说:"(其)言有似是而非,似深而浅,似精而粗,足以深入学者之意,其流毒沦肌肤浃骨髓,未易遽拔者。"① 认为《大学》主张"正心""修身"有"判身与心而离之病",还认为八条目之说"何其支也"。因为为学之径各有不同,怎么能够统一归纳为这样一个整齐的套路呢?杨简认为,"作大学者其学亦陋矣,小人情状如此,何足发明慎独之学哉?"② 再如《大学》云"有忧患则不得其正",而杨氏云:"忧患如为贫而忧患,失而忧则不可,若忧其不如舜或忧虑国家则何不可?"③ 杨简根据《大学》思想与孔孟思想不合而否认其作于曾子。据他判断,作《大学》一书者,自然是想"启佑后学,非欲以乱后学",但事实上"学者读之,愈积其意,愈植其山径之茅,愈丧其正也"④。

陈确也认为《大学》不可能出于曾子之手。他说:"自汉有《戴记》,至于宋千有余年间,亦绝未有一人谓是孔曾之书者。谓是千有余年中无以学人焉,吾不信也。"还说:"首言'大学'云者,非知道者之言也。"⑤ 他认为,所谓"三纲领",皆脱胎帝典。此以三言概括,似益简切,而不自知与原意相悖。"新民"本在"明德"之中,"至善"又在"明""亲"之中,而《大学》言三"在"字,仿佛三件事情,故皆非知道者之言也。他认为,"止于至善"尤其难言。"善之已至,尤欲止而不能。"在他看来,学问未有止境,至善复有至善,没有穷尽。圣人也有所不能,并不影响其为圣人。至于"定""静""安""虑""得"也是相对的,不可能达到绝对的境地。至若所谓"古之欲明明德于天下"者,"尤非知道者之言也"。古人慎修其身,"非有所为而为之也,而家以之齐,而国以之治,而天下以之平,则固非吾意之所敢必矣"⑥。

可见,在杨简、陈确二人看来,《大学》作者没有真正登儒者之堂。他们的共性是就现实中人的修身实践而论《大学》之逻辑疏漏,这是针对将《大学》的纲领落实在修养实践后,会导致什么样的思想偏差而言的。应该说,此说并非全无道理,有些论据确实也与儒家言论的思想实际相合。将为

---

① 《四库全书》集部,《慈湖遗书》卷十三,第52页。
② 《论〈大学〉〈中庸〉》,《四库全书》集部,《慈湖遗书》卷十三,第6页。
③ 《四库全书》集部,《慈湖遗书》卷十三,第5页。
④ 《四库全书》集部,《慈湖遗书》卷十三,第6页。
⑤ 《陈确集》,中华书局1979年版,第553页。
⑥ 《陈确集》,第555页。

学路数以格、致、诚、正、修、齐、治、平加以概括，其实就是将学术、道德修养与政治直接打通，其间的确存在逻辑上的巨大跨越①，有路越走越窄之虞。但二人所持之论没有理会《大学》作者的思想背景的变化，忽略了其思想在现实中发展的线索，也是事实。

朱熹的《大学》乃经典之经典，杨简、陈确却认为《大学》并非圣贤之书。陈确更云："《大学》其言似圣，而其旨实窜于禅，其辞游而无根，其趋罔而终困，支离虚诞，此游夏之徒所不道，决非秦以前儒者所作可知。"② 在他看来，《大学》所谓"大学之道，在明明德，在亲民，在止于至善"，其所谓"明""新""至善"之言，"皆末学之夸词，伪士之肤说也"③。陈确还认为，《大学》"欲"……"先"的话语结构"悉是私伪，何得云'诚'？"又云"修身"而后家齐，家齐而后国治，国治而后天下平为"古人之慎修其身也，非有所为而为之也，而家以之齐，而国以之治，而天下以之平，则固非吾意之所敢必矣"④。虽然，陈确此说似乎将八条目的前件当作后件的充分必要条件并不符合《大学》语境，但《大学》八条目所昭示的学问、道德与政治实践是一条充满坎坷的路（详后）。

朱熹却对《大学》的逻辑与实践深信不疑。朱熹云："《大学》说格物，都只是要人见得透。"⑤ 在朱熹看来，"杨氏为我，墨氏兼爱"，根本还是见不透。佛教也同样是不曾见道。其"但知虚，而不知虚中有理存焉。此《大学》所以贵穷理也"。"《大学》始教，必使学者即凡天下之物，莫不因其已知之理而益穷之，以求至乎其极，至于用力之久，而一旦豁然贯通焉，则众物之表里精粗无不到，而吾心之全体大用无不明矣。此谓格物，此为知之至也。"⑥

首先，朱熹是理学家，却非常强调一个"实"字。所谓"实"，相对"虚"而言。朱熹云："天下之理，至虚之中，有至实者存；至无之中，有至有者存。夫理者，寓于至有之中，而不可以目击而指数也。"⑦ 在他看来，所谓"实"，就是实下工夫，在日用伦常事事物物中去践履，"其有未能，益加

---

① 龚建平：《〈大学〉八条目的政治文化意义》，《广西大学学报》（哲学社会科学版）2015 年第 2 期。

② 《陈确集》，第 552 页。

③ 《陈确集》，第 559 页。

④ 《陈确集》，第 555 页。

⑤ （宋）黎靖德编《朱子语类》第一册，第 159 页。

⑥ （宋）朱熹：《四书章句集注》，中华书局 1983 年版，第 7 页。

⑦ （宋）黎靖德编《朱子语类》第一册，第 232 页。

勉行"。朱熹认为，小学在涵养心性，大学"则所以实其理也"。他说："忠信孝弟之类，须小学中出。然正心、诚意之类，小学如何知得。须其有识后，以此实之。大抵《大学》一节一节恢廓展布将去，然必到于此而后进。"① 所谓"实之"，一方面固然是就"自家身己切要处去理会"，另一方面亦是实用工夫去践行。他说："圣贤直是真个去做，说正心，直要心正；说诚意，直要意诚；修身齐家，皆非空言。"② 佛教的错失在于"但知虚，而不知虚中有理存焉。此《大学》所以贵穷理也"③。

朱熹这一思想有其渊源。《礼记·礼运》云："圣人耐以天下为一家，以中国为一人者，非意之也，必知其情，辟于其义，明于其利，达于其患，然后能为之。"这里所谓"非意之也，必知其情，辟于其义，明于其利，达于其患，然后能为之"，便是所谓的"实其理""实之"。之所以突出"实"，是儒家伦理实践品格的要求。现实中因其复杂性、注重文化的延续性，甚至作为官方意识形态必然导致虚浮或形式化，故"实之"即是将既有的文化传统落实而推行。王充亦曾分别虚与实，常指斥流行的"虚文""虚妄""虚说""虚语"等，皆虚而不实。本实而斥虚，是王充与道家虚无思想根本的不同，也表现了他作为儒者的性格。其主张"丧黜其伪，而存定其真"。"是""然""真"，其实都是客观存在的事实，"华""伪""合"都是文化装饰。"实知"即对客观真实之知。之所以主张"实知"，是因王充认为，作文论事，要有根据，不可过分夸张。"论事过情，使实不著"④，若"情指不达，何能使物？"⑤

荀悦也曾提出"重真实"的主张。他所谓"真实"，是一切制度和言论等的基础与前提，是一切人事文化活动的根本。荀悦说："君子所以动天地，应神明，正万物，而成王治者，必本乎真实而已。"⑥ 重真实，就是"听其言而责其事。举其名而指其实"⑦。言论要有与之对应的事物，名称要有相应的事实。相反，"实不应其声者谓之虚，情不覆其貌者谓之伪，毁誉失其真者

---

① （宋）黎靖德编《朱子语类》第一册，第252页。
② （宋）黎靖德编《朱子语类》第一册，第133页。
③ （宋）黎靖德编《朱子语类》第一册，第159页。
④ 黄晖撰《论衡校释》卷三，中华书局1990年版，第743页。
⑤ 黄晖撰《论衡校释》卷三，第750页。
⑥ （东汉）荀悦撰、（明）黄省曾注、孙启治校补《申鉴注校补》，中华书局2012年版，第15页。
⑦ （东汉）荀悦、（东晋）袁宏撰《两汉纪》上册，张烈点校，中华书局2002年版，第159页。

谓之诬，言事失其类者谓之罔"①。没有相应事实为基础，就是虚伪；不顾实情的毁誉和言辞就是诬罔。一个社会，如果虚伪之行泛滥，诬罔之辞流行，那么，有罪恶者就能侥幸逃脱，而无罪过者一定会心生忧惧。因为，社会已失去了它应有的评判是非善恶的客观标准和尺度，不足以规范和引导社会大众。从以上叙述可看出，王充、荀悦所谓"实""真实"，主要是指言辞所代表的行为与名称所代表的位之间必须一致。这一具有实证论倾向的主张不是从科学立场而是从社会政治与道德文化立场而言的，显然具有更复杂的性质。

朱熹谓《大学》是部"行程历"其实就是说《大学》是儒家伦理的实践纲领。他完全把《大学》看成可信的儒家伦理实践的总体原则与方案来对待。重真实的伦理在实践上就是"敬"。因为未知世界始终存在，不敬则无忌惮。面对无限世界，朱熹云："学者工夫，唯在居敬、穷理二事。"② 所谓"居敬"，阐发的是一个收敛执持的道理，穷理是推寻究竟的道理。程子非常注重持敬，有所谓"涵养须用敬"。在朱熹看来，敬只是提撕此心，教它光明，遇事自然洞达明了，时间一长，则刚健有力。"人之心性，敬则常存，不敬则不存。"③ 敬虽是面对人与物的主观态度，却同时是保持内心道德的前提。常保持敬的状态，如同孔子告诫仲弓那样，"出门如见大宾，使民如承大祭"（《论语·颜渊》），就可见得仁。见大宾，承大祭，一是人事交往，一是宗教祭祀，但都是内心"敬"的一种紧张状态。朱熹认为"敬"就是"主一"，就是"收敛"。"只敬，则心便一。"④ "敬"也是"诚敬"，其与"静"是贯通的。朱熹云："诚，只是去了许多伪；敬，只是去了许多怠慢。"⑤ 其谓"持敬以静为主"⑥，正如所谓"祭如在，祭神如神在"（《伦语·八佾》）。"上帝临女，无贰尔心"（《诗经·大雅》）《中庸》云："子曰：'鬼神之为德，其盛矣乎！视之而弗见，听之而弗闻，体物而不可遗。使天下之人，齐明盛服，以承祭祀。洋洋乎！如在其上，如在其左右。《诗》曰：神之格思，不可度思，矧可射思。夫微之显，诚之不可掩，如此夫！'"这段话包含三层意思：鬼神的品德非常了得，"体物而不可遗"，人们祭祀鬼神，"如在其上，

---

① （东汉）荀悦、（东晋）袁宏撰《两汉纪》上册，第 159 页。
② （宋）黎靖德编《朱子语类》第一册，第 150 页。
③ （宋）黎靖德编《朱子语类》第一册，第 210 页。
④ （宋）黎靖德编《朱子语类》第一册，第 210 页。
⑤ （宋）黎靖德编《朱子语类》第一册，第 213 页。
⑥ （宋）黎靖德编《朱子语类》第一册，第 151 页。

如在其左右";但相对人而言，鬼神无形相、无声音，视听无法触及，甚至也不可能通过思维"度思"；"莫见乎隐，莫显乎微。"隐微之中潜伏着显著，幽冥之中有光明，正如《乐记》所谓"明则有礼乐，幽则有鬼神"。人不可能通过感觉经验或思维把握幽微世界，故俗语谓"毋不敬"。"敬"也包括对未知的敬。

朱熹又认为，"敬"就是"畏"。其云："敬……只是有所畏谨，不敢放纵。如此则身心收敛，如有所畏。"但"畏"不是畏惧，而是敬畏，乃"畏而爱之"，如"畏天命，畏大人，畏圣人之言"之畏，"畏中有爱也"①。而之所以云"敬"即"畏"，则是由于一方面幽微的世界难以为人所把握，但同时幽微世界又和显明的事物之间存在必然的联系。同时，敬亦非只是有事时才敬，"无事是敬在里面，有事是敬在事上"②。因而，敬是一种常提渐此心的一种状态，没有间断。好比一个行程，须随事致敬。且不说齐家、治国、平天下，只论格物、致知、诚意、正心、修身，也是一个行程。"方其当格物时，便敬亦格之；当诚意时，便敬以诚之；以至正心、修身以后，节节常要惺觉执持，令此心常在，方式能持敬。"③ 这恰好是对"敬以直内"的诠释。所谓"求放心"之"心"，只是一个敬字。"人才敬时，这心便在身上了。"④

针对有人提出的"遇事则敬不能持，持敬则又为事所惑"的矛盾，朱熹认为"敬是守候门户之人"，"致知却是去推察自家与外来底事"，二者虽功用不同，但并不相妨碍。"敬则万理具在"，"人常恭敬，则心常光明。"⑤

"实"与"敬"是朱熹思想中不可偏废的两个方面，实乃实用工夫，敬为常提渐此心的状态。此二者也是贯通于《大学》格物、致知思想中的。

考察朱熹对格物、致知的解释，他完全是从理学及其工夫修养的立场出发的，并将《大学》视为高于五经的儒家经典来对待，他没有从传统儒家立场对《大学》中诸如"八条目"之间的逻辑关系进行诘问，没有考虑如果落实下来，每个条目的开放性和以平天下、治国、齐家作为修身的结果，是存在一些需要深入追问的问题的。

---

① （宋）黎靖德编《朱子语类》第六册，第2228页。
② （宋）黎靖德编《朱子语类》第一册，第213页。
③ （宋）黎靖德编《朱子语类》第一册，第226页。
④ （宋）黎靖德编《朱子语类》第一册，第209页。
⑤ （宋）黎靖德编《朱子语类》第一册，第210页。

当然，致知并非一种与格物"平行的独立工夫"①，二者是同一事物的两面，甚至陈确以为只格物、致知便可诚意、正心与修齐治平。"所谓'致知'、'格物'者，非即以吾心致之，吾心格之乎？心者身之主宰也。存心公恕，夫后能知己之过，知物之情。知己之过，故修之而无勿至；知物之情，故齐、治、平之可以一贯也。"② 但朱熹却解释说："心者，身之所主也。诚，实也。意者，心之所发也。实其心之所发，欲其一于善，而无自欺也。致，推极也。知，犹识也。推极吾之知识，欲其所知无不尽也。格，至也。物，犹事也。穷至事物之理，欲其极处无不到也。此八者，大学之条目也。"③ 一方面，以《大学》"欲……先"结构的解释，提出"推极吾之知识，欲其所知无不尽也"，"穷至事物之理，欲其极处无不到也"，和朱熹所认为的"实"（即实际所能达到的）存在距离。因为，意诚、心正是道德修养，而格物致知、修齐治平，并非单纯主观方面的问题。另一方面，就格物穷理而论，所谓理，既是"自在天地间"之理，是一理万殊之理，理一分殊之理，与圣人是否讲说无关；同时又是"一心具万理"，"心包万理，万理具于一心"。④ 因此，穷理是一个通过义理累积的"下学而上达"到极致处的过程。相对知而言，"只是个真与不真分别"。

从表面看，朱熹和杨简、陈确各自心中的《大学》不同，是因角度的不同。朱熹作为具有理学背景的大思想家，对《大学》的解释，是为完善其系统；相反，陈确却是从普通儒者的角度对《大学》崇高的地位表示怀疑，对其在修养实践上存在的未完善之处提出质疑。看起来朱熹也是从《大学》在身心修养的实处着手的，但本质上只是将其视为儒家学问的大纲对待，强调"要紧只在'格物'"二字，对于格物穷理可能存在的逻辑不周，补之以"敬""畏"，而对其后的修齐治平之间的关系，并没有去认真追究。杨简、陈确却是从实证角度对《大学》所谓圣贤来路存有怀疑。杨简认为，按《大学》路数为学，必"愈积其意，愈植其山径之茅，愈丧其正"，终以"小人情状""流毒"述之，就是因为从"格物致知"通向"修齐治平"无论从逻辑上还是现实上都是不通之路。一个明显的事实是：孔孟作为早期儒家代表其实某种意义上已被排斥在"明明德"之外了。如陈确云："古人之慎修其

---

① 陈来：《朱熹哲学研究》，中国社会科学出版社 1988 年版，第 214 页。
② 《陈确集》下，第 556 页。
③ （宋）朱熹：《四书章句集注》，中华书局 2012 年版，第 3 页。
④ （宋）黎靖德编《朱子语类》第一册，第 155 页。

身也，非有所为而为之也，而家以之齐，而国以之治，而天下以之平，则固非吾意之所敢必矣。"即使我们不论陈氏对《大学》八条目的逻辑关系有误解，孔孟儒学也并非最终要以政治作为衡量标准。按《大学》的论述，八条目之间，前件并非后件的充要条件，只是必要条件。杨简、陈确二人的异议就是表明《大学》的逻辑在现实上解释不通，而作为一个评价标准对儒学的健康发展也存在一定负面效应。

朱熹从格物致知角度诠释《大学》，作格物补传，其实只是对格物致知的解释，并没有从根本上改变《大学》的逻辑结构。

纵使《大学》文本并非无懈可击，它作为儒家经典深刻地影响中国宋代以后的社会与文化，却是事实。其实，朱熹也认为《大学》原文并非完美无缺，故作格物补传，以实践上的"行程历"和涵养上的"敬"贯彻于其中。如此，朱熹眼中的《大学》成为儒家经典中的经典。

《大学》的逻辑容易导致人们的误解和曲解，朱熹对其深信不疑除了其儒学信仰，还有现实的原因。

三 《大学》成为四书之一与社会政治背景

如前所述，之所以有两种不同的儒学观，很大程度上是因《大学》地位的问题。导致两种截然不同的《大学》观的根源，在于观察问题的角度不同。

毫无疑问，杨简、陈确是从儒者单纯道德修养角度去看待《大学》的，认为《大学》诸多可疑之处都是从文本所提示的修养论本身的逻辑以及实践上可能存在的问题而言的。诸如八条目实践上真的落实下来，如朱子所谓的"无不到也"，"全体大用无不明也"，的确存在逻辑上难以周延的问题。心学正是针对儒学实践中可能遭遇这样的尴尬，才将外在的世界直接移入内心，提出"心外无理"的学说。相反，朱熹则另有背景。朱熹并不局限于从文本来解读《大学》，甚至不限于其理学背景与修养工夫，而有更深刻的社会政治背景。对于儒学，只能从实践中去理解。心学是从道德主体的实践之所以可能的角度去把握的，而朱熹（包括程子）理学则只有从其思想与现实互动关系中去把握。如此，那些被人们所指斥的《大学》的漏洞才可以忽略不计。

《大学》上升为经典中的经典，看起来是因朱熹注释，而朱熹对《大学》又进行了改造，以适合他的理学体系。朱熹毕生的精力，大都花费在对《大学》一书的理解和诠释上。朱熹为《大学》独立作注，也是使原本属于《礼记》的《大学》从其中独立出来的重要人物，《大学》由此成为经中之经，上升到和《论语》《孟子》《中庸》同样重要的地位。然而，朱熹之所以能改造《大学》，并不仅仅是由于其对《大学》重新诠释的历史渊源和学理根据，而是有更切近的现实原因。否则，无法解释为何《大学》至少在已经存在一千多年的情况下仍没有得到足够注意。

可以说，宗奉《大学》为经典者固然有信仰因素，而怀疑《大学》甚至否认《大学》学术价值者确实又无视其在宋代后的突出地位。宗奉《大学》者同时默认了现实的某些因素，以致人们可以忽略《大学》存在的某些疑义。显然，其中存在双方都容易忽略的背景。正是这一背景导致《大学》的地位突然崛起，也正是对这一背景的忽略，使人们既可以对这一现象表示费解，也可以对《大学》吹毛求疵。但是，学术探讨自然可以淡化信仰的成分，而正视客观事实。

这一事实是：儒家伦理始终是经验世界的生活实践，不具有严格的普遍必然性。道德判断都只是经验描述，不是客观必然的科学认识。然而，如果没有正确或比较正确的道德判断，儒家的伦理实践可能流于空言。儒家道德是实践性的，其道德根源上的先验性质也不能排斥现实中任何真正有实践意义的道德判断，脱离具体条件和社会背景而抽象出来。"知善""知恶"的良知虽有其先天性，但却是在社会背景和历史条件中的正确判断。它既要先天地符合道德的概念，又要能够切中任何复杂的处境和各种变化的条件，是需要一定的客观条件作为基础的。这个条件只有制度可以保证。因为，单纯人心之间，很难彼此达到客观的确定性，正所谓"心与心识知，而不足以定天下"（《庄子·缮性》），"人藏其心，不可测度也"（《礼记·礼运》）。但是，制度却可以不断"复制"与权力有关的制度实在①，并因此而诱导人心的归属与方向。

朱熹虽主要从学术与修养角度解读与理解《大学》，其实暗中却以集政治与道德、文化教育为一体的科举制度作为背景。据此，《大学》可视为儒家伦理在政治与道德实践上的纲领，而以科举为代表的制度可视为这个纲领的实践举措。

这个结论还需要一定客观的论据。我们这里所要说的则是制度对于制度

---

① 参见〔美〕约翰·塞尔《心灵、语言和社会》，上海译文出版社 2006 年版，第 129 页。

实在的复制作用所产生的社会效应。科举制是较察举制、九品中正制更为完善、更公正的政治与文化教育制度，它的产生对于瓦解贵族等级社会，建构具有文化知识性的平民社会起着至关重要的作用。虽然，科举制度的最终形成是一个政治实践的探索与自我完善的过程，但从实践的思想渊源上，则不能不追溯到《大学》。

更重要的是，《大学》在朱熹那里并非不易操作。《大学》的纲领的确如朱熹所云是可以落实到格物致知中去的。朱熹认为，学问是"就自家身已上切要处理会方是，那读书底已是第二义。自家身上道理都具，不曾外面添得来"①。

然而，如果没有科举这样的政治制度，儒家伦理的实践难以克服所谓"博而寡要，劳而少功"的限制。正是科举制度使得那些在《大学》中存在的认识、道德修养乃至政治之间巨大的逻辑跳跃成为可能。从实践上看，《大学》八条目每一条实践上都可以说是一个没有止境的过程，每后一条都是建立在前面一条所指涉的无限过程基础之上的，个人修养相对这些无限过程而言，像一个难以走出的迷宫。但若有一个可以量化的客观标准，那么，《大学》八条目的实践就变得明朗而易于操作。因此，八条目的纲领之实现，需要制度方面的客观条件。这一制度最终克服了古代儒者难以释怀的"遇"与"不遇"的难题。《大学》以儒学纲领的形式出现，既昭示着儒家伦理政治的开始，从此和社会政治发生必然的关联，但同时也给士人以毕生难以逾越的人生"考验"。

同时，《大学》提供的逻辑也可以视为一个评价体系。作为评价体系，毫无疑问，它将最后的解释权交给了政治权力。由此我们理解在儒学制度化之前，儒学也有强化贵族社会、增进豪强士族力量的作用。但科举无疑对这样的趋势有制度上的抑制作用。

事实上，科举制度的形成不是偶然的，也不是一蹴而就的，而是传统礼乐文明长期酝酿最后成熟的。等级虽然是架构社会并使其内部具有严密结构的原因，但也是社会固化的原因。不同等级之间的流动沟通成为问题，就将使社会出现裂痕乃至断层。科举制度的产生无疑是为了打破传统的察举制存在的任人唯亲、裙带关系弊端对人才的禁锢，从而使不同等级之间精英相互交流，使社会增加活力。制度对现实的复制也才因此成为人们的期待。以科举制度为代表的选举制度也是将分崩离析的礼乐社会重新架构起来的制度。

---

① （宋）黎靖德编《朱子语类》第一册，第161页。

但科举只是专制政府吸收传统礼乐文化而形成的制度，此礼乐只是考中之举人、进士与相关者部分人的礼乐，并没有真正实现儒家的阳主阴从的理想。如《周易·系辞上》云"一阴一阳之谓道"，又云"天尊地卑，乾坤定矣；卑高以陈，贵贱位矣"。《易传》的思想虽然后来被"三纲"思想所解释，但是，礼属阴、乐属阳却没有得到贯彻。这里，要么阴阳观念的解释力有限，礼乐不能用阴阳来解释，要么阴阳或礼乐的解释框架只是一种实用的需要，解释权仍归属于实际的政治权力。

礼治社会必然以制度的形式"复制"这一社会结构所需要的精英与"制度实在"。在这个意义上，以《大学》八条目为纲领，以察举到科举等为代表的一系列制度设计是将可能离散的人心纳入轨道而不断"复制"的。这当然依赖传统的社会结构与政治体制。宗法社会结构与修养工夫、教化体系都是在这个轨道内运行的。察举—科举也有其双重功能，一面是架构世俗社会使其成为一整体结构，另一面则是强化了等级制度，甚至巩固了某些封建专制的内容。正因为如此，当清王朝决定废除科举制度之时，实际上就把它自身存在的很少的合理性都给否定了，其灭亡就是指日可待的。

应该说，《大学》在没取得后来那么崇高的经典地位之前，应该也反映了儒者们学问和修养的一个基本方向，否则就不会有那么多儒者有那些"遇"与"不遇"的人生感慨。《大学》既可以被看作对现实政治生涯的一种解释和说明，也可以被看成一种相互促进的期待，但最终难免以政治上的话语权作为终结，就意味着《大学》的纲领也只有在政治上得到正式的肯定和承认，它才能够上升为儒学的经典。

虽然《大学》文本并非无懈可击，但是它站在儒家角度回应了某些诘难，至于朱子注《大学》是否由于单纯道德信念是可以讨论的，但事实上，不能否认有包括朱子在内的大多数人均集体"失明"的社会背景（科举社会的形成）。如果跳出传统立场来看《大学》，无疑其有开创之功。

反思《大学》从普通的儒学文本上升到四书之一的过程，可以获得如下经验和教训：经典往往都要接受现实特别是社会政治的检验；不能认为经典都是绝对完美的文本，对经典的解读往往取决于经典解读者的背景。同时，道德的社会作用总是受到德与位双重的限制。所谓"上焉者，虽善无征，无征不信，不信民弗从；下焉者，虽善不尊，不尊不信，不信民弗从"（《中庸》）。正是在制度能够复制制度实在的背景下，朱熹等宋代理学家将《大学》抬到了高于五经的高度。

朱子与张栻关于《论语》解说的讨论

——兼论宋代经学之变*

朱杰人**

摘　要： 本文研究了朱子与张栻二人关于《论语》解说的讨论。从讨论中，我们不但可以看到他们二人对《论语》认识与理解上的异同，更可看出他们在解经理论与方法上的各自取向，这对进一步研究宋代经学史有重要意义。

关键词： 朱子；张栻；《论语》；宋代经学

张栻是朱子最重要的学友之一。他们一生见过三次面。第一次在隆兴元年（1163）十月，朱子在临安待次，张浚被召入相，张栻随父入京，因得相见。隆兴二年（1164）张浚卒于豫章（今江西南昌），朱子赴豫章哭祭，再见张栻。朱子在给罗博文的信中说：“九月廿日至豫章，及魏公之舟而哭之。……自豫章送之丰城，舟中与钦夫得三日之款。其名质甚敏，学问甚正，若充养不置，何可量也！”[1] 乾道三年（1167）朱子赴潭州（今湖南长沙）访张栻，在城南书院与岳麓书院讲学研讨三月有余。朱子对张栻评价极高，感情至深：“我昔求道，未获其友。蔽莫予开，吝莫予剖。盖自从公，而观于大业之规模，察彼群言之纷纠，于是相与切磋以究之，而又相厉以死守也。”[2] 他自己叙述与张栻的学术关系说：“嗟惟我之与兄，吻志同而心契。或面讲而未穷，又书传而不置。盖有我之所是，而兄以为非；亦有兄之所然，而我之所议。

---

　* 本文原载于朱杰人《朱子学论集》，北京大学出版社 2018 年版，收入本书时有修改。

** 朱杰人，华东师范大学终身教授，博士生导师。

[1]　（宋）朱熹：《答罗参议》，《晦庵先生朱文公续集》卷五，《朱子全书》（修订本）第 25 册，上海古籍出版社、安徽教育出版社 2010 年版，第 4746 页。

[2]　（宋）朱熹：《祭张敬夫殿撰文》，《晦庵先生朱文公集》卷八十七，《朱子全书》（修订本）第 24 册，第 4074 页。

又有始所共乡，而终悟其偏；亦有蚤所同挤，而晚得其味。盖缴纷往反者几十余年，末乃同归而一致。"① 这是一种少有的认同感。

朱子与张栻的学术交流，自第一次见面即已展开，其中关于"仁"说的讨论、关于"中和"说的探讨、关于《知言》一书的辩难等，或书信往来或当面交锋，都在学术史上留下佳话和足以令后世学者进一步深研的空间。本文所要研究的，则是他们二人关于《论语》解说的讨论。从讨论中，我们不但可以看到他们二人对《论语》认识与理解上的异同，更可看出他们在解经理论与方法上的各自取向，这对进一步研究宋代经学史有重要意义。

一 《论语说》第一卷辨析

朱子三十四岁时（1163）作《论语要义》，四十三岁时（1172）又作《论语精义》，四十八岁时（1177）《论语集注》成。此后，对"集注"不停修改，直至去世。张子（张栻）在乾道三年（1167）前后即已开始撰写《论语说》，大约乾道九年（1173）成书。乾道九年为癸巳年，故此书又称《癸巳论语解》（以下简称《语解》）。成书后张子依然对全书不断修改，并去信朱子，希望他提出修改意见。朱子知无不言地对《语解》提出了自己的看法。这些通信集中在朱子的《与张敬夫论癸巳论语说》（以下简称《论语说》）与《答张敬夫语解》中。②

《论语说》共 99 条，《答张敬夫语解》共 10 条，凡 109 条。今取朱子讨论《语解》第一卷者凡 15 条逐一分析之。

1. 学而时习之

张子曰："程子曰：'时复绅绎。'"③

朱子说，"绅绎"，程子原文作"思绎"，不知张子为何改"思"为"绅"。朱子指出，孔子所谓"学而"两字含义至深，解说不能缺略，而张子用"时复绅绎"解"时习"之意，"又似义理之中别有一物为之端绪"。张

---

① （宋）朱熹：《又祭张敬夫殿撰文》，《晦庵先生朱文公文集》卷八十七，《朱子全书》（修订本）第 24 册，第 4075—4076 页。
② （宋）朱熹：《晦庵先生朱文公文集》卷三十一，《朱子全书》（修订本）第 21 册，第 1357、1343 页。
③ （宋）朱熹：《论语说》，《晦庵先生朱文公文集》卷三十一，《朱子全书》（修订本）第 21 册，第 1357 页。

子的原稿中有"学者工夫固无间断，又当时时绅绎其端绪而涵泳之"。朱子曰："此语恐倒置，若工夫已无间断，则不必更言时习。时习者，乃所以为无间断之渐也。"① 至癸巳本，此段已删除。

张子曰："说者，油然内慊也。"②

朱子认为，程子曰"浃洽于中则说"。"浃洽于中"，就是"说"，不必重复。

同时，他认为"慊"字不能准确地表达出"说"的含义。③ 朱子在他自己的《论语集注》（以下简称《集注》）中说："说，喜意也。既学而又时时习之，则所学者熟，而中心喜说，其进自不能已矣。"④ 他强调"所学者在我，故说"，而不是"行事合理而中心满足之意"。⑤

2. 孝悌也者，其为仁之本与？

张子曰："自孝弟而始，为仁之道，生而不穷。"⑥

朱子认为，张子的解说"语意虽高而不亲切"，因为他没有把有子所说的仁之道的本末讲清楚。"但事亲从兄者本也，爱人利物者末也。本立然后末有所从出，故孝弟立而为仁之道生也。"⑦ 张子定本删去此说，改为"故孝弟立则仁之道生，未有本不立而末举者也"⑧。

3. 巧言令色

张子曰："若夫君子之脩身，谨于言语容貌之间，乃所以体当在己之实事，是求仁之要也。"⑨

朱子曰："此意甚善，但恐须先设疑问以发之，此语方有所

---

① （宋）朱熹：《答张敬夫语解》，《晦庵先生朱文公文集》卷三十一，《朱子全书》（修订本）第 21 册，第 1343 页。
② （宋）朱熹：《论语说》，《晦庵先生朱文公文集》卷三十一，《朱子全书》（修订本）第 21 册，第 1357 页。
③ （宋）朱熹：《论语说》，《晦庵先生朱文公文集》卷三十一，《朱子全书》（修订本）第 21 册，第 1357 页。
④ （宋）朱熹：《四书章句集注·论语集注》，《朱子全书》（修订本）第 6 册，第 67 页。
⑤ （宋）朱熹：《论语说》，《晦庵先生朱文公文集》卷三十一，《朱子全书》（修订本）第 21 册，第 1358 页。
⑥ （宋）朱熹：《论语说》，《晦庵先生朱文公文集》卷三十一，《朱子全书》（修订本）第 21 册，第 1358 页。
⑦ （宋）朱熹：《论语说》，《晦庵先生朱文公文集》卷三十一，《朱子全书》（修订本）第 21 册，第 1358 页。
⑧ （宋）张栻：《语解》卷一，《张栻集》第 1 册，中华书局 2015 年版，第 96 页。
⑨ （宋）朱熹：《论语说》，《晦庵先生朱文公文集》卷三十一，《朱子全书》（修订本）第 21 册，第 1358 页。

发端而遽言之，则于经无所当，而反乱其本意矣。"①

这是从方法上指出解说如何才能更有说服力。后来，张子采纳朱子之说，在这段话前面加上："此所谓巧言令色，欲以悦人之观听者，其心如之何？"②

4. 为人谋而不忠

张子曰："处于己者不尽也。"③

朱子曰："处字未安。"朱子在《集注》中解"忠"曰："尽己之谓忠。"④"尽己"与"处于己"，确有语义上的差异。张子解释下文"与朋友交而不信"曰"施于彼者不实也"。朱子未有异议。朱子曰："以实之谓信。"⑤

张子没有采纳朱子的意见。

5. 道千乘之国

张子释"道千乘之国，敬事而信"曰："信者，信于己也。"⑥

朱子谓："己字未安。"《集注》曰："敬事而信者，敬其事而信于民也。"⑦朱子认为，此"信"为"取信"之信，而非"信于己"之谓。又，《语解》在"信于己也"下有小注曰"一作'不欺之谓'"，则是也。恐是张子修改稿。

又，张子释"道千乘之国，犹言治千乘之国之道也"。则"道"为治国之道。朱子曰："'道'字意恐未安。"⑧

又，张子有"自使民以时之外"句，朱子曰："此句无所当，恐是羡字。"朱子以为衍文。张子定本删之。然"道""信"之说，张子并未采信。

6. 毋友不如己者

张子曰："取友之道，不但取其如己者，又当友其胜己者。"⑨

朱子曰："经但言'毋友不如己者'，以见友必胜己之意。今乃以'如

---

① （宋）朱熹：《论语说》，《晦庵先生朱文公文集》卷三十一，《朱子全书》（修订本）第21册，第1358页。

② （宋）张栻：《语解》卷一，《张栻集》第1册，第96页。

③ （宋）朱熹：《论语说》，《晦庵先生朱文公文集》卷三十一，《朱子全书》（修订本）第21册，第1358页。

④ （宋）朱熹：《四书章句集注·论语集注》，《朱子全书》（修订本）第6册，第69页。

⑤ （宋）朱熹：《四书章句集注·论语集注》，《朱子全书》（修订本）第6册，第69页。

⑥ （宋）张栻：《语解》卷一，《张栻集》第1册，第97页。

⑦ （宋）朱熹：《四书章句集注·论语集注》，《朱子全书》（修订本）第6册，第69页。

⑧ （宋）朱熹：《答张敬夫语解》，《晦庵先生朱文公文集》卷三十一，《朱子全书》（修订本）第21册，第1343页。

⑨ （宋）张栻：《语解》卷一，《张栻集》第1册，第98页。

己'、'胜己'分为二等，则失之矣。"① 朱子《集注》曰："无，毋通，禁止辞也。友所以辅仁，不如己，则无益而有损。"② 强调"不如己"。朱子认为，张子的解释是他自己的意思，而不是经文的意思，由此，他又指出张子的"立言造意，又似欲高出于圣言之上者"，他说："解中此类甚多，恐非小病也。"③

7. 慎终追远

张子曰："慎，非独不忘之谓，诚信以终之也。追，非独不忽之谓，久而笃之也。"④

朱子以为，以"慎"为"不忘"，以"追"为"不忽"，"亦无所当"，于经文不合。⑤ 张子定本改"不忘"为"不忽"，改"不忽"为"不忘"。⑥ 按，朱子《集注》："谨终者，丧尽其礼。追远者，祭尽其诚。"⑦

张子解"民德归厚"曰："厚者得之聚，而恶之所由以消靡也。"朱子曰："此语于经无当，于理未安。"⑧

张子未采纳。

8. 父在观其志

朱子指出："父在，观其志；父没，观其行；三年无改于父之道，可谓孝矣。"⑨

旧说有两种解释，一种是把"志"解释为父之志，一种是解释为子之志。⑩ 朱子认为当从前说。他说，如果从后说，那么经文中并没有说出"其志"为正为邪，后文怎么可以说是"可谓孝矣"呢？但张子采用了后说。显

---

① （宋）朱熹：《论语说》，《晦庵先生朱文公文集》卷三十一，《朱子全书》（修订本）第21册，第1359页。
② （宋）朱熹：《四书章句集注·论语集注》，《朱子全书》（修订本）第6册，第70页。
③ （宋）朱熹：《论语说》，《晦庵先生朱文公文集》卷三十一，《朱子全书》（修订本）第21册，第1359页。
④ （宋）朱熹：《论语说》，《晦庵先生朱文公文集》卷三十一，《朱子全书》（修订本）第21册，第1359页。
⑤ （宋）朱熹：《论语说》，《晦庵先生朱文公文集》卷三十一，《朱子全书》（修订本）第21册，第1359页。
⑥ （宋）张栻：《语解》卷一，《张栻集》第1册，第99页。
⑦ （宋）朱熹：《四书章句集注·论语集注》，《朱子全书》（修订本）第6册，第71页。
⑧ （宋）朱熹：《论语说》，《晦庵先生朱文公文集》卷三十一，《朱子全书》（修订本）第21册，第1359页。
⑨ （宋）朱熹：《四书章句集注·论语集注》，《朱子全书》（修订本）第6册，第72页。
⑩ （宋）朱熹：《论语说》，《晦庵先生朱文公文集》卷三十一，《朱子全书》（修订本）第21册，第1359页。

然，朱子认为张子没有把经文的内涵吃透。

又，张子曰："三年无改于父之道，志哀而不暇他问也。"①朱子指出，此说出于谢氏（良佐）。但"其意非不甚美，然恐立说过高，而无可行之实也"②。他认为"事之是非可否日接于耳目，有不容不问者"，即使居丧期间也不应"志哀而不暇它之问"。

张子又曰："三年无改者，言其常也，可以改而可以未改者也。"③ 朱子指出，所谓"可以改而可以未改者"出于游氏（酢），但张子没有理解游氏这句话的本意。游氏原话为"在所当改而可以未改"，他的意思是迫于道理应该要改，而我不改。但是张子改为"可以改而可以未改"，那就变成我主观愿望是要想改。这样，"二者之间，其意味之厚薄相去远矣"④。

另外，朱子对张子解"三年无改"为"言其常也"，也表达出不同意见。他认为三年就是三年，表现出一种阶段性。他说："若言其常，则父之所行，子当终身守之可也，岂但以三年无改为孝哉？"⑤

按，《张栻集》此条下有小注曰："一本云：旧说谓父在能观其志而承顺之，父没观其行而继述之，又能三年无改于父之道，可谓孝矣。此说文理为顺。"⑥ 不知是否张子接受朱子批评后做了修改。

9. 信近于义

张子释"信近于义，言可复也"曰："言而不可复则不可行，将至于失其信矣。"⑦ 朱子认为，张子之释没有把有子这句话的复杂含义讲清楚。朱子认为，有子的话，其要点在"必度其近于义而后出焉"，"则凡其所言者，后无不可复之患矣"⑧。朱子的理解与张子的重点不同。朱子《集注》曰："此

---

① （宋）张栻：《语解》卷一，《张栻集》第1册，第100页。
② （宋）朱熹：《论语说》，《晦庵先生朱文公文集》卷三十一，《朱子全书》（修订本）第21册，第1360页。
③ （宋）朱熹：《论语说》，《晦庵先生朱文公文集》卷三十一，《朱子全书》（修订本）第21册，第1360页。
④ （宋）朱熹：《论语说》，《晦庵先生朱文公文集》卷三十一，《朱子全书》（修订本）第21册，第1360页。
⑤ （宋）朱熹：《论语说》，《晦庵先生朱文公文集》卷三十一，《朱子全书》（修订本）第21册，第1360页。
⑥ （宋）张栻：《语解》卷一，《张栻集》第1册，第100页。
⑦ （宋）朱熹：《论语说》，《晦庵先生朱文公文集》卷三十一，《朱子全书》（修订本）第21册，第1361页。
⑧ （宋）朱熹：《论语说》，《晦庵先生朱文公文集》卷三十一，《朱子全书》（修订本）第21册，第1361页。

言人之言行交际，皆当谨之于始而虑其所终。不然，则因仍苟且之间，将有不胜其自失之悔者矣。"①

10. 就有道而正焉

张子解"就有道而正焉"曰："正者，言吾之偏也，同世而亲其人，异世而求之书，皆为就有道也。"②

朱子认为，张子说"异世而求之书"，是说过了，经文没有这个意思。"或必欲言之，则别为一节而设问以起之可也。"③ 朱子此论，显然是认为解经与引申义理应该有分别，不能混在一起。解经是阐释经义，引申则为作者之发挥，这是两回事。

11. 贫而乐，富而好礼

张子曰："进于善道，有日新之功，其意味盖无穷矣。"④

朱子曰："此语不实。"⑤《论语》原文为："子贡曰：'贫而无谄，富而无骄，何如？'子曰：'可也。未若贫而乐，富而好礼者也。'"检《集注》："凡曰'可'者，仅可而有所未尽之辞也。"⑥ 朱子的意思是，孔子仅仅用"可也"来肯定子贡，其实是有保留的。张子的解说显然是过了。

12. 《诗》三百

张子曰："其言皆出于恻怛之公心，非有它也。"⑦

朱子曰"'恻怛'与'公心'字不相属"，而"非有它也"则给人以还有他说、他解的嫌疑。而"《诗》发于人情，似无'有它'之嫌"⑧。

13. 无违

孟懿子问孝，子曰"无违"。张子释"无违"曰："生事之以礼，以敬养也。

---

① （宋）朱熹：《四书章句集注·论语集注》，《朱子全书》（修订本）第 6 册，第 73 页。
② （宋）张栻：《语解》卷一，《张栻集》第 1 册，第 102 页。
③ （宋）朱熹：《论语说》，《晦庵先生朱文公文集》卷三十一，《朱子全书》（修订本）第 21 册，第 1361 页。
④ （宋）朱熹：《论语说》，《晦庵先生朱文公文集》卷三十一，《朱子全书》（修订本）第 21 册，第 1361 页。
⑤ （宋）朱熹：《论语说》，《晦庵先生朱文公文集》卷三十一，《朱子全书》（修订本）第 21 册，第 1361 页。
⑥ （宋）朱熹：《四书章句集注·论语集注》，《朱子全书》（修订本）第 6 册，第 73 页。
⑦ （宋）朱熹：《论语说》，《晦庵先生朱文公文集》卷三十一，《朱子全书》（修订本）第 21 册，第 1361 页。
⑧ （宋）朱熹：《论语说》，《晦庵先生朱文公文集》卷三十一，《朱子全书》（修订本）第 21 册，第 1361 页。

死葬之以礼，必诚必信也。祭之以礼，致敬而忠也。"①

朱子曰："大率圣人此言至约，而所包极广，条举悉数犹恐不尽，况欲率然以一言该之乎?"② 朱子认为，像张子这样条举悉数反而把圣人的意思说狭隘了。故《集注》曰："无违，谓不背于理。"③ 而不一一解释。

14. 十世可知

张子曰："若夫自嬴秦氏废先王之道，而一出于私意之所为，有王者作，其于继承之际，非损益之可言，直尽因革之宜而已。"④

朱子认为，张子对这一章的解说"立意甚偏而气象褊迫"⑤。按照张子的说法，继周者为秦，秦二世而亡，那么圣人所谓"百世可知"，"未及再世而已不验矣"。朱子认为孔子这段话的关键是"因"，而不是"损益"。他说："此一章'因'字最重。所谓损益者，亦是要扶持个三纲、五常而已。如秦之继周，虽损益有所不当，然三纲、五常终变不得。"⑥

15. 非其鬼而祭之，谄也

张子曰："无其鬼神，是徒为谄而已。"⑦

张子释"非其鬼"为"无其鬼神"。朱子曰："圣人之意，罪其祭非其鬼之为谄，而不讥其祭无其鬼之徒为谄也。"⑧ 张子《语解》曰："盖有是理则有是鬼神，故于所当祭而祭，则其鬼享。若无是理则亦无是鬼神，而祭何为哉?"⑨ 不知张子是否接受了朱子的意见而做了修改，但是其意思依然与朱子之说有差距。

---

① （宋）朱熹：《论语说》，《晦庵先生朱文公文集》卷三十一，《朱子全书》（修订本）第 21 册，第 1361 页。
② （宋）朱熹：《论语说》，《晦庵先生朱文公文集》卷三十一，《朱子全书》（修订本）第 21 册，第 1362 页。
③ （宋）朱熹：《四书章句集注·论语集注》，中华书局 1983 年版，第 55 页。
④ （宋）朱熹：《论语说》，《晦庵先生朱文公文集》卷三十一，《朱子全书》（修订本）第 21 册，第 1362 页。
⑤ （宋）朱熹：《论语说》，《晦庵先生朱文公文集》卷三十一，《朱子全书》（修订本）第 21 册，第 1362 页。
⑥ （宋）黎靖德编《朱子语类》卷二十四，《朱子全书》（修订本）第 14 册，第 868 页。
⑦ （宋）朱熹：《论语说》，《晦庵先生朱文公文集》卷三十一，《朱子全书》（修订本）第 21 册，第 1362 页。
⑧ （宋）朱熹：《论语说》，《晦庵先生朱文公文集》卷三十一，《朱子全书》（修订本）第 21 册，第 1362 页。
⑨ （宋）张栻：《语解》卷一，《张栻集》第 1 册，第 112 页。

二　朱子的解经主张

张栻是朱子最好的讲友。朱子对张栻评价很高："钦夫见识极高"，"钦夫高明"①。这是他经常在学生面前说的话。对于张栻的《语解》，朱子的基本态度是肯定的，他在自己的《集注》中，多处采纳了张栻的见解。但是，他也不讳言对《语解》的批评，并与张栻展开了辩论。朱子与张栻的分歧大致有以下几个方面。

1. 朱子解经注意细节，反对大而化之的不求甚解，主张从文字的内涵及语言的逻辑中发掘经典的含义

如解《论语》第一章"学而时习之"。他说："'学而时习之'，此是《论语》第一句，句中五字虽有虚实轻重之不同，然字字皆有意味，无一字无下落，读者不可以不详，而说者尤不可以有所略也。"② 他对张栻对"学而"两字"全然阔略"表示不满。张栻解"非其鬼而祭之，谄也"曰："无其鬼神，是徒为谄而已。"以"无"释"非"。朱子认为，"非其鬼"是说有鬼而名分不对；"无其鬼"则是没有鬼，"圣人之意，罪其祭非其鬼之为谄，而不讥其祭无其鬼为谄也"③。又如"十世可知"章，"诸先生说得'损益'字，不知更有个'因'字不曾说。'因'字最重。程先生也只衮说将去。三代之礼，大概都相因了。所损也只损得这些个，所益也只益得这些个，此所以'百世可知'也。且如秦最是不善继周，酷虐无比，然而所因之礼，如三纲、五常，竟灭不得。"④ 朱子认为，此章的重点是一个"因"字，而恰恰是这个关键字被人们忽略了，于是就出现了对整段经文理解的偏差。

2. 朱子解经强调要体会经文的"曲折"

所谓"曲折"一指经文背后所隐含的义理，一指经文所内含的细微的、全部的意思。他说："圣言虽约，而其指意曲折深密而无穷盖如此。凡为解

---

① （宋）黎靖德编《朱子语类》卷一百三，《朱子全书》（修订本）第 17 册，第 3418、3419 页。
② （宋）朱熹：《论语说》，《晦庵先生朱文公文集》卷三十一，《朱子全书》（修订本）第 21 册，第 1357 页。
③ （宋）朱熹：《论语说》，《晦庵先生朱文公文集》卷三十一，《朱子全书》（修订本）第 21 册，第 1362 页。
④ （宋）黎靖德编《朱子语类》卷二十四，《朱子全书》（修订本）第 14 册，第 868 页。

者，虽不必如此琐细剖析，然亦须包含得许多意思，方为完备。"① 朱子在与张栻讨论侯仲良的《论语说》时说："窃谓其学大抵明白劲正，而无深潜缜密、沈浸浓郁之味，故于精微曲折之际不免疏略，时有罅缝，不得于言而求诸心，乃其所见所存有此气象，非但文字之疵也。"② 张子解"信近于义"章，朱子以为"未尽所欲言之曲折"。张子解"子见南子章"曰："夫子听卫国之政，必自卫君之身始。"③ 意谓见南子乃不得不见。朱子曰："此理固然，然其间似少曲折，只如此说，则亦粗暴而可畏矣。"④ 试看朱子《集注》："孔子至卫，南子请见，孔子辞谢，不得已而见之。盖古者仕于其国，有见其小君之礼。而子路以夫子见此淫乱之人为辱，故不悦。……圣人道大德全，无可不可。其见恶人，固谓在我有可见之礼，则彼之不善，我何与焉。然此岂子路所能测哉？故重言以誓之，欲其姑信此而深思以得之也。"⑤ 这就把事情的曲折讲清楚了。

3. 朱子解经反对拔高经义，立说过当

《答陈明仲》第四书："喻及《论语》诸说，以此久不脩报。然观大概，贪慕高远，说得过当处多，却不是言下正意。"⑥ 第六书："累承示经说，比旧益明白矣。然犹有推求太广处，反失本意。"⑦ 张子解"不患无位，患所以立；不患莫己知，求为可知也"曰："若曰使己有可知之实，则人将知之，是亦患莫己知而已，岂君子之心哉？"⑧ 他以"使己有可知之实，则人将知之"解"求为可知"。朱子认为："此说过当。"他引程子的话说："君子求其在己者而已矣。"⑨ "默而识之"章，张子解"默识"曰"默识非言意之所

① （宋）朱熹：《论语说》，《晦庵先生朱文公文集》卷三十一，《朱子全书》（修订本）第 21 册，第 1357 页。
② （宋）朱熹：《与张钦夫别纸》，《晦庵先生朱文公文集》卷三十，《朱子全书》（修订本）第 21 册，第 1313 页。
③ （宋）朱熹：《论语说》，《晦庵先生朱文公文集》卷三十一，《朱子全书》（修订本）第 21 册，第 1366 页。
④ （宋）朱熹：《论语说》，《晦庵先生朱文公文集》卷三十一，《朱子全书》（修订本）第 21 册，第 1366 页。
⑤ （宋）朱熹：《四书章句集注·论语集注》，《朱子全书》（修订本）第 6 册，第 117 页。
⑥ （宋）朱熹：《答陈明仲》，《晦庵先生朱文公文集》卷四十三，《朱子全书》（修订本）第 22 册，第 1944 页。
⑦ （宋）朱熹：《答陈明仲》，《晦庵先生朱文公文集》卷四十三，《朱子全书》（修订本）第 22 册，第 1945 页。
⑧ （宋）朱熹：《论语说》，《晦庵先生朱文公文集》卷三十一，《朱子全书》（修订本）第 21 册，第 1363 页。
⑨ （宋）朱熹：《四书章句集注·论语集注》，《朱子全书》（修订本）第 6 册，第 95 页。

可及，盖森然于不睹不闻之中也"云云。朱子曰："未遽说到如此深远也"，"盖此乃圣人之谦词"而已。① 朱子指出，解经中出现的这一现象"原于不屑卑近之意，故耻于游艺（案，指'志于道，游于艺'章之解说）而为此说以自广耳"②。张子解"曾子有疾"章曰："形体且不可伤，则其天性可得而伤乎?"朱子曰："此亦过高之说，非曾子之本意也。"③ 在解"子谓颜渊"章时，朱子比对张子与程子的解说云，详味程子之言，"中正微密，不为矫激过高之说，而语意卓然"④。

4. 朱子解经，立说不贵新奇

朱子在阐释自己的经解见解时对张子说过这样一段话："圣贤之言平铺放著，自有无穷之味。于此从容潜玩，默识而心通焉，则学之根本于是乎立，而其用可得而推矣。患在立说贵于新奇，推类欲其广博，是以反失圣言平淡之真味，而徒为学者口耳之末习。"⑤ 张子解"毋友不如己者"章，朱子评曰："经但言'毋友不如己者'，以见友必胜己之意。今乃以'如己'、'胜己'分为二等，则失之矣。而立言造意，又似欲高出于圣言之上者。解中此类甚多，恐非小病也。"⑥ 朱子认为，张子的《语解》立说追求新奇的地方不少，这不是一个小问题。在论及"颜渊季路侍"章时，关于解经朱子提出一个新解说："必如此说，更须子细考证。"⑦ 他不主张随意立新，而强调要有根据、有来历。他评"述而不作"章则曰："大率此解多务发明言外之意，而不知其反戾于本文之指，为病亦不细也。"⑧ 朱子认为，立说求新往往会使说解背离经义，这是解经的一个大毛病。《朱子语类》记录了一段他与学生

---

① （宋）朱熹：《论语说》，《晦庵先生朱文公文集》卷三十一，《朱子全书》（修订本）第21册，第1367页。
② （宋）朱熹：《论语说》，《晦庵先生朱文公文集》卷三十一，《朱子全书》（修订本）第21册，第1368页。
③ （宋）朱熹：《论语说》，《晦庵先生朱文公文集》卷三十一，《朱子全书》（修订本）第21册，第1370页。
④ （宋）朱熹：《论语说》，《晦庵先生朱文公文集》卷三十一，《朱子全书》（修订本）第21册，第1369页。
⑤ （宋）朱熹：《答张敬夫》，《晦庵先生朱文公文集》卷三十一，《朱子全书》（修订本）第21册，第1114页。
⑥ （宋）朱熹：《论语说》，《晦庵先生朱文公文集》卷三十一，《朱子全书》（修订本）第21册，第1359页。
⑦ （宋）朱熹：《论语说》，《晦庵先生朱文公文集》卷三十一，《朱子全书》（修订本）第21册，第1365页。
⑧ （宋）朱熹：《晦庵先生朱文公文集》卷三十一，《朱子全书》（修订本）第21册，第1367页。

万人杰的谈话:"正淳之病,多要与众说相反。譬如一柄扇子,众人说这一面,正淳便说那一面以诘之;及众人说那一面,正淳却说这一面以诘之。旧见钦夫解《论语》,多有如此处。"① 可见,张子是有立异之好的。朱子说是"旧见",说明张子后来改正了这一习惯。

5. 朱子解经反对自立说

"今读此书,虽名为说《论语》者,然考其实,则几欲与《论语》竞矣"②,又说:"自孔、孟灭后,诸儒不子细读得圣人之书,晓得圣人之旨,只是自说他一副当道理。说得却也好看,只是非圣人之意,硬将圣人经旨说从他道理上来。……今之学者正是如此,只是将圣人经书拖带印证己之所说而已,何尝真实得圣人之意?"③ 朱子指出张子的经说也常常犯这样的毛病。他在与张子讨论《孟子解》的时候指出:"按此解之体,不为章解句释,气象高远。然全不略说文义,便以己意立论,又或别用外字体贴,而无脉络连缀,使不晓者展转迷惑,粗晓者一向支离……凡此之类,将使学者不暇求经,而先坐困于吾说,非先贤谈经之体也。"④ 他指出,这种以己意立说的做法,其危害在于无意之中诱导读者偏离了经典,反而使人陷入迷惑与支离。

三　北宋以来经学之变及其得失

朱子与张子往来通信中多有论经学得失的文字。

"至于文字之间,亦觉向来病痛不少。盖平日解经最为守章句者,然亦多是推衍文义,自做一片文字,非惟屋下架屋,说得意味淡薄,且是使人看者将注与经作两项功夫做了,下稍看得支离,至于本旨,全不相照。以此方知汉儒可谓善说经者,不过只说训诂,使人以此训诂玩索经文,训诂、经文不相离异,只做一道看了,直是意味深长也。"⑤

这是朱子写给张子信中的一段话。这段话可说是朱子对当时经学弊病的

---

① （宋）黎靖德编《朱子语类》卷一一五,《朱子全书》（修订本）第18册,第3629页。

② （宋）朱熹:《论语说》,《晦庵先生朱文公文集》卷三十一,《朱子全书》（修订本）第21册,第1370页。

③ （宋）黎靖德编《朱子语类》卷一三七,《朱子全书》（修订本）第18册,第4240—4241页。

④ （宋）朱熹:《答敬夫孟子说疑义》,《晦庵先生朱文公文集》卷三十一,《朱子全书》（修订本）第21册,第1352页。

⑤ （宋）朱熹:《答张敬夫》,《晦庵先生朱文公文集》卷三十一,《朱子全书》（修订本）第21册,第1349页。

一种揭发和批评。所谓"推衍文义，自做一片文字"，就是指发挥义理。这是宋代经学最大的一个变化。皮锡瑞认为宋代经学处于"经学变古时代"，他说："《困学纪闻》云：'自汉儒至于庆历间，谈经者守训诂而不凿。《七经小传》出而稍尚新奇矣。至《三经义》行，视汉儒之学若土梗'。据王应麟说，是经学自汉至宋初未尝大变，至庆历始一大变也。"①《七经小传》，宋刘敞撰，周予同曰："是编为杂论经义之书，好以己意改经，实变先儒淳朴之风。"②《三经义》即王安石《三经新义》。可见，"杂论经义"之风自庆历肇始，至熙宁则蔚然成风。朱子曰："祖宗以来，学者但守注疏，其后便论道，如二苏只是要论道。"③ 但是，真正推动以义理解经的人应该还是二程："国初人便已崇礼仪，尊经术，欲复二帝三代，已自胜如唐人，但说未透在。直至二程出，此理始说得透。"④ "近看《中庸》古注，极有好处……因此方知摆落传注，须是两程先生方始开得这口。若后学未到此地位，便承虚接响，容易呵叱，恐属僭越，气象不好。"⑤ 朱子认为，二程之所以成为使宋代经学大变的关键人物，是因为他们把理"说得透"，而能说得透的原因是他们学有根基，把前人的注疏琢磨透了，学到位了。

二程之所以成为使宋代经学大变的关键人物，还有一个原因：他们办私学以传播理学思想，众多学生效法师门著书立说，有力地推动了经学的变革。李心传曰："自嘉祐末，二程先生倡明道学于河洛之间，四方学士从之者已众。"⑥ "逮熙丰间，二先生德成行尊，南北之士从游者甚众。"⑦ 他开列了一份二程弟子的名单，"其显者"即达三十余人之多。⑧ 这是一支庞大的队伍，这支队伍对宋代经学的大变起到了推动作用。

北宋时期开启的以义理解经的风气，一直延续到南宋朱子所处的时代。朱子集理学之大成，自觉地担当起构建"新儒学"庞大理论体系的历史重任，他遍注群经，而以理学思想注经是他必然坚持的原则。但是他也是一个

---

① （清）皮锡瑞：《经学历史》，中华书局 1959 年版，第 220 页。
② （清）皮锡瑞：《经学历史》，第 221 页。
③ （宋）黎靖德编《朱子语类》卷一二九，《朱子全书》（修订本）第 18 册，第 4028 页。
④ （宋）黎靖德编《朱子语类》卷一二九，《朱子全书》（修订本）第 18 册，第 4020 页。
⑤ （宋）朱熹：《答吕伯恭》，《晦庵先生朱文公文集》卷三十五，《朱子全书》（修订本）第 21 册，第 1524 页。
⑥ （宋）李心传：《道命录》，《儒藏》精华编第 152 册，北京大学出版社 2008 年版，第 179 页。
⑦ （宋）李心传：《道命录》，《儒藏》精华编第 152 册，第 204 页。
⑧ （宋）李心传：《道命录》，《儒藏》精华编第 152 册，第 204、205 页。

清醒的思想家，他也看到，自二程以来的经学传统，经过一百余年的传承已经是百病缠身，其弊端已经严重危害儒家思想的传承与发展。他说："汉儒一向寻求训诂，更不看圣人意思，所以二程先生不得不发明道理，开示学者，使激昂向上，求圣人用心处，故放得稍高。不期今日学者乃舍近求远，处下窥高，一向悬空说了，扛得两脚都不著地。其为害反甚于向者之未知寻求道理，依旧只在大路上行。今之学者却求捷径，遂至钻山入水。"① 这是说，二程以义理解经是纠汉儒一味训诂却不求理解圣人的思想之偏，而把经书中蕴含的道理发掘出来，他们是高屋建瓴。但是他们没有料到的是，今天的学者却纷纷以好高骛远相讥，认为他们不能脚踏实地，走进了死胡同，这样的学风危害很大。他指出了当时治经学者的四大弊病："今之谈经者，往往有四者之病：本卑也，而抗之使高；本浅也，而凿之使深；本近也，而推之使远；本明也，而必使至于晦。此今日谈经之大患也。"② 即解经的时候，把原本很平实的道理无限拔高，使之脱离实际；本来很浅近的道理，硬把它讲得很深奥，反而让人听不懂；本来很贴近生活实际的道理，却把它讲得远离生活、远离实际；本来很明白的事情，一定要把它弄得神秘晦暗，让人看不清楚。如上文所述，朱子在讨论张子的《语解》时多次指出"说高了"。他给学生讲课时，也常常指出："圣人语言甚实，且即吾身日用常行之间可见。惟能审求经义，将圣贤言语虚心以观之，不必要著心去看他，久之道理自见，不必求之太高也。今如所论，却只于渺渺茫茫处想见一物悬空在，更无捉摸处，将来如何顿放，更没收杀。如此，则与身中日用自然判为二物，何缘得有诸己？只看《论语》一书，何尝有悬空说底话？"③ 所谓"著心"，就是刻意求深。有一个学生解《中庸》鬼神事，把鬼神分为"功用之鬼神"与"妙用之鬼神"，朱子批评说："只是向高乘虚接渺说了。"④ 对二程解经中的此类问题他也直言不讳地提出批评，如："程先生《诗传》取义太多。诗人平易，恐不如此。"⑤ "圣人说得甚浅，伊川说得太深；圣人所说短，伊川解得长。"⑥ 诸如此理的评论数量不少。

---

① （宋）黎靖德编《朱子语类》卷一一三，《朱子全书》（修订本）第 18 册，第 3600 页。
② （宋）黎靖德编《朱子语类》卷十一，《朱子全书》（修订本）第 14 册，第 351 页。
③ （宋）黎靖德编《朱子语类》卷一一三，《朱子全书》（修订本）第 18 册，第 3600 页。
④ （宋）黎靖德编《朱子语类》卷二十，《朱子全书》（修订本）第 14 册，第 675 页。
⑤ （宋）黎靖德编《朱子语类》卷八十，《朱子全书》（修订本）第 17 册，第 2764 页。
⑥ （宋）黎靖德编《朱子语类》卷七十二，《朱子全书》（修订本）第 16 册，第 2436 页。

朱子认为，求得圣人的"本意"是解经最重要的任务。他对二程偏离经文本意而解经的做法颇有微词。如《书·尧典》："'允恭克让'，程先生说得义理亦好，只恐《书》意不如此。程先生说多如此，《诗》尤其。然却得许多义理在其中。"① 他对二程以义理解经持肯定态度，但他并不赞同脱离经典本意而说义理。他认为如此解经会使"经"与"理"脱节，反而造成读者理解上的困难："伊川所自发，与经文又似隔一重皮膜，所以看者无个贯穿处……伊川又别发明义理来。今须先得经文本意了，则看程《传》便不至如门扇无臼，转动不得。"② 离开了经的本意解经，就会使义理与经"隔一重皮膜"。他甚至说："且如伊川解经，是据他一时所见道理恁地说，未必便是圣经本旨。"但是，他接着又说："要之，他那个说，却亦是好说。"③ 可见，他对二程的做法很纠结，一方面他不赞同不就经文本意来解经，另一方面又很赞赏二程的发明义理。其实，他不断地指出二程解经的这一弊端，更多的是为了批评二程之后的经学家尤其是当时那些所谓的"道学家"。他说："今学者不会看文字，多是先立私意，自主张己说，只借圣人言语做起头，便自把己意接说将去。病痛专在这上，不可不戒。"④ 这是把说理变成了"先立私意"。"读书最忌以己见去说，但欲合己见，不知非本来旨意。"⑤ 这是以己见解经，实际上变成了"以经注我"。朱子说自己解经"只是顺圣贤语意，看其血脉通贯处为之解释，不敢自以己意说道理也"⑥。所以，他对学生说："且就本文理会。牵旁会合，最学者之病。"⑦ "考论文义，且只据所读本文，逐句逐字理会教分明。不须旁引外说，枝蔓游衍，反为无益。"⑧ 此外，科举考试对读经则是另一种类型的伤害："近年以来，习俗苟偷，学无宗主，治经者不复读其经之本文与夫先儒之传注，但取近时科举中选之文，讽诵摹仿，择取经中可为题目之句以意扭捏，妄作主张，明知不是经意，但取便于行文，不暇恤也。"⑨

---

① （宋）黎靖德编《朱子语类》卷七十八，《朱子全书》（修订本）第 16 册，第 2639 页。
② （宋）黎靖德编《朱子语类》卷一一七，《朱子全书》（修订本）第 18 册，第 3684—3685 页。
③ （宋）黎靖德编《朱子语类》卷一〇五，《朱子全书》（修订本）第 17 册，第 3445—3446 页。
④ （宋）黎靖德编《朱子语类》卷一一七，《朱子全书》（修订本）第 18 册，第 3681 页。
⑤ （宋）黎靖德编《朱子语类》卷一一七，《朱子全书》（修订本）第 18 册，第 3708 页。
⑥ （宋）黎靖德编《朱子语类》卷五十二，《朱子全书》（修订本）第 15 册，第 1717 页。
⑦ （宋）黎靖德编《朱子语类》卷一一八，《朱子全书》（修订本）第 18 册，第 3718 页。
⑧ （宋）黎靖德编《朱子语类》卷五十三，《朱子全书》（修订本）第 15 册，第 1703 页。
⑨ （宋）朱熹：《学校贡举私议》，《晦庵先生朱文公文集》卷六十九，《朱子全书》（修订本）第 23 册，第 3360 页。

　　而要能理会得圣人本意，决不能轻视训诂与古人的注疏。他说："学者之于经，未有不得于辞而能通其意者。"① 当时的学风是重义理而轻训诂。但是朱子却认为，"注疏如何弃得？"② 他认为，北宋以来的学者，因为注重义理、思想而轻视音韵训诂，认为这是"经中浅事"③，"然不知此等处不理会，却枉费了无限辞说牵补，而卒不得其本义，亦甚害事也"④。由此，他也非常重视汉儒的章句之学，他说："夫章句之差，初若小失，而其说之弊，遂至于此，章句之学，其亦岂可忽哉！"⑤ 他指出，正因为现在的学者不重视章句之学而败坏了对义理的理解："今人多说章句之学为陋，某看见人多因章句看不成句，却坏了道理。"⑥ 朱子说自己解经"只要依训诂说字"⑦，他举例说，《易·咸卦》"贞吉，悔亡"，程颐《易传》解"贞"为"虚中无我之谓也"⑧。但是，朱子据训诂解"贞"为"正而固"。他说它是依贞字的训诂而解，"若晓得'正而固'，则'虚中无我'亦在里面"⑨。他很赞赏汉儒以训诂玩索经文的办法，认为这样才能使训诂与经文"不相离异"而成为一体。⑩

① （宋）朱熹：《书中庸后》，《晦庵先生朱文公文集》卷八十一，《朱子全书》（修订本）第 24 册，第 3831 页。
② （宋）黎靖德编《朱子语类》卷一二九，《朱子全书》（修订本）第 18 册，第 4028 页。
③ （宋）朱熹：《答杨元范》，《晦庵先生朱文公文集》卷五十，《朱子全书》（修订本）第 22 册，第 2289 页。
④ （宋）朱熹：《答杨元范》，《晦庵先生朱文公文集》卷五十，《朱子全书》（修订本）第 22 册，第 2289 页。
⑤ （宋）朱熹：《四书或问》卷九，《朱子全书》（修订本）第 6 册，第 776 页。
⑥ （宋）黎靖德编《朱子语类》卷五十六，《朱子全书》（修订本）第 15 册，第 1814 页。
⑦ （宋）黎靖德编《朱子语类》卷七十二，《朱子全书》（修订本）第 16 册，第 2419 页。
⑧ （宋）程颐：《周易程氏传》卷三，《二程集》下，中华书局 2004 年版，第 859 页。
⑨ （宋）黎靖德编《朱子语类》卷七十二，《朱子全书》（修订本）第 16 册，第 2419 页。
⑩ （宋）朱熹：《答张敬夫》，《晦庵先生朱文公文集》卷三十一，《朱子全书》（修订本）第 21 册，第 1349 页。

朱熹对《论语》"自行束脩以上"的诠释及其意义

乐爱国[*]

摘　要：对于《论语》所谓"束脩"，朱熹在以往儒家从"礼"的层面进行诠释的基础上，进一步从"理"的层面诠释为"束脩"之理，把"束脩"诠释为"心"，表达为心意；既讲人与人之间的共同性，又要求尊重个体间的差异，既提出"盖人之有生，同具此理，故圣人之于人，无不欲其入于善"的基本原则，又阐发了"不知来学，则无往教之礼，故苟以礼来，则无不有以教之"的待人之道。这不仅在对"束脩"的诠释上超越了以往的诠释，而且对于理解儒家待人之道也颇具新意。

关键词：朱熹；《论语》；束脩；心

《论语·述而》载，子曰："自行束脩以上，吾未尝无诲焉。"对此，杨伯峻《论语译注》把"束脩"注释为"十条干肉"，并将孔子所言解读为："只要是主动地给我一点见面薄礼，我从没有不教诲的。"[①] 钱穆在《论语新解》中说："束脩：一解，脩是干脯，十脡为束。古人相见，必执赞为礼，束脩乃赞之薄者。又一解，束脩谓束带修饰。古人年十五，可自束带修饰以见外傅。又曰：束脩，指束身脩行言。今从前一解。"[②] 显然，钱穆把"束脩"解读为"干脯"，类似于杨伯峻。与此不同，李泽厚的《论语今读》不同意将"束脩"注释为"十条干肉"，而是解读为"十五岁以上"，并且认为，这种解读与孔子所讲"十有五而志于学"，《书传》"十五入小学"相应。为此，他把孔子所言解读为："凡十五岁以上，我没有不收教的。"[③] 显然，这一解读，与杨伯峻、钱穆的解释相去甚远。宋代朱熹在《论语集注》

---

[*] 乐爱国，厦门大学哲学系教授、博士生导师，主要从事儒学、朱子学研究。

① 杨伯峻：《论语译注》，中华书局2015年版，第100页。
② 钱穆：《论语新解》，生活·读书·新知三联书店2002年版，第171页。
③ 李泽厚：《论语今读》，中华书局2015年版，第129页。

中把"束脩"解读为肉脯,但不只是"见面薄礼",把"束脩"诠释为"心",表达为心意,其中蕴含了许多合理的思想,可以为今人的解读和研究提供启迪。

一 束脩:是"礼"还是"十五岁以上"

对于《论语·述而》子曰"自行束脩以上,吾未尝无诲焉",孔安国曰:"言人能奉礼,自行束脩以上,则皆教诲之。"① 孔安国只是讲到"奉礼"而需要"束脩",并没有对"束脩"是什么作出进一步解读。孔安国还注《尚书·秦誓》"如有一介臣,断断猗,无他伎,其心休休焉",曰:"如有束脩一介臣,断断猗然专一之臣,虽无他伎艺,其心休休焉乐善。"② 也没有对"束脩"是什么作出解读。

东汉郑玄遍注群经,但是其《论语郑氏注》大约于宋初开始失传。近年来,关于唐写本《论语郑氏注》的研究有较大进展。有学者以吐鲁番阿斯塔纳184号墓出土的《论语郑氏注》之《述而》篇为底本,并且结合敦煌文献,认为唐写本郑玄注的原文应该是:"自(始)行束脩,谓年十五之时(奉?)酒脯。十五已上有恩好者以施遗焉。"③ "束脩"对应的是"酒脯"。郑玄在讲到亲朋好友结婚,自己有事而无法前往,需要遣人送礼时,说:"其礼盖壶酒、束脩若犬也。"孔颖达疏曰:"礼物用壶酒及束脩。束脩,十脡脯也。若无脯,则壶酒及一犬。"④ 显然,在郑玄那里,"束脩"是一种与"酒脯"有关的礼物。

南北朝皇侃在《论语义疏》中疏孔安国曰"言人能奉礼,自行束脩以上,则皆教诲之也",曰:"此明孔子教化有感必应者也。束脩,十束脯也。古者相见,必执物为贽。贽,至也,表己来至也。上则人君用玉,中则卿羔、大夫雁、士雉,下则庶人执鹜、工商执鸡,其中或束脩、壶酒、一犬,悉不得无也。束脩最是贽之至轻者也。孔子言:人若能自施贽,行束脩以上来见

---

① (魏)何晏注、(宋)邢昺疏《论语注疏》,(清)阮元校刻《十三经注疏》,中华书局2009年版,第5390页。
② (汉)孔安国传、(唐)孔颖达疏《尚书正义》,(清)阮元校刻《十三经注疏》,第545页。
③ 何亦凡:《敦煌吐鲁番出土〈郑玄论语注〉"束脩"条缀补复原研究》,《敦煌吐鲁番研究》卷十六,上海古籍出版社2016年版,第289页。
④ (汉)郑玄注、(唐)孔颖达疏《礼记正义》,(清)阮元校刻《十三经注疏》,第2687页。

谒者，则我未尝不教诲之。故江熙云：'见其翘然向善思益也。'古以赞见。脩，脯也。孔注虽不云脩是脯，而意亦不得离脯也。"① 显然，皇侃把"束脩"解读为"十束脯"，并且还认为，在孔安国那里，"束脩"与"脯"有关。该说法对后世影响很大。

唐孔颖达虽然在《礼记正义》中说"束脩，十脡脯也"，但在《尚书正义》中疏孔安国"如有束脩一介臣"却说："孔注《论语》以束脩为束带脩节，此亦当然。"② 认为在孔安国那里，"束脩"为"束带脩节"。

南北朝范晔撰《后汉书》，唐代李贤等为之作注。其中注《伏湛传》"自行束脩，讫无毁玷"，曰："自行束脩谓年十五以上。"③ 又注《延笃传》"且吾自束脩已来"，曰："束脩谓束带修饰。郑玄注《论语》曰'谓年十五已上'也。"④ 在这里，李贤既讲"自行束脩谓年十五以上"，又讲"束脩谓束带修饰"，应当是指年十五以上自行束脩，"束带修饰"。因此，"束脩"是就"束带修饰"而言，而不是就"年十五以上"而言。

可见，汉唐时期诸儒解读"束脩"，既有如郑玄解读为与"酒脯"有关的礼物，或皇侃解读为"脯"，也有如李贤解读为"束带修饰"，虽然郑玄、李贤的解读与"年十五以上"有关，但都不是就"年十五以上"而言。

李泽厚在《论语今读》中把"束脩"解读为"十五岁以上"，是依据1943年出版的程树德《论语集释》引清黄式三《论语后案》所言："《后汉·伏湛传》：杜诗荐湛自行束脩，讫无毁玷。注：自行束脩，谓年十五以上。《延笃传》曰：吾自束脩以来。注：束脩，谓束带修饰。郑玄注《论语》曰：谓年十五以上也。"⑤ 这段言论实际上来自李贤等注《后汉书》。应当说，无论是李贤，还是郑玄，都没有把"束脩"解读为"十五岁以上"。

清代毛奇龄对"束脩"多有研究。他的《四书剩言》说："《论语》'自行束脩以上'，束脩是赞见薄物，其见于经传者甚众。如《檀弓》'束脩之问'，《谷梁传》'束脩之肉'，《后汉·第五伦传》'束脩之馈'，则皆泛以大夫士出境聘问之礼为言。若《孔丛子》云'子思居贫，或致樽酒束脩，子思

① （南朝梁）皇侃：《论语义疏》，中华书局2013年版，第157页。
② （汉）孔安国注、（唐）孔颖达疏《尚书正义》，（清）阮元校刻《十三经注疏》，第545页。
③ （南朝宋）范晔：《后汉书》卷二十六《伏侯宋蔡冯赵牟韦列传》，中华书局1965年版，第897页。
④ （南朝宋）范晔：《后汉书》卷六十四《吴延史卢赵列传》，第2107页。
⑤ 李泽厚：《论语今读》，第129页。

弗为当也'，此犹是偶然馈遗之节。至《北史·儒林传》'冯伟门徒束脩，一毫不受'，则直指教学事矣。又《隋书·刘炫》'博学后进质疑受业，不远千里，然啬于财不行束脩者，未尝有所教诲，时人以此少之'，则直与《论语》'未尝无诲'作相反语。又《唐六典》'国子生初入学，置束帛一篚、酒一壶、脩一案为束脩之礼'，则分束帛与脩为二，然亦是教学赘物。近儒以汉后史书多有'束修'字作'约束修饬'解，如《盐铁论》桑弘羊曰'臣结发束修'，元和诏郑均'束修安贫'，三国魏桓范荐管宁'束修其躬'类，遂谓'束修'不是物，历引诸'束修'词以为辨。夫天下词字相同者多有，龙星不必是龙，王良又不必是星，必欲强同之，谬矣。试诵本文有'行'字，又有'以上'字，若束修其躬，何必又行？躬自束修，何能将之而上乎？"①在毛奇龄看来，《论语》所谓"束脩"，一直就被解读为"赘见薄物"，是见面的薄物之礼，同时，汉以后所修史书中所谓"束修"，并不是指薄物之礼，而是指"约束修饬"。毛奇龄赞同把《论语》子曰"自行束脩以上"中的"束脩"解读为"赘见薄物"。

王鸣盛对"束脩"与"束修"做了进一步研究，认为"修"与"脩"并非同义。他说："《论语》'束脩'，孔云：'言人能奉礼。'皇侃疏以为'十束脯'，邢昺引《檀弓》《少仪》《谷梁传》为证。……《正义》：'束脩，十脡脯也。若无脯，则壶酒及一犬。'《谷梁传》'束脩之肉，不行竟中'，杨士勋疏：'脩，脯也。'朱子亦从疏说。然孔颖达《书正义》云：'孔注《论语》以束脩为束带脩饰。'是皇、邢疏未得孔意也。《汉·王莽传》'自初束修'，师古曰：'束修，谓初学官之时。'《后汉·延笃传》'吾自束修以来'，注：'束修'谓束带修饰。郑康成注《论语》曰：'谓年十五已上也。'《伏湛传》：南阳太守杜诗上疏荐湛曰：'窃见故大司徒阳都侯伏湛，自行束修，讫无毁玷。'注亦谓'年十五以上'。……郑康成注'束修'与孔安国'奉礼'之义同，其意与下章'不愤不启'相发，疏误解耳。且此字本当作'修'，唐石经作'脩'，则解为'脯'矣，疑后人所改。"②显然，在王鸣盛看来，《论语》中应当为"束修"，而解读为"束带修饰"。

后来，方观旭撰《论语偶记》，根据李贤等注《后汉书》所引郑玄注

---

① （清）毛奇龄：《四书剩言》，景印文渊阁《四库全书》第 210 册，台湾商务印书馆 1986 年版，第 221—222 页。

② （清）王鸣盛：《蛾术编》卷八十二《束脩》，商务印书馆 1958 年版，第 1266—1267 页。

"束脩"而言"谓年十五以上",说:"盖古人称'束脩',有指束身脩行言者。《列女传》秋胡妇云'束发脩身',《盐铁论》桑弘羊曰'臣结发束脩,得宿卫',《后汉·延笃传》曰'且吾自束脩以来',马援、杜诗二传又并以束脩为年十五,俱是郑注佐证。《书传》云'十五入小学,殆行束脩时矣。"① 这里把"束脩"又解读为"束身脩行"。后来,康有为也把《论语》"束脩"解读为束身修行。②

黄式三在《论语后案》中认为,《论语》"自行束脩以上"是指"年十五以上能行束带脩饰之礼","郑君注如此,汉时相传之师说也"。黄式三还说:"《后汉·伏湛传》杜诗荐湛'自行束脩,讫无毁玷'。注:'自行束脩,谓年十五以上。'《延笃传》笃曰:'吾自束脩以来。'注:'束脩,谓束带脩饰。郑玄注《论语》曰:"谓年十五以上也。"'今疏本申孔注,异于郑君。然《书·秦誓》孔疏引孔注《论语》以束脩为束带脩饰,为某传束脩一介臣之证,是孔郑注同。盖年十五以上,束带脩饰以就外傅,郑君与孔义可合也。"③ 显然,黄式三是要说明"束脩"为"束带脩饰"。

与王鸣盛强调"修"与"脩"的区别而将《论语》中"束脩"解读为"束带修饰"不同,刘宝楠在《论语正义》中说:"'修'与'脩'同,谓以脩为挚,见其师也。"④ 显然是接受毛奇龄的说法,认为《论语》中的"束脩"为"挚礼",即见面礼,而不同于黄式三《论语后案》对于"束脩"的解读。刘宝楠还说:"李贤《后汉·延笃传》注:'束脩谓束带脩饰,郑注《论语》曰"束脩谓年十五以上也。"'李引郑注,所以广异义。人年十六为成人,十五以上可以行挚见师,故举其所行之挚以表其年。"⑤ 也就是说,郑玄把"束脩"说成是"年十五以上",是指"十五以上可以行挚见师"。刘宝楠还认为,《后汉·伏湛传》"杜诗荐湛曰'湛自行束脩,讫无毁玷'",以及其他一些文献中所言"束脩","皆以'束脩'表年,与郑义同",同时,还有一些文献所言"束脩",是"以约束修饰为义"。因此,刘宝楠说:"后之儒者,移以解《论语》此文,且举李贤'束带修饰'之语,以为郑义亦然,是

① (清)方观旭:《论语偶记》,《续修四库全书》第155册,上海古籍出版社版1995年版,第334页。
② (清)康有为:《论语注》,中华书局1984年版,第90—91页。
③ (清)黄式三:《论语后案》,《续修四库全书》第155册,第483—484页。
④ (清)刘宝楠:《论语正义》,中华书局1990年版,第258页。
⑤ (清)刘宝楠:《论语正义》,第258页。

诬郑矣。"① 认为郑玄不可能把《论语》"束脩"解读为"束带修饰"。

需要指出的是，无论是毛奇龄、刘宝楠把"束脩"解读为"十五以上可以行挚见师"，还是王鸣盛、方观旭、黄式三把"束脩"解读为"年十五以上能行束带脩饰之礼"，他们都把"束脩"看作"礼"，并且是"十五岁以上"所行之礼。但这并不可说明"束脩"只是就"十五岁以上"而言，不可由此得出"束脩"就是指"十五岁以上"。

与此不同，李泽厚《论语今读》根据程树德《论语集释》所引黄式三《论语后案》中的有关文献材料，把"束脩"解读为"十五岁以上"，实际上是把重点落在年龄上，而不是落在"礼"上，这不仅不同于黄式三《论语后案》，而且也不同于刘宝楠《论语正义》，甚至不同于所有把"束脩"看作"礼"的解读。把孔子所言"自行束脩以上，吾未尝无诲焉"解读为"凡十五岁以上，我没有不收教的"，更像是说孔子在做义务教育。

二 "脩，脯也。十脡为束"

继孔安国注《论语》"自行束脩以上"之后，皇侃之疏明确讲"束脩，十束脯也"，"束脩最是贽之至轻者也"；后来，孔颖达讲"束脩，十脡脯也"，北宋邢昺也疏曰："束脩，礼之薄者。言人能奉礼自行束脩以上而来学者，则吾未曾不诲焉，皆教诲之也。……'人能奉礼自行束脩以上'者，案：《书传》言束脩者多矣，皆谓十脡脯也。"② 此外，北宋释文莹《湘山野录》在论及"束帛、束脩之制"时说："若束脩则十挺之脯，其实一束也；若束帛则卷其帛，屈为二端，五疋遂见十端，表王者屈折于隐沦之道也。"③ 可见，在皇侃讲"束脩，十束脯也"之后，较多学者认为"束脩"为十脡脯，其实只是一束，在数量上有了变化。

南宋朱熹撰《论语集注》，注"自行束脩以上，吾未尝无诲焉"曰："脩，脯也。十脡为束。古者相见，必执贽以为礼，束脩其至薄者。盖人之有生，同具此理，故圣人之于人，无不欲其入于善，但不知来学，则无往教之礼，故苟以礼来，则无不有以教之也。"④ 显然，朱熹所作的注释，就"束

---

① （清）刘宝楠：《论语正义》，第258页。
② （魏）何晏注、（宋）邢昺疏《论语注疏》，（清）阮元校刻《十三经注疏》，第5390—5391页。
③ （宋）文莹：《湘山野录续录玉壶清话》，中华书局1984年版，第51页。
④ （宋）朱熹：《四书章句集注》，中华书局2012年版，第95页。

脩"而言,与皇侃有一定的相似性。如前所述,在皇侃那里,"束脩,十束脯也","古者相见,必执物为贽","束脩最是贽之至轻者也",而在朱熹《论语集注》中,也有类似的表述。只是皇侃讲"束脩,十束脯也",朱熹讲"脩,脯也。十脡为束",而相同于孔颖达、邢昺等。朱熹还说:"古人空手硬不相见。束脩是至不直钱底,羔雁是较直钱底。"① 这里所谓"羔雁是较直钱底",即皇侃所说"中则卿羔、大夫雁"。

其实,朱熹不仅把《论语》"自行束脩以上"的"束脩"解读为"脩,脯也。十脡为束",而且在《仪礼经传通解》中,也同孔颖达《礼记正义》那样讲"束脩,十脡脯也"②。杨伯峻《论语译注》把"束脩"注释为"十条干肉",在数量上等同于皇侃所谓"束脩,十束脯也"。

平心而论,朱熹对于《论语》子曰"自行束脩以上,吾未尝无诲焉"的解读,从字面上看,并没有超过皇侃、孔颖达、邢昺。那么,朱熹的解读,其新意又何在?

以朱熹为首的宋代理学家对儒家经典的解读,实际上并不只是停留于字面上,其重点更在于探讨这些字面含义背后的所以然之理,因此,要在弄清楚孔子所说"自行束脩以上,吾未尝无诲焉"的字面含义的基础上,进一步探讨孔子为什么要这么说,即其中所蕴含的微言大义。这就是朱熹所谓"盖人之有生,同具此理,故圣人之于人,无不欲其入于善,但不知来学,则无往教之礼,故苟以礼来,则无不有以教之也"。

在朱熹看来,之所以要"自行束脩以上",是因为如果没有"束脩",那么就"不知来学","不知来学,则无往教之礼",与此相反,"苟以礼来,则无不有以教之也"。按照朱熹这一解读,孔子之所以要求"自行束脩以上",其目的只是在于表明来学之诚意,并能够据此而有往教之礼;而之所以"未尝无诲",是因为"人之有生,同具此理,故圣人之于人,无不欲其入于善"。

在《论语》中,孔子讲"仁","仁者爱人";而在《论语集注》中,朱熹则不仅讲"仁",而且讲"仁者之心","仁之体"。朱熹注《论语》"夫仁者,己欲立而立人,己欲达而达人",曰:"以己及人,仁者之心也。于此观之,可以见天理之周流而无间矣。状仁之体,莫切于此。"③ 他认为"己欲立

---

① (宋)黎靖德编《朱子语类》卷三十四,王星贤点校,中华书局 1986 年版,第 871 页。
② (宋)朱熹:《仪礼经传通解》,朱杰人等编《朱子全书》(修订本)第 2 册,上海古籍出版社、安徽教育出版社 2010 年版,第 443 页。
③ (宋)朱熹:《四书章句集注》,中华书局 2012 年版,第 92 页。

而立人，己欲达而达人”是指自己欲立达，由此而想到他人也欲立达，这是"以己及人"，是仁者之心、仁之本体。至于仁者为什么能够"己欲立而立人，己欲达而达人"，朱熹引程颢所说："医书以手足痿痹为不仁，此言最善名状。仁者以天地万物为一体，莫非己也。认得为己，何所不至；若不属己，自与己不相干。如手足之不仁，气已不贯，皆不属己。故博施济众，乃圣人之功用。仁至难言，故止曰：'己欲立而立人，己欲达而达人。能近取譬，可谓仁之方也已。'欲令如是观仁，可以得仁之体。"① 也就是说，因为仁者"以天地万物为一体"，所以能够"己欲立而立人，己欲达而达人"。这也就是朱熹注"束脩"所说"人之有生，同具此理，故圣人之于人，无不欲其入于善"，由此可以理解孔子为什么能够"自行束脩以上，吾未尝无诲焉"，做到"诲人不倦"。

孔子不仅讲"仁"，而且讲"恕"；朱熹则不仅讲"以己及人"的仁者之心，而且讲"推己及人"，并讨论"仁""恕"之别。朱熹注《论语》曾子曰"夫子之道，忠恕而已矣"，指出："尽己之谓忠，推己之谓恕。"并引述程颢所言"以己及物，仁也。推己及物，恕也，违道不远是也"②。他认为孔子所谓"恕"，即"推己及人"。据《论语》所载，子贡曰："我不欲人之加诸我也，吾亦欲无加诸人。"子曰："赐也，非尔所及也。"对此，朱熹注曰："子贡言我所不欲人加于我之事，我亦不欲以此加之于人，此仁者之事，不待勉强，故夫子以为非子贡所及。程子曰：'我不欲人之加诸我，吾亦欲无加诸人，仁也；施诸己而不愿，亦勿施于人，恕也。恕则子贡或能勉之，仁则非所及矣。'愚谓无者自然而然，勿者禁止之谓，此所以为仁恕之别。"③ 他认为，"我所不欲人加于我之事，我亦不欲以此加之于人"，为"仁"，而"施诸己而不愿，亦勿施于人"，为"恕"；"仁"为"不待勉强""自然而然"，"恕"为"推己及人"。

朱熹不仅讲"仁""恕"之别，而且特别强调"推己及人"为"仁之方"。朱熹《论语集注》在注"夫仁者，己欲立而立人，己欲达而达人"为"以己及人，仁者之心也"的同时，又注"能近取譬，可谓仁之方也已"，曰："近取诸身，以己所欲譬之他人，知其所欲亦犹是也，然后推其所欲以

---

① （宋）朱熹：《四书章句集注》，第 92 页。
② （宋）朱熹：《四书章句集注》，第 72 页。
③ （宋）朱熹：《四书章句集注》，第 78—79 页。

及于人,则恕之事而仁之术也。"① 他认为,"能近取譬",从自己所欲而推知他人所欲,推己及人,是仁之方。据《论语》所载,子贡问曰:"有一言而可以终身行之者乎?"子曰:"其恕乎!己所不欲,勿施于人。"对此,朱熹注曰:"推己及物,其施不穷,故可以终身行之。"② 他认为,孔子所谓"恕"和"己所不欲,勿施于人",是"推己及人",可以终身行之。这也就是朱熹注《论语》"束脩"所谓"不知来学,则无往教之礼,故苟以礼来,则无不有以教之也"的原因。因而可以理解孔子为什么强调要"自行束脩以上",也就是说,若能够"自行束脩以上",以礼而来,那么就能知得来学,因而才有"往教之礼"。

三 "束脩"之理

孔子强调要"自行束脩以上"。如果把"束脩"解读为"干肉",很容易使今天的人们联想到孔子是把"束脩"当作教人的报酬。问题是,孔子肯定不是为了获得"束脩"而教人;在一定意义上看,"自行束脩以上"只是"礼",所以孔安国解读为"人能奉礼,自行束脩以上,则皆教诲之"。汉唐儒家把"束脩"解说为或干肉之类的"贽见薄物"或"束带修饰",都是从"礼"的层面进行解读。朱熹说:"古人空手硬不相见。束脩是至不直钱底,羔雁是较直钱底。真宗时,讲筵说至此,云:'圣人教人也要钱。'"③ 在朱熹看来,"礼"和"钱"是不能混淆的,而有些人将二者混为一谈,所以才有"圣人教人也要钱"的说法。由此亦可推想,李泽厚《论语今读》从年龄的角度把"束脩"理解为"十五岁以上",并且能够得到一些认同,在很大程度上可能就是担心如果把"束脩"解读为"干肉",会与教人之报酬混为一谈,而导致所谓"圣人教人也要钱"的说法,并与孔子讲"有教无类"以及"君子喻于义,小人喻于利"相冲突。

朱熹《论语集注》注孔子所谓"束脩",包含了从"礼"的层面进行解读,认为"苟以礼来,则无不有以教之也"。但是,在朱熹看来,孔子所谓"自行束脩以上",不止于"礼",又超出了"礼"的层面,而是在落实"推

---

① (宋)朱熹:《四书章句集注》,第92页。
② (宋)朱熹:《四书章句集注》,第167页。
③ (宋)黎靖德编《朱子语类》卷三十四,第871页。

己及人"之恕道，也就是说，通过"自行束脩以上"便能够知得来学者，而最重要的是知得来学者的诚意，由此才能有往教之礼。

朱熹对于孔子所谓"束脩"的解读，重视谢良佐、杨时等人的说法。他的《论孟精义》引谢良佐所说："束脩不必用于见师，古人相见之礼皆然。言及我门者苟以是心至，未尝不教之。"又引杨时所说："苟以是心至，斯受之而已，故不倦也。"① 也就是说，"束脩"不只是"礼"，更是"心"，是来学者的诚心。朱熹的理解与此完全一致。为此，朱熹还说："诸说无他异。"②

朱熹《论语集注》注孔子所谓"自行束脩以上"之后，接着又注孔子所说"不愤不启，不悱不发。举一隅不以三隅反，则不复也"，指出："愤者，心求通而未得之意。悱者，口欲言而未能之貌。启，谓开其意。发，谓达其辞。物之有四隅者，举一可知其三。反者，还以相证之义。复，再告也。上章已言圣人诲人不倦之意，因并记此，欲学者勉于用力，以为受教之地也。程子曰：'愤悱，诚意之见于色辞者也。待其诚至而后告之。既告之，又必待其自得，乃复告尔。'又曰：'不待愤悱而发，则知之不能坚固；待其愤悱而后发，则沛然矣。'"③ 朱熹还说："愤悱，便是诚意到；不愤悱，便是诚不到。"④ 在朱熹看来，老师教学生，要根据学生是否有诚意而施教，这与朱熹注"束脩"所表达的根据来学者是否有诚意而决定是否行往教之礼是相一致的。

由此看来，对于孔子所谓"束脩"，既可以从"礼"的层面诠释为"束脩"之礼，也可以在此基础上进一步从"理"的层面诠释为"束脩"之理，把"束脩"诠释为"心"，以表达为心意。

同时，由于"束脩"的目的在于教学，"束脩"之礼和"束脩"之理对于教学所起的作用各不相同。"束脩"之礼，作为"礼"，相对于教学而言，是外在的。教者为"束脩"而教，学者为"束脩"而学，"束脩"与教学二分，不能真正落实儒家"为仁由己"的"为己之学"。与此不同，"束脩"之理，作为"理"，即为心之诚意，相对于教学而言，是内在的。诚意不仅是教学的内在根本，也是为人之根本，所以，"束脩"之理所内含的诚意，与教学互为一体。

---

① （宋）朱熹：《论孟精义》，朱杰人等编《朱子全书》（修订本）第7册，第252页。
② （宋）朱熹：《四书或问》，朱杰人等编《朱子全书》（修订本）第6册，第743页。
③ （宋）朱熹：《四书章句集注》，第95页。
④ （宋）黎靖德编《朱子语类》卷三十四，第871页。

因此，朱熹把孔子所谓"束脩"解说为"脩，脯也。十脡为束"，虽然从字面上看，并没有超越前人，但是，朱熹从"理"的层面把"束脩"诠释为"束脩"之理，诠释为"心"，超越了以往只是从"礼"的层面把"束脩"诠释为"束脩"之礼。而且，这种对于"束脩"的形而上的诠释，也是后来学者所未能够超越的。

四 余论

对于朱熹解读孔子所言"自行束脩以上，吾未尝无诲焉"而提出的"盖人之有生，同具此理，故圣人之于人，无不欲其入于善，但不知来学，则无往教之礼，故苟以礼来，则无不有以教之也"，后来的王夫之多有批评。他说："吾之与学者相接也，唯因吾不容自己之心而已。道无可吝，教无不可施，而安能已于吾心哉！始来学者，执束脩以见，则已有志于学，而愿受教于吾矣。吾则因其所可知而示之知焉，因其所可行而示之行焉，其未能知而引之以知焉，其未能行而勉之以行焉，未尝无有以诲之也。益教者之道固然，而吾不容有倦也。神而明之，下学而上达，存乎其人而已矣。"[①] 王夫之认为，教者在于教，而不能不教，这是教者之道，而且不能仅仅停留于"吾心"。显然，这是针对朱熹所谓"不知来学，则无往教之礼"而言。

就一般道理而言，朱熹讲"圣人之于人，无不欲其入于善"，王夫之讲"道无可吝，教无不可施"，二者是一致的。就具体而言，对于执束脩以见的来学者，朱熹讲"苟以礼来，则无不有以教之也"，王夫之讲"未尝无有以诲之也"，二者也有一致之处。但是，对于没有执束脩以见，且不知是不是来求学者，朱熹讲"不知来学，则无往教之礼"，而王夫之讲"道无可吝，教无不可施"，不能只停留于"吾心"。按照王夫之的说法，无论是执束脩以见的来学者，还是没有执束脩以见的非来学者，都必须是"道无可吝，教无不可施"。显然，王夫之对于儒学之道的理解，与朱熹是有一定差异的。后来康有为把"束脩"解读为束身修行，并且说："凡束身修行之士来请问者，圣人未尝不诲之。盖圣人有教无类，其不屑之教诲者，是亦教诲。然雨露不能苏已枯之草，巧匠不能雕已朽之木，苟无志向上，虽诲何益?"[②]

---

① （明）王夫之：《四书训义》卷十一，《船山全书》第7册，岳麓书社1991年版，第485页。
② （清）康有为：《论语注》，第91页。

程树德《论语集释》引述了历史上各种关于"束脩"的解读，也包括清代毛奇龄《四书剩言》、黄式三《论语后案》等的观点，但并没有就"束脩"是什么给出明确的回答，最后只是引述汪绂《四书诠义》所言："大道为公，夫子岂不欲尽天下人而诲之？而不知来学，则圣人亦不能强也。自行束脩以上，未尝无诲焉，公之至也。"① 显然，这一引述大致依据朱熹的解读而来。所谓"大道为公，夫子岂不欲尽天下人而诲之"，讲孔子无不欲尽天下人而诲之，这与朱熹讲"圣人之于人，无不欲其入于善"是一致的；所谓"不知来学，则圣人亦不能强也"，正是依据朱熹所言"不知来学，则无往教之礼，故苟以礼来，则无不有以教之也"。

朱熹生活的宋代，是中国文化发展的高峰。陈寅恪指出："华夏民族之文化，历数千载之演进，造极于赵宋之世。"② 宋代理学追求自我，追求成圣，自我意识日益强烈，人们需要更多的相互尊重。在这种文化背景下，朱熹重视人与人之间因气禀的不同而造成的差异，尊重他人自己的选择，讲"不知来学，则无往教之礼，故苟以礼来，则无不有以教之也"。这与当时人们强调自我意识可能有很大的关系。王夫之所在的明末清初，人们的自我意识日渐弱化，启蒙开始逐渐成为社会文化的主题。在这种文化背景下，王夫之强调"道无可吝，教无不可施"不能只停留于"吾心"，也可见得其合理之处。换言之，儒家在不同时代会呈现不同的状况，体现出内部的差异性。

但是，对于儒学来说，其根本宗旨是不变的。先秦儒家讲"仁者爱人"，讲"夫仁者，己欲立而立人，己欲达而达人"，这是儒家不变的基本原则。当然，仅仅停留于这些基本原则是不够的。正是从这些基本原则出发，朱熹既讲人与人之间的共同性，又要求尊重个体间的差异，在对孔子所谓"束脩"的诠释中，既提出"盖人之有生，同具此理，故圣人之于人，无不欲其入于善"的基本原则，又阐发了"不知来学，则无往教之礼，故苟以礼来，则无不有以教之也"的具体待人之道。相对于孔子所谓"己所不欲，勿施于人"的恕道，朱熹不仅讲"不知来学，则无往教之礼"，而且讲"苟以礼来，则无不有以教之也"；这不仅在对"束脩"的诠释上超越了以往的诠释，而且对于理解儒家的待人之道也颇有新意，同时对于今天人与人之间越来越需

---

① 程树德：《论语集释》（二），中华书局 1990 年版，第 578 页。
② 陈寅恪：《邓广铭〈宋史职官志考证〉序》，《金明馆丛稿二编》，生活·读书·新知三联书店 2001 年版，第 277 页。

要相互尊重来说，也具有一定的启发意义。

相比之下，现代各种解读，大都不是接朱熹而来，也不同于王夫之，而显得较为肤浅。杨伯峻《论语译注》、钱穆《论语新解》依据汉唐诸儒的一家之言，把"束脩"只是理解为"束脩"之礼，不能从形而上的层面理解为"束脩"之理，很容易使人误解为孔子教人需要收礼，需要获得报酬，而不是出于"仁"之理；李泽厚《论语今读》讲"凡十五岁以上，我没有不收教的"，则从年龄的角度把"束脩"理解为"十五岁以上"，似乎能够消除孔子教人需要收礼、"圣人教人也要钱"的误解，体现一种平等的义务教育，但这样的解读，似乎还缺乏必要的文本依据。

江户后期朱子学的一个流变

——略论《孟子栏外书》

方旭东[*]

摘　要：佐藤一斋是日本江户后期具有代表性的儒学者，平生著有十种"栏外书"，题材涉及《易》、《书》、四书，以及《近思录》《小学》《易学启蒙》《传习录》等儒学要籍。本文以《孟子栏外书》为材料探究一斋的学术思想特色。从其家学、师承及职守来看，一斋无疑是朱子学者，但《孟子栏外书》在义理上推尊王阳明，在名物训诂上对朱子《孟子集注》多有指摘，表现出浓厚的汉学趣味和精深的汉学修养。一斋个案或许昭示了朱子学发展的一种流变，即朱子学在内在义理上走向王学，而在外在形式上表现为汉学。

关键词：佐藤一斋；《孟子栏外书》；朱子学；汉学

引　言

佐藤一斋，名坦，字大道，号一斋，又号爱日楼、老吾轩，美浓（今岐阜）岩村藩人。生于安永元年（1772），卒于安政六年（1859），是日本江户后期代表性的儒学者。一斋年轻时即入儒学者林信敬（锦峰）之门，尔后又成为林氏塾长，七十岁更成为幕府儒官，执掌当时最高学问机关昌平坂学问所十九载，至死方休。林氏世奉朱子学，德川幕府亦于1790年代发布以朱子学为正学的"异学之禁"令。职事所系，一斋日常讲说为朱子学无疑。但一斋对阳明学并不排斥，一生搜集阳明真迹不遗余力，辑成《爱日楼余姚帖》三卷，所著《言志录》及诸"栏外书"，对阳明之说时加称引。以此，被目为阳明学者。如与一斋同时代的海保元备（1798—1866，号渔村），即据一

---

[*]　方旭东，华东师范大学哲学系教授，主要研究宋明理学。

斋《论语栏外书》判其尊王黜朱，而作《论语驳异》一卷。^① 井上哲次郎（1855—1944）就将一斋纳入日本的阳明学派。^② 中国学者朱谦之同样如此处理。^③ 晚近，永富青地依然在驳斥一斋是朱子学者的说法。^④

佐藤一斋究竟宗朱还是右王，本文不以此为关注点。笔者更感兴趣的是，作为江户后期日本大儒的佐藤一斋，他的学问与思想究竟体现了怎样的一种时代风气？鉴于一斋的"栏外书"为论者指其"阳朱阴王"的主要根据，因此，本文选择"栏外书"进行考察。"栏外书"有十种之多^⑤，本文主要就《孟子栏外书》来谈。这也是考虑到中文世界现有对于一斋的研究状况：与《论语栏外书》已经有小幡敏行《略论佐藤一斋的〈论语栏外书〉》^⑥ 那样的专题论文不同，关于《孟子栏外书》，还没有出现专题论文，前揭永富青地文有一节讨论到《孟子栏外书》，但仅引了一则材料。

一 《孟子栏外书》的一般情况

《孟子栏外书》直到大正 13 年（1924）被《日本名家四书注释全书》（东京：东洋图书刊行会）收录刊行之前，一直以写本的形式流传。编纂者比较了两个写本，最后以注释多者为底本，他本有异时，于条下出校勘记。

---

① 需要指出的是，海保元备右朱，也精于考据。他曾师事有"江户考证学泰斗"之称的太田锦城（1765—1825）。渔村与锦城同属汉宋兼采之学者，渔村所采程朱之说还要多过锦城。（〔日〕安井小太郎：《日本儒学史》卷六，东京：富山房1939年版）渔村治经，搜寻于古注疏，征之于各经，并参乎史、子、集，辨定异同，研覆是非，力图合乎古圣贤立言之原意。考据之精密，堪称古今独步。（〔日〕关仪一郎编《日本儒林丛书》正编·论辩部《抱腹谈之抱腹》例言，东京：东洋图书刊行会1927—1938年版）

② 参见〔日〕井上哲次郎《日本阳明学派之哲学》第二编《藤蕃山以后の阳明学派》第八章"佐藤一斋"，东京：富山房1900年初版，1936年改订增补版。

③ 参见《朱谦之文集》第八卷《日本的古学与阳明学》第五章"佐藤一斋及其门下"，福建教育出版社2002年版。

④ 参见〔日〕永富青地《佐藤一斋是一位朱子学者吗？——就〈栏外书〉的记载而谈》，郑京慧译，《历史文献研究》2016年第1期。永富商榷的对象主要是为《佐藤一斋全集》注释者山崎道夫，后者著文《一斋是朱子学者》，理由是：一斋是圣堂的儒者，并且从其祖父周轩以来家学就是朱子学。参见〔日〕佐藤一斋《佐藤一斋全集》，"解说"，明德出版社1990—2003年版，第5页。

⑤ 包括：《小学栏外书》《大学栏外书》《孟子栏外书》《传习录栏外书》《易学启蒙栏外书》《论语栏外书》《中庸栏外书》《近思录栏外书》《周易栏外书》《尚书栏外书》。

⑥ 〔日〕小幡敏行：《略论佐藤一斋的〈论语栏外书〉》，《国际儒学研究》2012年第22辑，第363页。

笔者所用《孟子栏外书》的版本即为《日本名家四书注释全书》所收本。是书分上下两帙，上帙包括序说，梁惠王上、梁惠王下，公孙丑上、公孙丑下，滕文公上、滕文公下，下帙包括离娄上、离娄下，万章上、万章下，告子上、告子下，尽心上、尽心下。

"栏外书"一名，有分教，一斋自述云：

> 余读《论》、《孟》，尚绅绎正文，每有所得，蝇书之乌丝栏外。积年之久，纸无余白，不得不别存焉。但以其说与本注时有异同，故不敢辄示人，恐生疑惑也。虽然，其同也非苟同，而异也亦非求异。则示诸一二友契，何太不可？乃今誊录之，题曰栏外书，仍是巾笥中物，乌敢公然问世。（《论语栏外书》卷首）

由此可知，构成"栏外书"的这些札记，原是写在一斋所读之书的墨色行格界栏（乌丝栏）之外，现在独立成书，没有附载相应的原文，阅读就不是很方便，需要将《四书章句集注》以及《四书大全》备在手边，随时查对。

为该书做题解的安井小太郎认为，是书博采众说，采取的是"程朱一派的折中家的态度"。从它对王阳明的参取较《论语栏外书》为多这一点来看，其成书似在《论语栏外书》之后。（《孟子栏外书解题》，第1页）安井还认为，是书与他书相比，平允之说尤多，大概是晚年之作。（《孟子栏外书解题》，第2页）。

按：安井的这个题解比较粗略，且推测成分居多。他说一斋博采众说，却没有具体指出一斋究竟参考了哪些作者哪些书。从而，他关于一斋采取的是"程朱一派的折中家的态度"的结论，就不能让人感到信服。又，安井对《孟子栏外书》的写作年代只大致推为一斋晚年，实际上，是书写于天保十三年（1842），即一斋七十岁时。[①]

笔者对《孟子栏外书》所引文献做了全面考察，由此切入，认识其学术思想特色。以下，我们从四个方面展开论述，依次是：文献价值、学术地平、别具只眼、考据功力。

---

① 此处采用永富青地说，参见〔日〕永富青地《佐藤一斋是一位朱子学者吗？——就〈栏外书〉的记载而谈》，郑京慧译，《历史文献研究》2016年第1期，第138页。不过，永富没有交代其判断依据。

二 《孟子栏外书》的文献价值

一斋书中所引，有像金履祥（仁山）、许谦（白云）、蔡清（虚斋）这样一些在四书学史上有名有姓的"大人物"，但更多的，则是像黄光昇（葵峰）、徐𤊽（岩泉）、张振渊（彦陵）、郑维岳（申甫）那样一些名不见经传者。

按：黄光昇（1506—1586），字明举，号葵峰，晋江人。嘉靖八年己丑（1529）进士，授长兴令，终刑部尚书。著有《四书纪闻》《读易私记》《读书愚管》《读诗蠡测》《春秋采义》《历代纪要》《昭代典则》等。日本尊经阁文库藏有明万历版《四书纪闻》十八卷（十四册）。

徐𤊽，字文华，号岩泉，太仓人。嘉靖三十二年（1553）进士，授长沙府推官，终山西道行太仆寺卿。著有《四书初问》《古太极测》《雁门集》《琢玉新声》《南游日记》《淮海观风录》等。日本尊经阁文库藏有明嘉靖版《四书初问》八卷附补（四册）。

张振渊，字彦陵，仁和（今杭州）人。盛年在万历间。著有《石镜山房周易说统》《石镜山房四书说统》。日本尊经阁文库、东洋文库、加贺市立图书馆等藏有明天启三年序刊本《石镜山房四书说统》三十七卷。

郑维岳，字申甫，号孩如，泉州南安人。明万历四年举人，历官遂昌教谕、五河知县、曲靖府同知等职。著有《四书正脉》《四书定说》《四书知新日录》《大学存古》《中庸明宗》《论话脉》《孟子圣谛》《易经密义》《易经意言》《礼记解》《群书考采录》等。（《南安县志》）

研读《孟子栏外书》，对于了解明清（尤其是中晚明）四书学不无裨益，实可以让人大开眼界。在某种程度上，《孟子栏外书》为明清孟子学著述提供了一个指引。

值得特别加以提出的是，《孟子栏外书》引金辉鼎（琊山）《四书述》多达十三条。金氏为清初学者，生平不详，著有《四书述》。其书中国早佚，今唯日本内阁文库藏有孤本。[1] 仅从此一点，即可见一斋《孟子栏外书》在文献上具有珍贵的价值。鉴于《四书述》国内无缘一见，今具引如下，以飨

---

[1] 日本东北大学三浦秀一教授为笔者从日本国立公文书馆拍下康熙二十二年刻金辉鼎《四书述》的部分页面，谨此致谢。

学人。

1. 《梁惠王下·鲁平章》

> "行或止之，使或尼之"，与《论语》"道之将行将废"参看。"或"字中便隐含"天"字，不宜将"使"、"尼"著人上说，别推出所以行所以止一层。金琊山云。（《四书述》）（《孟子栏外书》上帙，页十九）

按："行或止之，使或尼之"这句话是孟子在听说鲁平公因信谗言而取消拜见孟子的计划之后的反应，原文是："行或使之，止或尼之。行止，非人所能也。吾之不遇鲁侯，天也。臧氏之子焉能使予不遇哉？"《论语》"道之将行将废"说的是孔子对于公伯寮乱进子路谗言一事的评论："道之将行也与？命也。道之将废也与？命也。公伯寮其如命何！"（《宪问》）佐藤一斋引金辉鼎《四书述》关于"或"字的解释，说"或"字隐含"天"字，所谓"不宜将'使'、'尼'著人上说，别推出所以行所以止一层"，实际上是针对朱子《孟子集注》的异议。《孟子集注》关于"行或止之，使或尼之"的解释是："言人之行，必有人使之者。其止，必有人尼之者。然其所以行所以止，则固有天命，而非此人所能使，亦非此人所能尼也。"

2. 《滕文公上·墨者章》

> "其颡有泚"。《四书述》引王阳明曰："'其颡有泚'二句，正是不识不知良心发见处。若稍涉情识，便非上世光景。'非为人泚'，言非他人见我弃亲如此而发愧也，乃吾心自然不忍，达之面则泚，达之目则睍耳。'非为人'，正见是天。"（《孟子栏外书》上帙，页四十一）

按：一斋这里所引阳明语，出自金辉鼎《四书述》，然今本《王阳明全集》不见此语，或阳明佚与？

3. 《滕文公下·公都章》

> "予不得已"。《四书述》引王阳明曰："通章'不得已'三字为主。禹、周不得已有为，孔、孟不得已有言。使圣贤于世变紧关处一或已之，则世道成何样子？天翻地覆，皆赖有圣贤一点不得已之心耳。"（《孟子栏外书》上帙，页四十四）

按："予不得已"，是孟子对公都子问"外人皆称夫子好辩，敢问何也？"所作的回答，其中提到禹治水、周公辅佐成王、孔子作《春秋》等事迹。《四书述》所引阳明语同样不见于今本《王阳明全集》，似乎又是佚文。

4.《离娄下·君子章》

"自反"即是"存心"。二"自反"，随至随反，非横逆三至三反也。勿着呆相。金琊山云。（《四书述》）（《孟子栏外书》下帙，页六十四）

按：《离娄下·君子章》先提到"存心"："君子所以异于人者，以其存心也。君子以仁存心，以礼存心。"随后又谈到君子遇横逆自反的问题："有人于此，其待我以横逆，则君子必自反也：我必不仁也，必无礼也，此物奚宜至哉？其自反而仁矣，自反而有礼矣。其横逆由是也，君子必自反也：我必不忠。自反而忠矣，其横逆由是也，君子曰：'此亦妄人也已矣。如此，则与禽兽奚择哉？于禽兽又何难焉？'"出现了两次"自反"，三次"横逆"。一斋引金琊山说，不是每次横逆出现都要自反。

5.《离娄下·君子章》

"非仁无为"二句。变化气质，居恒无所见，惟当利害、经变故、遭屈辱，平时愤怒者，到此能不愤怒；忧惶失措者，到此能不忧惶失措，裁是有得力处，亦便是用力处。由此言推之，君子一生，正在与人酬酢横逆困郁处用力。若只闭户独处，拒绝外患，自谓存心，此枯槁寂灭者之行，非圣贤经世之学也。金琊山云。（《孟子栏外书》下帙，页六十四）

按："非仁无为"二句，在《孟子》原文中是承接"若夫君子所患则亡矣"而来。一斋所引金琊山的解释，是联系到前文关于君子遇横逆如何自处的内容加以发挥，强调君子之学的经世意义。其义近于阳明"在事上磨练"之说。①

---

① "人须在事上磨练做功夫乃有益：若只好静，遇事便乱，终无长进。那静时功夫亦差似收敛，而实放溺也。"（《传习录》下）

6. 《离娄下·禹稷章》

> "救之"二字，当属上句。金珝山曰：同室之斗，情理事势，皆不可坐视不救。下"被发"句，是进一层说。犹言虽如是急救之，亦未为过也。若不如此体贴，便似下救之二字，犯复矣。（《孟子栏外书》下帙，页六十五）

按：《孟子》原文出现了三次"救之"，第一次出现的"救之"跟第二次的似乎构成重复："今有同室之人斗者，救之，虽被发缨冠而救之，可也。乡邻有斗者，被发缨冠而往救之，则惑也，虽闭户可也。"金珝山认为，第一个"救之"并不是衍文，而是为了突出形势的紧急。

7. 《万章上·象日章》

> 金珝山谓：富贵内隐寓转移化导意，方全得亲爱初心。（《孟子栏外书》下帙，页七十）

按："富贵"云云，出自《孟子》原文如下一节："仁人之于弟也，不藏怒焉，不宿怨焉，亲爱之而已矣。亲之欲其贵也，爱之欲其富也。封之有庳，富贵之也。身为天子，弟为匹夫，可谓亲爱之乎？"象一心想谋害舜，舜不仅不怨恨，反而给他以富贵，孟子的解释是，舜这样做是为了成就仁者爱弟之心。而金珝山则指出，舜给象富贵，还隐含了某种转化象的用意。

8. 《万章下·敢问章》

> 金珝山曰：此节轻，引起下节。引"御"以为例，乃为下文诸侯"犹御"张本。"不可"，犹不可受。《康诰》只明不可二字。（《孟子栏外书》下帙，页七十）

按：引"御"以为例，是指《孟子》原文所举的例子，即"今有御人于国门之外者"。诸侯"犹御"是指："今之诸侯取之于民也，犹御也。""不可"是对"斯可受御与？"的回答，承前省略"受"字。

9.《万章下·士之章》

"士之不托"。此章当以士之自待为主，而君之所以待士，亦兼在其中。金琊山曰："士居人国，以分则氓；以德则贤。君而氓之，上不敢自同于国君，次何敢自同于臣职。君而贤之，不惟当有养贤之礼，尤当有举贤之道。"（《孟子栏外书》下帙，页七十八）

按："士之不托"是"士之不托诸侯"的省文。一斋认为，此章主要讨论士在面对诸侯的待遇时如何自处的问题，但从中也可以了解到诸侯待士之礼。"氓""贤"这些讲法出自《孟子》原文："君之于氓也，固周之"，"悦贤不能举，又不能养也，可谓悦贤乎?"金琊山的评论就是由此而发的。

10.《告子下·曹交章》

"有余师"。金琊山曰："只在良心发见上说，如亲欲爱，便思尽爱。长欲敬，便思尽敬。一点良心便是师，触处皆师，不必外求也。'为尧舜''为'字，工夫切实处，只在孝弟上而已矣。归求'有余师'，全要躬行上着力，仍是鞭策去为。须识：孟子始终诱进曹交，不是拒绝他。"（《孟子栏外书》下帙，页九十一）

按：《孟子》原文只是说"夫道，若大路然，岂难知哉?人病不求耳。子归而求之，有余师"，金琊山用阳明的良知（良心）说来解释。从一斋所引《四书述》的情况来看，两次引阳明之说，又用阳明思想来解释孟子，金琊山似乎是阳明学的追随者。

11.《尽心上·知者章》

"知者无不知"，金琊山曰："知、仁虽平举，语意却自联络。'知'说当务为急，'仁'说急亲贤为务。亲贤即是急务。'知'即明于用仁。两'务'字紧相呼应，当一样看。犹言当务为急者，在急亲贤为务耳。末只结在'不知务'上。大旨自明。"（《孟子栏外书》下帙，页百七）

按：这一条是金琊山对《孟子》原文的疏通，因为原文关于"务"的说法有些混杂，似乎"知"的"当务之为急"与"仁"的"急亲贤之为务"是两件事："知者无不知也，当务之为急；仁者无不爱也，急亲贤之为务。尧舜之知而不遍物，急先务也；尧舜之仁不遍爱人，急亲贤也。不能三年之丧，而缌小功之察；放饭流歠，而问无齿决，是之谓不知务。"经过金琊山的解说，两个"务"字之间的关系就比较清楚了。

12. 《尽心下·齐饥章》

"则之野"，"则"字紧折，见不可然而然之意，蒙到"下车"句。周密、杨慎、金辉鼎、周亮工皆谓。（《孟子栏外书》下帙，页百十一）

按：这一条引金辉鼎，金氏只是一斋所参诸家之一。包括金琊山在内的注者都认为，《孟子》原文中的"则"字有转折意，所谓"'则'字紧折，见不可然而然之意"。这一点，朱子《孟子集注》没有提到。关于"则之野"，《孟子集注》只解释了"之"字："手执曰搏。卒为善士，后能改行为善也。之，适也。负，依也。山曲曰嵎。攖，触也。笑之，笑其不知止也。疑此时齐王已不能用孟子，而孟子亦将去矣，故其言如此。"

13. 《尽心下·有布章》

"用其一，缓其二"。金琊山曰："用一缓二之法，用得最活。凡视时之后先、事之缓急、民之肥瘠，一一为之斟酌，不失撙节爱养之道，皆是。不必拘夏秋冬分属者。《注》'两税'，夏秋二税也。'三限'，限三时也。宋法，夏税至十一月，是历夏秋冬三时。或是'三限'，限三时也。盖不与'布缕取之夏、粟米取之秋、力役取之冬'者同。其不并取以纾民力，则同也。"（《孟子栏外书》下帙，页百十一）

按："用其一，缓其二"，《孟子》是就"布缕之征""粟米之征""力役之征"三件事而言的。朱子《孟子集注》结合宋代的"两税三限"之法作了解释："征赋之法，岁有常数，然布缕取之于夏，粟米取之于秋，力役取之于冬，当各以其时；若并取之，则民力有所不堪矣。今两税三限之法，亦此意也。"一斋所引金琊山这条解释对朱子《孟子集注》有所商榷。

三 《孟子栏外书》的学术地平

一斋充分吸收了中国学者对于朱子《孟子集注》的研究成果。具体说来，一斋是以明初成书之《四书大全》的《孟子集注大全》为基础，同时参考了清人陆陇其（稼书）《四书讲义困勉录》的《孟子》部分。

如所周知，《四书大全》是明初对于宋元以来朱子学者完善朱子《四书章句集注》工作的一个总结，并且，因为其官方背景，它代表着四书经义的标准解释。而《四书讲义困勉录》则是对明代四书研究论点的一个汇编。

无论是《四书大全》，还是《四书讲义困勉录》，其基调都是维护朱子的。《孟子栏外书》既以此二书为工作底本，谓一斋对朱子学者的孟子解释知之甚悉，应该毫不过分。就此而言，一斋即便不是朱子学者，至少也是治朱子学者。简单地称一斋为阳明学者，恐难以揭示一斋深谙朱子学的事实。

值得一提的是，跟江户时期其他大儒一样，一斋经眼了大量明清举业用书。《孟子栏外书》多次提到的《四书蒙引》（蔡清）、《四书浅说》（陈琛）、《四书存疑》（林希元），就是著名的举业用书，而时文大家方应祥（孟旋）、黄汝亨（寓庸）等人的观点也占有一席之地。

四 《孟子栏外书》的别具只眼

作为治朱子学者，一斋的过人之处在于，他并不为朱子学所限，未囿于他所据以选材的《四书讲义困勉录》等书，而是放宽视野，充分吸收阳明学者的孟子注释。

以往论者已注意到一斋对阳明观点的参取①，实际上，《孟子栏外书》引阳明处达十四条之多。

以往论者未曾提及，一斋对阳明后学的孟子注释亦多寓目。据笔者统计，《孟子栏外书》引季本（彭山）一条，尤时熙（西川）一条，耿定向（楚侗）一条，袁黄（了凡）两条，焦竑（弱侯）四条。

不唯如此，对于王阳明之前的陆九渊（象山先生），一斋也采用了其孟

---

① 参见〔日〕永富青地《佐藤一斋是一位朱子学者吗？——就〈栏外书〉的记载而谈》，郑京慧译，《历史文献研究》2016 年第 1 期。

子说五条。象山自称其学得之于孟子，但由于他不喜注书，所以，他的孟子注释不为人注意。一斋在《孟子栏外书》中将象山之说亦网罗其中，可谓别具只眼，令人刮目。

五 《孟子栏外书》的考据功力

大体上，一斋于义理多取阳明，但一斋此书给人留下深刻印象的另一点是他对名物考证的浓厚兴趣及其渊博学识。

比较而言，一斋之书，在义理上对朱注的商榷，远远不及其在名物训诂方面所作的异议。在义理上，一斋有独得之见的地方不多，他对朱注的商榷基本照搬阳明一派之说。由此可见，一斋的擅场，在考证而不在义理。

兹举一例，以见一斋的考据功力。一斋云：

> "七篇成于门人之手"。昌黎说是，薛敬轩亦从之。《滕文公》首章，《注》云：门人不能尽记其辞。又，"决汝汉排淮泗而注之江"，《注》云：记者之误也。"之滕，馆于上宫"，《注》云：门人取其有合于圣贤之指，故记。则朱子亦骑墙无一定矣。案：篇内于国君称谥，自称曰孟子，最见其非自著。（《孟子栏外书·序说》"《史记》条"，页二）

按：关于《孟子》七篇究竟是孟子自著还是成于门人之手，历来学者有所争论。[①] 司马迁主张孟子自著，《史记》云："（孟子）退而与万章之徒序《诗》、《书》，述仲尼之意，作《孟子》七篇。"而韩愈则认为，《孟子》非孟子自著，朱子在《孟子序说》中支持司马迁的看法，说："韩子曰：'孟轲之书，非轲自著。轲既没，其徒万章、公孙丑相与记轲所言焉耳。'愚按：二说不同，《史记》近是。"一斋却在《孟子集注》中找到朱子赞成《孟子》为门人所记的材料，总共三条，以此判断"朱子亦骑墙无一定"，其读书之细，考覆之精，不能不让人敬佩。一斋找到的三条材料，具体如下。

《孟子·滕文公上》首章云"滕文公为世子，将之楚，过宋而见孟子。孟子道性善，言必称尧舜"，朱子解释："道，言也。性者，人所禀于天以生

---

① 关于《孟子》书究竟为自著还是后人（门人后学）所记，抑或孟子与弟子合著，详可参见杨世文《近百年儒学文献研究史》，福建人民出版社 2015 年版，第 896—902 页。

之理也，浑然至善，未尝有恶。人与尧舜初无少异，但众人汨于私欲而失之，尧舜则无私欲之蔽，而能充其性尔。故孟子与世子言，每道性善，而必称尧舜以实之。欲其知仁义不假外求，圣人可学而至，而不懈于用力也。门人不能悉记其辞，而撮其大旨如此。"（《孟子集注》卷五）所谓"门人不能悉记其辞"，意思是说《孟子》非孟子自著，而是门人所记。

《滕文公上》第四章有"禹疏九河，瀹济漯，而注诸海；决汝汉，排淮泗，而注之江，然后中国可得而食也"这样的话，朱子注云："决、排，皆去其壅塞也。汝、汉、淮、泗，亦皆水名也。据禹贡及今水路，惟汉水入江耳。汝泗则入淮，而淮自入海。此谓四水皆入于江，记者之误。"（《孟子集注》卷五）所谓"记者之误"，似乎再次肯定《孟子》是记者所为。

《尽心下》第三十章："孟子之滕，馆于上宫。有业屦于牖上，馆人求之弗得。或问之曰：'若是乎从者之廋也？'曰：'子以是为窃屦来与？'曰：'殆非也。夫子之设科也，往者不追，来者不距。苟以是心至，斯受之而已矣。'"朱子注云："从、为，并去声。与，平声。夫子，如字，旧读为扶余者非。或问之者，问于孟子也。廋，匿也。言子之从者，乃匿人之物如此乎？孟子答之，而或人自悟其失，因言此从者固不为窃屦而来，但夫子设置科条以待学者，苟以向道之心而来，则受之耳，虽夫子亦不能保其往也。门人取其言，有合于圣贤之指，故记之。"（《孟子集注》卷十四）所谓"门人取其言，有合于圣贤之指，故记之"云云，仍是说《孟子》为门人所记。

一斋发现朱子说法不一，这是他敏锐之处。但实际上，朱子对于这种不一曾经做过澄清。

> 问："《序说》谓《史记》近是，而《集注》于《滕文公篇》首章云：'门人不能尽记其辞'。又，第四章云'记者之误'。如何？"朱子曰："前说是。后两处失之。熟读七篇，观其笔势，如熔铸而成，非缀辑可就也。《论语》便是记录缀辑所为，非一笔文字矣。"[1]

朱子明确表示，《孟子》为孟子自著。朱子是根据文气而做了这样的断定。那么，"孟子曰"以及明显是记者口气的那些地方，又如何解释呢？按

---

[1] （明）胡广等纂修《孟子集注序说》，《四书大全》第二册，山东友谊书社 1993 年版，第 2039 页。

照朱子的看法，这些地方是后人所加。元儒陈栎（1252—1334，字寿翁，学者称"定宇先生"）提供了一则材料。

> 愚闻：或疑《易－系辞》有"子曰"字，以为非孔子作。朱子曰：安知非后人所加？如周子自著《通书》，五峰刊之，每章加"周子曰"字。今读《孟子》，亦当会此意。①

这个说法在逻辑上是讲得通的。顺便指出，《四书大全》所载这条材料其实来自倪士毅（1302—1348，定宇门人）的《四书辑释》，其中，问《序说》云云，原文前标了出处：《文集》，而新安陈氏曰云云，原作《发明》。《发明》即陈栎的《四书发明》。

无论是《四书大全》，还是《四书辑释》《四书发明》，一斋都是经眼的，在《孟子栏外书》当中还做过引用。上述材料，一斋应当寓目。然而，却不见一斋提起。也许是因为他自己倾向于《孟子》非自著这种观点②，所以出现了某种"选择性遗忘"吧。

结　语

中国学术史上，有所谓汉宋之争。以四库馆臣为代表的清代学者对明人之学评价甚低，谓之空疏。从其家学、师承及职守来看，一斋无疑是朱子学者，然而，笔者以上的考察表明，一斋《孟子栏外书》在义理上推尊阳明，在名物训诂上对朱子《孟子集注》多有指摘，表现出浓厚的汉学趣味和精深的汉学修养。一斋居然能将一般人眼里形同水火的王学与汉学集于一身，这不能不让人惊讶。这或许可以解之为日本学者的精细作风，又或许可以解之为一斋的个人气质，但在理论上，一斋个案是否也提出了朱子学发展的一种可能（即朱子学在内在义理上走向王学，而在外在形式上表现为汉学）？笔者的回答是肯定的。

---

① （明）胡广等纂修《孟子集注序说》，《四书大全》第二册，第2039页。
② 一斋本人根据"篇内于国君称谥，自称曰孟子"这一点认定《孟子》非自著。

朱子的《周易》诠释视域*

王新春**

摘　要： 在朱子的视域下，《周易》由伏羲、文王、周公、孔子"四圣"所作，本系卜筮之书；借卜筮可直下接通太极之理，感通天地人物，预决吉凶；作为卜筮基本依据的伏羲六十四卦符号之《易》，最为圆融，它有交易、变易的丰富意蕴；与此相应的，尚有画前之易，透悟之才会达致读《易》的最高境界；而自文王、周公、孔子直至程颐等人，则逐渐偏于说一些具体义理，令《易》之本义转晦。朱子着眼于引领人们体认《易》所蕴含的一切，学会以生命了悟并践行基于太极之理的人生应然之道，进而完整透悟画前之易，挺立自己生命的主体性，自如追求并实现正大人生之理想。他申言《易》乃卜筮之书，有助于打破经传不分之成见，区分古经、《易传》和后起易学。他对符号之《易》与画前之易的阐述，则具有卓荦的哲学性天人之学意涵，无疑是对理学内涵的深化。

关键词： 朱子；《周易本义》；卜筮；天人之学

在北宋五子道统梳理、思想重建的基础上，朱子系统反省了以往的经学，重构了经典系统，确立了全新的经典诠释视域。他的基于心性论的由《大学》而《论语》《孟子》而《中庸》的四书学构建，他的针对《周易》《春秋》《诗经》的独到理解识见，他的由《近思录》而"四子书"（四书）而六经的经典解读视域涵养正定理路，在经学史上，无疑树立了又一具有划时代的里程碑意义的典范。本文所关注的，集中在他所开显的《周易》诠释视域。

---

　*　本文系教育部人文社会科学重点研究基地重大招标项目"易学与宋代理学的形成"（编号：2009JJD720014）研究成果，主体部分曾以《朱熹的〈周易〉观》为题，发表于《哲学研究》2011 年第 10 期，收入本书时有修改。

　**　王新春，山东大学易学与中国古代哲学研究中心、哲学与社会发展学院教授。

　　《周易》是中国传统文化发展史上的一部重要原典，备受历代人士尊崇，因而涌现了不同理解视域下的《周易》观。在日新不已的易学延展长河中，《周易》对传统文化的形成与发展，发挥了其他典籍所罕能与匹的作用，赢得了"六经之首""大道之源""三玄之一"等美誉。生当南宋时期的一代理学宗师朱子（1130—1200），基于以往的易学延展，以其高度的学术问题意识之自觉和鲜明的学术主见，本着尊重历史本真之所是的基本精神与为学态度，不盲从权威，不迷信成说，拨开以往理解、诠释纷纭复杂的重重迷雾，溯源析流，从探究"本义"的角度切入，正视、推重《易》的"本义"，并进而据以衡判各种对《易》的理解、诠释，从而推出了他独具特色且深具影响力的《周易》诠释视域与《周易》观。这一诠释视域及《周易》观，自其面世之日起，即因朱子学术地位之显赫而触发了来自正反两个方面的不同回响，称其激起了易学界的巨大震荡乃至带来了对理学后续发展的不小冲击，一点也不为过。因此，此一诠释视域与《周易》观，无论是对于易学与易学史的研究而言，还是对于宋明理学的研究而论，都属一个不可轻易越过、值得深入探讨的重要问题。有鉴乎此，本文谨据朱子的易学著作《周易本义》和《易学启蒙》，以及讲学记录《朱子语类》和书信的相关内容，尝试对此问题作一番粗浅的探讨。

一　《周易》成书、作者与基本性质

　　朱子将他系统诠释《周易》的著作命名为《周易本义》，凸显了《易》的"本义"，反显了易学发展演变过程中对于此一"本义"的偏离，昭示了其《周易》研究的"本义"切入点和《周易》诠释的"本义"诠释视域以及究明"本义"的基本诉求，由此而确立起他的独特《周易》观。而对"本义"的探究，首先具体落实为对于《周易》成书、作者及其基本性质的分析。

　　众所周知，传世的《周易》通行本，包括经与传两个组成部分。经即六十四卦的卦画与卦爻辞系列，分为三十卦的上经与三十四卦的下经两篇。传则有《彖传》（上、下）、《象传》（上、下）、《系辞传》（上、下）、《文言传》、《说卦传》、《序卦传》以及《杂卦传》七种十篇，汉代之后称《十翼》。由《晋书·束晳传》所载战国魏王墓《易》书之发现到近年来马王堆汉墓帛书《周易》、阜阳竹简《周易》、上海博物馆藏楚竹书《周易》等简帛佚籍之面世以及一些可能与筮占相关的所谓筮数或数字卦的出土可知，经传十二篇的这个面目的形成，经历了一个相当长的过程，大致而言，在汉代儒者的最后整理编纂下，于宣帝年间基本确立。① 《汉书·艺文志》所谓："《易经》十二篇，施、孟、梁丘三家。"② 就此十二篇的成书与作者，在《系辞传下》"古者包牺氏之王天下也，仰则观象于天，俯则观法于地"云云与"《易》之兴也，其于中古乎？作《易》者，其有忧患乎"以及"《易》之兴也，其当殷之末世、周之盛德邪？当文王与纣之事邪"云云的基础上，《艺文志》曾有过成为传统主流共识的经典性表述："《易》曰：'宓戏氏仰观象于天，俯观法于地，观鸟兽之文，与地之宜，近取诸身，远取诸物，于是始作八卦，以通神明之德，以类万物之情。'至于殷、周之际，纣在上位，逆天暴物，文王以诸侯顺命而行道，天人之占可得而效，于是重《易》六爻，作上下篇。孔氏为之《彖》、《象》、《系辞》、《文言》、《序卦》之属十篇。故曰：《易》道深矣，人更三圣，世历三古。"③ 此一见解认为，《周易》经传先后由宓戏（伏羲）、文王、孔子三位距离汉代可谓上古、中古与下古的圣人作成。其中，伏羲首画八卦，文王重叠八卦为六十四卦，并作卦爻之辞，析六十四卦的卦爻画与卦爻辞系列为上下两篇，孔子则作《彖传》等七种十篇。

就重卦之人与卦爻辞作者，后世微有歧见。就此，唐孔颖达在《周易注疏》卷首八论中作了初步总结。他说："重卦之人，诸儒不同，凡有四说：王辅嗣等以为伏牺画卦，郑玄之徒以为神农重卦，孙盛以为夏禹重卦，史迁等以为文王重卦。"④ 又说："其《周易》系辞凡有二说：一说所以卦辞、爻辞并是文王所作。……郑学之徒并依此说也。二以为验爻辞多是文王后事，……验此诸说，以为卦辞文王，爻辞周公。马融、陆绩等并同此说，今依而用之。所以只言三圣，不数周公者，以父统子业故也。"⑤

朱子赞同"四圣"作《易》之说，称："周，代名也。《易》，书名也。其卦本伏羲所画，……其辞则文王、周公所系，故系之周。以其简帙重大，故分为上、下两篇。《经》则伏羲之画，文王、周公之辞也。并孔子所作之

---

① 王新春：《卜筮与〈周易〉》，《周易研究》2003 年第 6 期，第 26—35 页。
② （汉）班固撰、（唐）颜师古注《汉书·艺文志》，中华书局 1987 年版，第 1703 页。
③ （汉）班固撰、（唐）颜师古注《汉书·艺文志》，第 1704 页。
④ （唐）孔颖达：《周易注疏》，上海古籍出版社 1990 年版，第 23 页。
⑤ （唐）孔颖达：《周易注疏》，第 25 页。

《传》十篇，凡十二篇。"① 可见，他认为六十四卦为伏羲所画，卦辞作于文王，爻辞作于周公，传文作于孔子。只是其对于"四圣"之《易》相互关系及内涵的理解，后文将及，迥异于学界的一般观点。

就《周易》一书的性质，《汉书》的《艺文志》与《儒林传》尝言："及秦燔书，而《易》为筮卜之事，传者不绝"②；"及秦禁学，《易》为筮卜之书，独不禁，故传受者不绝也"③。同时，《艺文志》又称："六艺之文：《乐》以和神，仁之表也；《诗》以正言，义之用也；《礼》以明体，明者著见，故无训也；《书》以广听，知之术也；《春秋》以断事，信之符也。五者，盖五常之道，相须而备，而《易》为之原。"④ 于是，在卜筮之书的外壳下，《易》被汉代经学推尊为经中之经，奉为法天地以设政教的最高王者之书。礼乐刑政之王道义理，遂成为其核心内涵。魏晋玄学兴起，《周易》又被玄学化的义理易学视为玄学义理的载体。而自从理学开山祖师周敦颐《通书·诚上第一》断言"大哉《易》也，性命之源乎"⑤ 之后，《周易》又成为以心性论为根基的贯通天人的理学思想的深层理论根柢，着眼心性义理以说《易》，又成为理学家解读、阐发《周易》之强势主流。

朱子认同《易》为卜筮之书的观点，但对以礼乐刑政的王道之义理解读之的做法并不赞同，也不接受玄学义理、理学心性义理的解读。他受北宋欧阳修对于《乾》《坤》两卦"用九""用六"之辞所作诠释的启发，证立了这一观点。欧阳修称："乾、坤之用九、用六，何谓也？曰：乾爻七、九，坤爻八、六，九、六变而七、八无为。《易》道占其变，故以其所占者名爻。"⑥ 这就揭示了，《易》中爻题的"九""六"字眼，透露出的就是筮占的意涵。借助筮占操作，可得九、八、七、六四个数，九、六为阴阳之变爻，七、八为阴阳之不变爻。爻辞对应九、六之变爻，故爻题称九、称六而不称七、八。朱子由衷感佩欧阳修之见："此说发明先儒所未到，最为有功。"⑦ 在他看来，《易》并不玄虚，本来平实简易，就是一种开示借助筮占操作预

① （宋）朱熹：《朱子全书》第1册，上海古籍出版社、安徽教育出版社2002年版，第30页。
② （汉）班固撰、（唐）颜师古注《汉书·艺文志》，第1704页。
③ （汉）班固撰、（唐）颜师古注《汉书·儒林传》，第3597页。
④ （汉）班固撰、（唐）颜师古注《汉书·艺文志》，第1723页。
⑤ 《周敦颐集》，中华书局2009年版，第14页。
⑥ （宋）朱熹：《朱子全书》第1册，第257—258页。
⑦ （宋）朱熹：《朱子全书》第1册，第258页。

决吉凶的卜筮之书。此书创始于伏羲，文王、周公之努力，令伏羲的六十四卦符号系列增添了卦爻辞的文字系列，而使《易》之为书深深烙上了周代的印记，有了《周易》之称。伏羲之《易》有符号而无文字，文王、周公之《易》符号文字互诠互显，二而归一。但是有一条是共同的，即伏羲之《易》与文王、周公之《易》皆为卜筮之书。不但如此，及至孔子作《十翼》，《易》仍然保持着卜筮之书的基本品格。他认为，四位《周易》经传的作者，皆是围绕卜筮这一中心从事其画卦、系辞、释义的："《易》本卜筮之书。……想当初伏羲画卦之时，只是阳为吉，阴为凶，无文字。某不敢说，窃意如此。后文王见其不可晓，故为之作彖辞。或占得爻处不可晓，故周公为之作爻辞。又不可晓，故孔子为之作《十翼》。皆解当初之意。"[①] 伏羲画卦为了卜筮，文王作卦辞也是为了诠显六十四卦所蕴含的吉凶祸福之意，周公作爻辞则是为了进一步揭示六十四卦下的三百八十四爻动变所符示的吉凶祸福之意，孔子作《十翼》的核心目标亦是为了开显各卦各爻所符示、卦辞爻辞所诠释的吉凶祸福意涵及其所以然。

就历史发展的实际而言，《周易》古经本系卜筮之书，《易传》各篇的先后问世，则将其豁显、提升为一部具有高度哲学性天人之学意蕴的经典。从此，以此天人之学为其基本学术品格的易学成熟起来，并且有了学与术的划分。着眼于高度哲学性的天人之学解读、运用《易》的，归于学之列；仅仅从卜筮的角度解读、运用《易》的，则归于术之列。后者渐渐为主流士人所鄙薄，乃至人们逐步形成了这样一种识见，即将《易》视为卜筮之书，乃是对这部经典的亵渎，是对创作这部经典的圣人的不敬。朱子对此看得很透彻，他说："《易》只是为卜筮而作，……古人于卜筮之官立之，凡数人。秦去古未远，故《周易》亦以卜筮得不焚。今人才说《易》是卜筮之书，便以为辱累了《易》；见夫子说许多道理，便以为《易》只是说道理。殊不知其言'吉凶悔吝'皆有理，而其教人之意无不在也。"[②] 又说："《易》本为卜筮设。如曰'利涉大川'，是利于行舟也；'利有攸往'，是利于启行也。《易》之书大率如此。后世儒者鄙卜筮之说以为不足言，而所见太卑者，又泥于此而不通。故曰：《易》者，难读之书也。"[③]《易》为卜筮之书，这才是历史

---

① （宋）朱熹：《朱子全书》第 16 册，第 2181 页。
② （宋）朱熹：《朱子全书》第 17 册，第 3446 页。
③ （宋）朱熹：《朱子全书》第 16 册，第 2195 页。

的真实。而从汉代起，诠《易》过程中所揭示的无论是汉唐经学礼乐刑政的王道之义理、魏晋的玄学义理，还是理学的心性义理，皆非《易》之"本义"。上述义理，其谬误者自不待言，其正确者也仅有其自身的价值，而与《易》本身基本可谓毫不相涉。此等义理阐发，本可独立进行，不必用以牵强附会《易》。正因此等牵强附会，《易》越说越玄，其本真之所是则被遮蔽。就此而言，唐代孔颖达的经学扛鼎之作《周易注疏》虽又名"正义"而非正；而即使先儒程子伊川，其《伊川易传》对《易》的诠释，所言义理甚为精当，也并非《易》之"本义"，虽有独立价值，亦不可混同于《易》："《易传》明白无难看，但伊川以天下许多道理散入六十四卦中，若作《易》看，即无意味。唯将来作事看，即句句字字有用处。"①

二 卜筮视域下的《易》

《易》既然属于卜筮之书，那么从卜筮的角度审视之，即可进一步理解其"本义"，确立正确的《周易》观。于是就有了朱子卜筮视域下的《易》。

就卜筮而言，《系辞传上》曾叙述过一种运用蓍草筮占的"大衍筮法"："大衍之数五十，其用四十有九。分而为二以象两，挂一以象三，揲之以四以象四时，归奇于扐以象闰，五岁再闰，故再扐而后挂。……是故四营而成易，十有八变而成卦。八卦而小成。引而伸之，触类而长之，天下之能事毕矣。显道神德行，是故可与酬酢，可与佑神矣。"这一筮法成为传世的《周易》经典权威筮法。该筮法基于《易传》的如下天人关系理念：作为阴阳二气尚未分化的宇宙本始之太极，分化为阴阳，衍生出天地人物，而天地人物息息相通，相连一体，构成一生化日新的有机世界，天地人三才为此世界的核心，人则与此世界的一切可以感通为一体。借助筮占操作，即是一实现感通的有效途径。通过此一途径，人直下即可接通宇宙本始之太极，接通天地，感通天地人物，明了与筮问事项相关的此一世界的当下情状、格局、态势与未来走向，从而预决吉凶。在此基础上，朱子赋予该筮法理学语境下以往所不曾有过的借助筮占接通太极之天理新内涵：以往筮占首先接通的是宇宙本始状态的太极，朱子则将太极理解为最高终极之理，因而有了筮占接通之的新理解与新期许。

---

① （宋）朱熹：《朱子全书》第 16 册，第 2216 页。

他认为，筮占中，取五十策蓍草，"置其一不用以象太极，而其当用之策凡四十有九。盖两仪体具而未分之象也"①。将五十策蓍草取来，置其一策不用，意味着筮占过程开始之初，接通了天地万物、整体大宇宙背后终极根据与理则的太极之理。太极之理与气相即不离，其始也气浑然为一，太极之理在其中。五十去一之后的四十九策蓍草浑而未分，即意味着筮占接通了天地尚未分化的宇宙本始的浑然一气。而将四十九策蓍草信手分为两份，分置左右，左天右地，则意味着筮占接通了天地，所谓"分而为二以象两"，而"两谓天地也"②。继之自两份中右边象征地的蓍草中取出一策，放到左手小指与无名指之间，以之象征人，意味着接通了人，从而天地人三才皆进入了感通过程，所谓"挂一以象三"。《易》的核心，是天地人三才之道，于是三才之道得以接通彰显。接下来先后四策四策地分数左边、右边分别表征天与地的蓍草，而将余策或一或二或三或四，分别夹于左手的第四指、第三指间，亦即无名指与中指之间、中指与食指之间。四四分数，意味着接通了四时，所谓"揲之以四以象四时"。余策置于手指之间，意味着接通了闰月，所谓"归奇于扐以象闰"。奇，奇零，谓余策。中国传统历法，实为一阴阳合历。二十四节气属于阳历，共有三百六十五又四分之一日；月建属于阴历，一个平年三百五十四日。一岁之间二者即相差十一又四分之一日。故而三年置闰一次，五年则再度置闰一次（十九年为一章而七闰）。筮占要接通之，故需继续操作。所谓"四营而成易"，即四度经营操作完成一变："四营者，四次经营也。分二者，第一营也。挂一者，第二营也。揲四者，第三营也。归奇者，第四营也。易，变易也，谓揲之一变也。四营成变，三变成爻。"③ 此同于三国吴陆绩的理解。④ 自将四十九策蓍草信手分为两份，至将左右蓍草四四分数后的余策夹于左手相应指间，完成了筮占操作的一变。四营之前的操作，接通的是太极之理与天地尚未分化的浑然一气；四营所接通的，则是人直下置身于其中，以天地为造化之本的、处于往复循环的春生夏长秋收冬藏

① （宋）朱熹：《朱子全书》第1册，第247页。
② （宋）朱熹：《朱子全书》第1册，第130页。
③ （宋）朱熹：《朱子全书》第1册，第255页。
④ 陆绩："'分而为二以象两'，一营也。'挂一以象三'，二营也。'揲之以四以象四时'，三营也。'归奇于扐以象闰'，四营也。谓四度营为，方成《易》之一爻者也。"见（清）李道平撰《周易集解纂疏》，中华书局1994年版，第586页。

过程之中的大千世界。这一世界，一次的春生夏长秋收冬藏构成一岁，岁岁交替之间又有闰月的出现，筮占皆接通之。第一变结束之后，进入第二变。乃将第一变终了以四十九策除去挂一之策与左右四四分数一过的余策（所谓挂扐之策）之后之策，所谓过揲之策，再来一次四营。四营结束，随之进入第三变。乃将第二变终了后的过揲之策，再来一次四营。四营结束，即产生出第三变的挂扐之策与过揲之策。第二变是第一变的接续，从这一变开始，到第三变，无须再与太极之理和天地未分的浑然一气接通，而已然与之接通，直接进行四营，直接从接通天地出发，接续以往的变而继续与人置身于其中的永恒流转的大千世界进行感通。三变完成，呈现每一变的挂扐之策与过揲之策，依据三变的三种挂扐之策数九或五、八或四、八或四，抑或第三变的过揲之策数三十六或三十二或二十八或二十四，即可确定一爻。依据后者，皆除之以四，即有九、八、七、六的阴阳老少之数；依据前者，九、八为偶而五、四为奇，即有三偶的老阴或三奇的老阳或两奇一偶的少阴或两偶一奇的少阳。一爻确定，再重新合拢五十策蓍草，一如上述，再来一同样的三变，又可确定一爻。如此接续进行六度这样的三变操作，十八变下来，即可确定一个六爻之卦，并据之论断占问事项的吉凶祸福了。①

这里，朱子指出，运用大衍筮法进行筮占操作的过程，就是人特定疑问事项，借助蓍草实现与太极之理、浑然一气以及天地分化后以天地为造化之本的永恒流转的大千世界感通的过程，就是接通之而最终与之感通为一的过程。接通进而感通为一，其具体格局与情势即呈现于所得的卦中。卦中爻的变与不变、爻性的阴与阳、爻与爻间的关系格局，即符示着占问事项的吉凶祸福情势，据之即可断占了。上述识见，基于朱子视域下的总体天人宇宙图景，后文将及之。南宋宁宗庆元元年（1195），韩侂胄擅权，朱子草成数万言的密封奏章，极陈奸邪蔽主之祸，诸弟子劝谏勿上奏，以防不测，朱子不听。蔡元定请以蓍决，筮遇遁（☶）之家人（☲），变爻为初、四两爻。遁卦初、四两爻之辞分别是"遁尾，厉"，"好遁，君子吉，小人否"。于是朱子"默然，退，取奏稿焚之，更号遁翁"②，充分显示他对蓍筮的敬畏与信从。此所反映的，是他的卜筮信念与信仰。而这一信念与信仰背后作为其支撑的，则是其理性视域下的由《易》之符号系列所符示的一切。

---

① 详见（宋）朱熹《朱子全书》第1册，第246—256页。
② （宋）朱熹：《朱子全书》第27册，第387页。

三 圆融的符号之《易》

通行本《周易》由八卦、六十四卦的符号系统与卦爻辞以及《十翼》的文字系统构成。符号系统与文字系统互诠互显，成为《易》架构的一体两面。汉代的象数易学家以及北宋邵雍看重前者，在象数优位的理念下严格持守本乎象数诠释义理之理路；玄学义理易学代表王弼与北宋儒门义理易学典范程颐则看重后者，有着象数为工具、义理为目的的高度学术自觉，乃至有"得于辞，不达其意者有之；未有不得于辞而能通其意者也"①之论。朱子则在《系辞传上》"圣人设卦观象，系辞焉而明吉凶"与《系辞传下》"是故《易》者象也，象也者像也"论断的基础上，扬以往象数易学看重象数之长，避义理易学轻视象数之短，凸显符号象数的重要意义，以此进一步揭示《易》的本真面目或"本义"。依他之见，《易》的核心在于卦，由六十四卦所组成的伏羲有符号而无文字之《易》，才是《易》的根本。这一符号之《易》是最为圆融的《易》，它有无限丰富之意涵。筮占所依据的，就是此等意涵。

众所周知，在八卦与六十四卦的符号系列之符示、筮占活动之具体应用、春秋及春秋之前人们诠释运用的基础上，透过《十翼》的系统诠释，上述符号系列成为宇宙人生万物万象万变的符示。基于此，《十翼》充分诠释了宇宙人生万物万象的变易，并在《系辞传》中进一步揭示了整体宇宙的变易生生，揭示了乾天坤地造化万有的简易品格以及造化所成的万物万象尊卑有序而和谐的归趋，启发后世易学者解读出《易》之谓"易"的变易、简易与不易三种基本内涵。②其中，不易昭示的是尊卑有序的价值期许及其不可改变性。总结以往识见而开其新，朱子则将《易》之谓"易"解读为"交易"与"变易"两种基本内涵。后一内涵大致属于承旧，前一内涵则主要属于开新。

在他看来，宇宙人生万物万象符示的八卦、六十四卦的符号系列，由阴阳两种基本爻画构成。由卦所符示的《易》之谓"易"，其内涵有二，所谓：

---

① （宋）程颢、程颐：《二程集》，中华书局2004年版，第689页。
② （唐）孔颖达：《周易注疏》卷首《第一论易之三名》，上海古籍出版社1990年版，第21—23页。

"其卦本伏羲所画，有交易、变易之义，故谓之《易》。"① 交易、变易反映的是卦所由以构成的阴阳爻画所符示的阴阳彼此之间的关系："交易是阳交于阴，阴交于阳，是卦图上底，……变易是阳变阴，阴变阳，老阳变为少阴，老阴变为少阳。"② 朱子基本接受了邵雍的先天易学之见，认为伏羲当年据太极而分化为的阴阳两仪所画出的奇偶之画，即为《易》爻画之本始。两种爻画的阴阳之上，各分别加以阴阳，即成两画之四象。四象的阴阳之上，各分别加以阴阳，即成三画之八卦。八卦的阴阳之上，各分别加以阴阳，即成四画之十六符。十六符的阴阳之上，各分别加以阴阳，即成五画之三十二符。三十二符的阴阳之上，各分别加以阴阳，即成六画之六十四卦。所谓"一分为二，二分为四，四分为八也"③。当然，阴阳的这种叠加，可无限进行下去。阴阳爻画如此交互叠组遂成你中有我、我中有你之局，并以此格局相互对待。最明显者，莫过于由此所成的先天八卦圆图与先天六十四卦圆图中八卦彼此之间与六十四卦彼此之间的相互对待。八卦圆图中，乾（☰）与坤（☷）一上一下纯阳纯阴相互对待之外，兑（☱）与艮（☶）、离（☲）与坎（☵）、震（☳）与巽（☴）分别以阴中有阳、阳中有阴的格局相互对待。六十四卦圆图中，乾（☰）与坤（☷）一上一下纯阳纯阴相互对待之外，左边属阳的诸卦与右边属阴的诸卦，亦分别以阳中有阴、阴中有阳的格局相互对待："《先天图》一边本都是阳，一边本都是阴，阳中有阴，阴中有阳，便是阳往交易阴，阴来交易阳，两边各各相对。其实非此往彼来，只是其象如此。"④ 这就是所谓交易：阴阳互涵，错杂一体，而又与另一阴阳互涵、错杂一体者相互对待。例如泰卦（☷☰）与否卦（☰☷）、归妹卦（☳☱）与渐卦（☴☶），两组卦各系阴阳互涵、错杂一体而又因彼此阴阳互反而相互对待。所谓变易，则是阴与阳的相互转化。交易昭示的是阴阳已成格局的对待互显，变易昭示的是阴阳流转互通的过程："'易'有两义：一是变易，便是流行底；一是交易，便是对待底。"⑤ 宇宙人生万象，皆可纳入卦中爻画所符示的阴阳的范畴之内，《易》所开示的，约而言之，就是这一阴阳底蕴。故

---

① （宋）朱熹：《朱子全书》第 1 册，第 30 页。
② （宋）朱熹：《朱子全书》第 16 册，第 2160—2161 页。
③ （宋）朱熹：《朱子全书》第 1 册，第 19—21 页。
④ （宋）朱熹：《朱子全书》第 16 册，第 2160 页。
⑤ （宋）朱熹：《朱子全书》第 16 册，第 2157 页。

而他说："《易》，只消道'阴阳'二字括尽。"① 阴阳范畴，涵括阴阳二气和由之所造化出的天人宇宙间阴阳两大类事物与现象。在朱子看来，对《周易》一书做出诠释而有《伊川易传》传世的程颐，仅仅揭示了《易》的变易之义，而没有揭示其交易之义，这不能不说是一个缺憾："阴阳有相对而言者，如东阳西阴，南阳北阴是也；有错综而言者，如昼夜寒暑，一个横、一个直是也。伊川言'易，变易也'，只说得相对底阴阳流转而已，不说错综底阴阳交互之理。言'易'须兼此二意。"② 所谓"错综底阴阳交互"即阴阳之互涵而使得阳中更分阴阳，阴中亦更分阴阳。他说："一物上又各有阴阳，如人之男女阴阳也。逐人身上又各有这血气，血阴而气阳也。如昼夜之间，昼阳而夜阴也。而昼阳自午后又属阴，夜阴自子后又是阳。便是阴阳各生阴阳之象。"③ 又说："统言阴阳，只是两端，而阴中自分阴阳，阳中亦有阴阳。……男虽属阳，而不可谓其无阴；女虽属阴，亦不可谓其无阳。人身气属阳，而气有阴阳；血属阴，而血有阴阳。"④

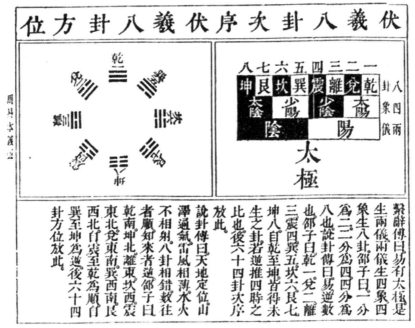

---

① （宋）朱熹：《朱子全书》第 16 册，第 2160 页。
② （宋）朱熹：《朱子全书》第 16 册，第 2157 页。
③ （宋）朱熹：《朱子全书》第 16 册，第 2159 页。
④ （宋）朱熹：《朱子全书》第 17 册，第 3127 页。

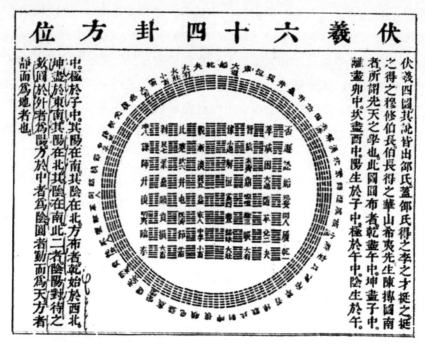

朱子《周易本义》卷首所列伏羲先天八卦与六十四卦方位图所示"交易"之义

交易令六十四卦除乾坤两卦之外，各阴阳互涵、错杂一体而两两相互对待，从而使此六十四卦呈现三十二对对待互显之格局。变易则令六十四卦流转互通，无有终穷。在朱子看来，借助于爻画之阴阳，《易》透过六十四卦所符示的阴阳交易与变易底蕴，涵摄蕴示了天人宇宙间阴阳之气及由其所造化出的事物、现象、格局，各自层层无尽的阴阳互涵、错杂一体，与彼此的对待互显，涵摄蕴示了阴阳之气及由其所造化出的事物、现象、格局彼此之间环环相扣、无有终穷的流转互通。当然，正是由于阴阳的上述变易流转，既可将其视之为二，亦可将其视之为一："阴阳做一个看亦得，做两个看亦得。……做一个看只是一个消长"[1]；"阴阳只是一气，阳之退便是阴之生，不是阳退了又别有个阴生"[2]。由此，《易》开显出这样一幅整体大宇宙图景：阴阳为造化之源，化生出纷纭复杂、千姿万态的万物万象；万物万象因阴阳之气的造化，而归属于相互对待的阴阳两大类，而它们的属阴属阳，并非单纯简单的因其或为纯阴之物或为纯阳之物，而是阳中层层无尽地分阴阳、阴

---

① （宋）朱熹：《朱子全书》第 16 册，第 2156 页。
② （宋）朱熹：《朱子全书》第 16 册，第 2156 页。

中也层层无尽地分阴阳，而令两大类阴阳互涵，以其一为主而已——以阳为主者属阳类，以阴为主者属阴类，于是，对待中同时彰显着互涵；阴阳之气引发大宇宙中的阴阳两大类势力，这两大类势力此消彼长，流转互通，使得彼此阴阳对待互涵的万物万象生化日新，流转互通。

尤有进者，朱子认为，阴阳并非最具究竟意义的因素，阴阳背后的所以然，大宇宙终极的所以然，乃是太极之理。他说："盖盈天地之间，莫非太极、阴阳之妙，圣人于此仰观俯察，远求近取，固有以超然而默契于心矣。"① 而"太极者，象数未形而其理已具之称，形器已具而其理无朕之目"②。太极为阴阳造化的所以然之理，又成为造化所成的大宇宙、万物万象的终极根据。太极之理即阴阳而在阴阳，即阴阳造化所成的万物万象而在万物万象，即阴阳两大类势力的消长过程而在此过程，即上述过程所促成的万物万象的生化日新、流转互通而在此生化日新、流转互通，从而最终落实为整体宇宙大千世界的终极根据。所谓"象数未形而其理已具之称"，即谓"自两仪之未分也，浑然太极，而两仪、四象、六十四卦之理已粲然于其中"③，《易》象数符号系统的两种爻画之两仪、两画之四象、三画之八卦、四画之十六符、五画之三十二符、六画之六十四卦尚未显现之前，其所以然之理本已浑然昭著地具备于太极之中了，以此蕴示在阴阳之气分化消长并造化宇宙万物万象之前，其所以然之理本已浑然昭著地具备于太极之中了。而所谓"形器已具而其理无朕之目"，则谓阴阳所造化的有形有象的万物万象业已出现之后，太极之理也已然内在于其中。于是，整体大宇宙"本只是一太极，而万物各有禀受，又自各全具一太极尔"④；"盖合而言之，万物统体一太极也；分而言之，一物各具一太极也"⑤。就整体大宇宙、万物总体而言，只有一个太极之理，此一理成为整体大宇宙的终极根据；具体到万物中的每一个体，各自又完备地禀受了同一个此理，从而皆具备了共同的终极大宇宙根据，拥有了终极大宇宙根据之支撑。而且，"天地之间，有理有气。理也者，形而上之道也，生物之本也；气也者，形而下之器也，生物之具也。

---

① （宋）朱熹：《朱子全书》第1册，第217页。
② （宋）朱熹：《朱子全书》第1册，第218页。
③ （宋）朱熹：《朱子全书》第1册，第217页。
④ （宋）朱熹：《朱子全书》第17册，第3167—3168页。
⑤ （宋）朱熹：《朱子全书》第13册，第74页。

是以人物之生，必禀此理然后有性，必禀此气然后有形"①。气塑造了事物的形体，太极之理则在气造化事物形体的同时，被赋予了事物，直接内化为事物的本然之性。因之，事物的本然之性，就是整体大宇宙的终极根据，就是事物的终极大宇宙根据之支撑。而太极之理，乃是一绝对至善的令物生生之理，它使大宇宙充满无限生机生意，使万物生化日新："太极只是个极好至善底道理。人人有一太极，物物有一太极。……太极，是天地人物万善至好底表德。"② "太极如一木生，上分而为枝干，又分而生花生叶，生生不穷。到得成果子，里面又有生生不穷之理；生将出去，又是无限个太极，更无停息。"③ 由此，以太极之理与气的相即不离为造化的大本大原，基于这一太极之理，宇宙万物万象已然而又本然地联通为一体，构成了相互内在而非外在的密切关系，汇而为——本而万殊的无限开放、永恒流转、日新不已的有机宏大生存生命的共同体与生命性洪流。这一联通一体、相互内在，也就成为事物彼此之间已然而又本然的关系格局与存在方式。它们正是基于这一关系格局，生动诠释彰显着大千世界的有机统一性与丰富多样性。朱子认为，这才是《易》借助其卦的符号系列所涵摄蕴示的完整整体大宇宙图景。

在朱子看来，人就置身于上述生存生命共同体之中，这一共同体，即构成人的整个生活的世界和其人生价值终极实现之域。人与其中的一切内在相连一体，进而可与之感通一体，接通这一共同体。人置身其中的各种情势之下，这些情势相对于他而言，具有有利或不利的价值意义。能否准依太极之理对其作出适切之回应，即成为问题的关键所在。《易》之卦的符号系列，恰恰符示了各种复杂多样而又变化无穷的人置身其中的可能之情势，及基于太极之理所当采取的回应之道与所宜避免的回应失误。符号系列如此符示，《易》可谓包罗宏富无限，直可说"它是说尽天下后世无穷无尽底事理"④。但这种说尽不是直接具体地就人就事就物就势的就实说尽，而是符号化的笼罩涵盖、涵摄蕴示下的就虚涵实说尽："《易》自是不惹著事，只悬空说一种道理，不似它书，便各著事上说"⑤；"《易》之所说，皆是假说，不必是有恁地事。假设如此则如此，假设如彼则如彼，假设有这般事来，人处这般地位，

---

① （宋）朱熹：《朱子全书》第23册，第2755页。
② （宋）朱熹：《朱子全书》第17册，第3122页。
③ （宋）朱熹：《朱子全书》第16册，第2567页。
④ （宋）朱熹：《朱子全书》第16册，第2227页。
⑤ （宋）朱熹：《朱子全书》第16册，第2232页。

便当恁地应"①。这就与另一部经典《春秋》形成了鲜明对照:"《汉书》:'《易》本隐以之显,《春秋》推见至隐。'《易》与《春秋》,天人之道也。《易》以形而上者,说出在那形而下者上;《春秋》以形而下者,说上那形而上者去。"②《汉书·司马相如传》引述了《史记·司马相如列传》司马迁赞语中的两句著名论断,朱子深受其启发并作出自己独到的阐发。他认为,如果说《春秋》就具体历史事实而就实说地寄寓褒贬之义,引延至形而上的天人大道,那么,《易》则是就虚涵实说地符号化开示形而下的一切事事物物及其道理,引领人生价值之应然。不难发现,冯友兰先生对《易》的理解与之颇为相通。在致 1984 年中国《周易》学术讨论会的"代祝词"中,冯先生说:"周易哲学可以称为宇宙代数学。代数学是算学中的一个部门,但是其中没有数目字,它只是一些公式,这些公式用一些符号表示出来。对于数目字来说,这些公式只是一些空套子。正是因为它们是空套子,所以任何数目字都可以套进去。我说周易可称为宇宙代数学,就是这个意思。周易本身并不讲具体的天地万物,而只讲一些空套子,但是任何事物都可以套进去。"③ 冯先生所言,既有其独到价值,又与朱子之见两相映照,而令后者彻然豁显。

正因如此,朱子申言读《易》绝非易事:"《易》不可易读。"④ "《易》最难看,其为书也,广大悉备,包涵万理,无所不有。"⑤ 是以,当弟子问及"读《易》未能浃洽,何也"时,他回答说:"此须是此心虚明宁静,自然道理流通,方包罗得许多义理。盖《易》不比《诗》《书》,它是说尽天下后世无穷无尽底事理,只一两字便是一个道理。又人须是经历天下许多事变,读《易》方知各有一理,精审端正。今既未尽经历,非是此心大段虚明宁静,如何见得! 此不可不自勉也。"⑥ 读《易》一需沉潜宁静广博之心,二需丰富的人生阅历与深刻的生命感悟,三需基于太极之理的天人宇宙大视域与厚重德性。因此他告诫弟子:"如今不曾经历得许多事过,都自揍他道理不着,若便去看,也卒未得他受用。"⑦ 包括程颐等人在内,看来解读《易》时

---

① (宋)朱熹:《朱子全书》第 16 册,第 2242 页。
② (宋)朱熹:《朱子全书》第 16 册,第 2243 页。原书标点有误,兹订正。
③ 唐明邦等编《周易纵横录》,湖北人民出版社 1986 年版,第 7 页。
④ (宋)朱熹:《朱子全书》第 16 册,第 2225 页。
⑤ (宋)朱熹:《朱子全书》第 16 册,第 2229 页。
⑥ (宋)朱熹:《朱子全书》第 16 册,第 2227—2228 页。
⑦ (宋)朱熹:《朱子全书》第 16 册,第 2228 页。

没有很好地意识到这层"不可易读"之意。不难看出，朱子的上述见解多发前人之所未发，精妙绝伦，其对《易》思想的深化无可置疑。

四 体会"画前之易"

《易》中八卦与六十四卦的符号系列符示了上述的一切，正是先有了被符示的上述一切，才有了符示之的符号系列。因此，朱子主张，如欲更进一步地理解《易》之"本义"，即需通体真切透悟到符号系列所自来的其所符示的一切。这也就意味着读《易》的最高境界，当是超越《易》之一书，超越其卦的符号系列以及文字系列，而充分地体会出"画前之易"。在这一点上，他又继承、深化了邵雍"须信画前原有易"①之说，将对《易》的解读提升到一个新境界，也就再一次空前深化了《易》的内涵。

朱子认为，当年伏羲正是在通体真切体会到大宇宙中交易、变易之深厚底蕴及其所以然，体会到基于此的整体大宇宙图景和人置身其中的人生应然之后，才画出了卦的符号系列，以涵摄蕴示这一切，从而推出了《易》。作《易》圣人以卦的符号系列所涵摄蕴示的这一切，即是所谓"画前之易"。读《易》之人如能进而自己体会出这一"画前之易"，才会达致当年作《易》圣人之境界，彻悟《易》之"本义"。此虽甚难，但宜孜孜以求："看《易》，须是看他卦爻未画以前是怎模样，却就这上见得他许多卦爻象数是自然如此，不是杜撰。"②于是，呼应邵雍"须信画前原有易"之说，朱子于一诗中称："潜心虽出重爻后，着眼何妨未画前。识得两仪根太极，此时方好绝韦编。"③

以往学界的基本共识认为，伏羲、文王、周公、孔子四位圣人思想前后一贯，根据孔子的《十翼》就可、也才会真切理解《周易》古经，由此形成了久远的经传不加区分、以传解经的传统。朱子透过符号之《易》与画前之易的分疏，以大无畏的学术勇气和探寻学术本真之所是的研究期许，对上述传统乃至对圣人文王、周公、孔子提出挑战，推出自己富含真知灼见的观点，在当时可谓惊世骇俗，振聋发聩。朱子之所以能如此，除自身原因外，也与宋代疑经疑传的思想解放潮流密切相关。

---

① （宋）程颢、程颐：《二程集》，第 45 页。
② （宋）朱熹：《朱子全书》第 16 册，第 2228 页。
③ （宋）朱熹：《朱子全书》第 20 册，第 556 页。

符号之《易》本于画前之易。依朱子之见，伏羲的符号之《易》涵摄蕴示了前述之一切，借助卜筮以显其用。文王、周公系属卦辞、爻辞的文字系列之后，虽未偏离卜筮之用，但已偏于说一番道理了，障蔽了这些道理之外的一切。及至孔子作《十翼》，虽仍围绕卜筮的吉凶祸福问题展开诠释，但铺陈道理的意味更加浓重，前述以交易、变易底蕴为核心的整体大宇宙图景的内涵，更难以全副彰显出来。因此他指出："今人读《易》当分为三等：伏羲自是伏羲之《易》，文王自是文王之《易》，孔子自是孔子之《易》。读伏羲之《易》，如未有许多《彖》、《象》、《文言》说话，方见得《易》之本意只是要作卜筮用。……及文王、周公分为六十四卦，添入'《乾》元亨利贞'，'《坤》元亨利牝马之贞'，早不是伏羲之意，已是文王、周公自说他一般道理了。然犹是就人占处说，如卜得《乾卦》，则大亨而利于正耳。及孔子系《易》，作《彖》、《象》、《文言》，则以'元亨利贞'为乾之四德，又非文王之《易》矣。到得孔子，尽是说道理，然犹就卜筮上发出许多道理，欲人晓得所以凶，所以吉。卦爻好则吉，卦爻不好则凶。若卦爻大好而己德相当则吉；卦爻虽吉而己德不足以胜之，则虽吉亦凶；卦爻虽凶而己德足以胜之，则虽凶犹吉。反复都就占筮上发明诲人底道理。"[1] 自文王到孔子，所言之道理本身没问题，却渐次偏离了《易》的卜筮本意，障蔽了画前之易与伏羲符号之《易》的无限丰富之意涵。他反复申言这一点，并就"四圣"《易》说并无二致之见提出质疑："学《易》者须将《易》各自看，伏羲《易》自作伏羲《易》看，是时未有一辞也。文王《易》自作文王《易》看，周公《易》自作周公《易》看，孔子《易》自作孔子《易》看。必欲牵合作一意看不得。今学者讳言《易》本为占筮作，须要说做为义理作。若果为义理作时，何不直述一件文字，如《中庸》、《大学》之书，言义理以晓人，须得画八卦则甚？"[2] 此论对于人们辨析经传之别，不再过分拘执于传以解经，进而厘清易学的源流迁变，独立而深入地解读《易》，意义重大。正是主要在朱子的影响下（当然还有吕大防、晁说之、吕祖谦等人的贡献），其后的《周易》传本，一改郑玄、王弼等的以传合经本，恢复为原来的经传分列的十二篇本。

伏羲符号之《易》契合画前之易，圆融而不拘于、不偏执于一些道理。

---

① （宋）朱熹：《朱子全书》第 16 册，第 2190—2191 页。

② （宋）朱熹：《朱子全书》第 16 册，第 2182 页。

拘于、执于一些道理而读《易》诠《易》，不但难以充分体认到伏羲符号之《易》与画前之易的丰赡深厚底蕴，而且也会使自己的心灵由阔转狭："文王之心，已自不如伏羲宽阔，急要说出来；孔子之心，不如文王之心宽大，又急要说出道理来。所以本意浸失，都不顾元初圣人画卦之意，只认各人自说一副当道理。及至伊川，又自说他一样，微似孔子之《易》，而又甚焉。故其说《易》，自伏羲至伊川，自成四样。某所以不敢从，而原《易》之所以作，而为之说，为此也。"① 孔子之后，程颐作《易传》，更是专于大谈特谈人事义理，离《易》之本义愈来愈远，所以朱子敢冒对文王、周公、孔子诸圣以及先贤程颐的大不敬之讥，而毅然挺立学术之自我，重新探究《易》之本义，梳理以往易学延展长河，作出自己的识见衡判。至此，他的《周易》诠释视域与《周易》观已完整显现出来。

五 朱子的易学与理学

综上，朱子审视体认天人宇宙，阅读研判古今《易》著，推出了彰显鲜明学术自我的《周易》诠释视域及在此视域下的《周易》观。依他之见，《周易》由伏羲、文王、周公、孔子所作，本系卜筮之书；人借卜筮可接通太极之理，感通天地人物，预决吉凶；作为卜筮基本依据的伏羲无文字的六十四卦符号之《易》，最为圆融，它有交易、变易的丰富意涵；与此符号之《易》相应的，尚有画前之易，透悟之才会深切理解《易》之本义，达致读《易》的最高境界；而自文王、周公、孔子直至程颐等人，则逐渐偏于说一些具体义理，令《易》之本义转晦，因之以传解经并不得当，程颐等人之说偏差更大。

他视《易》为卜筮之书，绝不同于一般术士所理解的卜筮之书，而是有其前述画前之易与伏羲符号之《易》的深厚内蕴在；他也不是为了教人单纯将《易》用于占筮，而是更着眼于引领人们体认《易》所涵摄蕴示的、人置身其中的前述作为其整个生活世界的生存生命共同体，学会针对不同情势通权达变，以生命了悟并践行基于太极之理的人生应然之道，化《易》之道为自身之道，进而完整透悟画前之易，挺立自己生命的主体性，自如追求并实现正大人生之理想。他说："须是以身体之。且如六十四卦，须做六十四人

---

① （宋）朱熹：《朱子全书》第16册，第2191页。

身上看；三百八十四爻，又做三百八十四人身上小底事看。"① 《易》的学问最终要落实为一种生命的大学问，而不可仅仅停留于知识化的学术层面。如果说朱子之前着眼于义理而理解、诠释、阐发《易》的学者更多地彰显出哲学家、思想家的品格，那么视《易》为卜筮之书而衡判伏羲、文王、周公、孔子、程颐等人的他，更多地凸显出思想史家、哲学史家的品格。他更多地试图从思想史、哲学史的角度，探明《易》之本然及在后世所发生的理解演变，针砭、力矫人们诠释时的不着边际、捕风捉影、牵强附会。而包括程颐在内的朱子之前的理学家，正是往往借助对于《易》的高度哲学性义理诠释，建构起他们各自的理学体系的，朱子也是在整合会通了他们的理学思想后才构建起自己的理学体系的。就此而言，朱子可谓接续了他们的诠《易》之果却实质否定了其诠《易》视域与方法。不但如此，前述朱子对于《易》之太极之理内在于其中的交易、变易底蕴以及画前之易的理解，显然皆不折不扣地融入了相关理学的视域。在此视域下，他又在思想史家、哲学史家的品格背后，彰显出思想家、哲学家的品格。

朱子在中国文化史上地位显赫，乃至有"前有孔夫子，后又朱文公"之评。他的《周易》诠释视域及由此所开显的《周易》观，对后世产生了重要影响。他申言《易》乃卜筮之书，辨析文字诠说之偏弊，有助于人们打破经传不分之成见，了解以往的易学史，区分古经、《易传》和后起易学，秉持历史主义把握《易》之本然，避免牵强无根之谈；同时也使那些不能全面了解他所开示的《易》之底蕴的人错会其意，令部分学者不再深层诠释《易》之高度哲学性，令一些人专究《易》的卜筮之用而掏空了其深厚意涵。而那些超越卜筮、仍倾心开掘《易》的思想义理以构建理学体系及其他体系的人受到莫大冲击，他们或批评朱子，或失去开掘信心，或不再有深度开掘期许——而这无疑深深影响了易学资源对于后起中国哲学文化深度引发力、作用力的发挥。至于朱子对符号之《易》与画前之易的阐述，则具有卓荦的哲学性天人之学意涵，无疑同样属于对理学内涵的深化，对知言的学术知音而言启迪颇深，引导人们进而用心"阅读"、体悟无文字的宇宙大《易》，体会到整体天人宇宙才是一部真正生动鲜活的大《易》，其间在在都是活生生的八卦与六十四卦及其交易对待，处处皆有活生生的八卦与六十四卦的变易流行互通，学会有别于佛眼观世间而《易》眼观万象，卦眼看人生，从而更好

---

① （宋）朱熹：《朱子全书》第 16 册，第 2242 页。

地定位环绕三才格局下的一切，追求天人价值应然之境。当然，以今观之，视《易》为伏羲等圣人之作，未必尽然；他的卜筮信念与信仰，亦当予以理性之审视，而令在此领域，信念、信仰与理性之间实现良性互动，圆融相互引发；他所推出的《易》之"本义"，也只是他理解视域下的"本义"，可谓"朱氏《易》本义"，与原本的《易》之"本义"是两个不尽相同的问题，当然这属于一个颇值玩味的哲学诠释学问题。

朱熹与《周易本义》[*]

唐　琳^{**}

摘　要：《周易本义》是朱熹注解《周易》的重要学术著作。该书核心的思想是一以贯之、不遗余力地彰显《周易》为卜筮之书的性质，扭转当时重义理而轻卜筮的易学风气。本文由此概括《周易本义》的学术思想特色为：经传相分，明确《周易》本为卜筮而作；立于卜筮之书的本义，训释《周易》经传；文字力求简短明了，为读者留下思考空间；从各个角度申说《周易》要活解，充分体现因卜筮而示教戒之意。该书体现了朱熹作为一代思想大家重视文本本义、实事求是的研究精神，所以至今仍能启迪慧思、开阔眼界，具有弥久的生命力。

关键词：朱熹；《周易本义》；卜筮

　　《周易本义》是朱熹给《周易》作的注解。此书篇幅不长，文字力求简易。据白寿彝先生考证，朱熹大概在淳熙二年（1175），即时年 46 岁时开始起草《周易本义》（下文视情简称为《本义》）的初稿。[①] 这时吕祖谦的《古周易》本尚未问世，朱熹所据的本子是经郑玄、王弼等变改后的通行本。这时朱熹尚未将书稿定名为《周易本义》，而称作《易传》。《直斋书录解题》说："初为《易传》，用王弼本。复以吕氏《古周易》为《本义》，其大旨略同，而加详焉。"[②] 按此说法，朱熹注《易》的解本有两种，先是《易传》，后是《本义》，二者内容大体是相同的。然而朱熹，是不承认有所谓《易传》成书的。绍熙二年（1191）朱熹《答孙季和》云："但近世言《易》者，直弃

---

　*　本文原载于《江汉论坛》2019 年第 2 期，收入本书时有修改。

　**　唐琳，华中科技大学哲学系教授，主要研究方向为中国古典哲学。

　①　白寿彝：《〈周易本义〉考》，《白寿彝文集》，河南大学出版社 2008 年版，第 11 页。

　②　（宋）陈振孙撰《直斋书录解题》，徐小蛮、顾美华点校，上海古籍出版社 1987 年版，第 21 页。

卜筮而虚谈义理……旧读此书，尝有私记，未定而为人传出摹印。近虽收毁，而传布已多。不知曾见之否？其说虽未定，然大概可见。循此求之，庶不为凿空强说也。"① 此处"未定而为人传出摹印。近虽收毁，而传布已多"，指的就是《本义》的初稿，名为《易传》。这个被人传出摹印的本子，虽大多销毁，但因流布甚广，未能罄尽。对于《易传》，朱熹虽然有所不满，但只是枝节细微处，大体是可以的。淳熙十五年（1188），朱熹答蔡元定的书信云"《本义》已略具备"②，这是首次用《本义》之名，此时朱熹基本完成了对《本义》内容的修正。庆元年间（1195—1200），朱熹《答孙敬甫》说："《易传》初以未成书，故不敢出。近觉衰耄，不能复有所进，颇欲传之于人，而私居无人写得，只有一本，不敢远寄。俟旦夕抄得，却附便奉寄。"③ 所谓"《易传》初以未成书，故不敢出"，也是不承认有《易传》成书的。这里"不能复有所进，颇欲传之于人"的，就是朱熹经过反复修订、称为《本义》的最后定稿。从淳熙二年属稿到庆元年间定稿，此书前后共历二十余年。

从最初称《易传》到后来定稿时改称《本义》，这充分体现了朱熹探求《周易》的原初意义、力图恢复《周易》本来面貌的志愿。朱熹撰写《本义》，针对的是当时一些读书人专以义理解《周易》，鄙视卜筮，认为其"不足言"的弊端。所以《本义》核心的思想是一以贯之、不遗余力地彰显《周易》为卜筮之书的性质，扭转当时重义理而轻卜筮的易学风气。本文尝试以此论点为中心，从文本出发，具体分析《本义》的学术思想特色。

一　经传相分，彰显《周易》本为卜筮而作

朱熹所主张的经传相分，不仅是形式上要将《周易》的经文和传文分开，恢复到经是经、传是传的原初面貌，而且内容上也要将经、传的不同之处解释清楚。这两者都做到了，才算是真正地将经传分开。

其一，《本义》在版本的选择上，采用的是吕祖谦《古周易》本。之所以采用吕氏《古周易》本，是为了恢复其经传分开的原貌，彰显《周易》本

---

① （宋）朱熹：《晦庵先生朱文公文集》，《朱子全书》第 25 册，上海古籍出版社、安徽教育出版社 2002 年版，第 4885 页。

② （宋）朱熹：《晦庵先生朱文公文集》，《朱子全书》第 25 册，第 4690 页。

③ （宋）朱熹：《晦庵先生朱文公文集》，《朱子全书》第 23 册，第 3066 页。

为卜筮而作。

《周易》文本的原貌，据《汉书·艺文志》："《易经》十二篇，施、孟、梁丘三家。"① 颜师古注："上下经及十翼，故十二篇。"② 可见，那时经分为上下两篇，传为十篇，经传分开，不相附属。后东莱人（今莱州）费直，"治《易》为郎，至单父令。长于卦筮，亡章句，徒以《彖》、《象》、《系辞》十篇文言解说上下经"③，由《汉书》的记载可知，费直以《彖传》《象传》《系辞》等十篇解说上下经，但并未将《彖传》《象传》分附经文之后，这是第一步；至东汉，郑玄为《周易》作注，"欲便学者寻省易了"④，将《彖传》和《象传》与经文合在了一起，这是第二步；到了王弼注《周易》，又在郑玄《周易》注的基础上，更进一步将《彖传》《象传》按六十四卦拆开，分别配于每卦的卦辞和爻辞后面，《文言传》也分散附于《乾》《坤》二卦之后，这是第三步。王弼本正是朱熹当时广为流传的经本。故朱熹云："盖古《易》，《彖》、《象》、《文言》各在一处，至王弼始合为一，后世诸儒遂不敢与移动。"⑤

为了区别经传，还原《周易》的原初面貌，《本义》采用的是吕祖谦《古周易》的本子，以上、下经为两卷，《彖上传》《彖下传》《象上传》《象下传》《系辞上传》《系辞下传》《文言传》《说卦传》《序卦传》《杂卦传》各为一卷，共十二卷。这个本子形式上不同于经郑玄、王弼等变改的通行本，后者以《彖上传》《彖下传》《象上传》《象下传》《文言传》五篇分别附于经文各卦之间，而《本义》则依据考证原来形式的结果，使《彖上传》《彖下传》《象上传》《象下传》《文言传》五篇各自独为一篇。朱熹在《本义》开篇指明："经则伏羲之画，文王、周公之辞也。并孔子所作之《传》十篇，凡十二篇。中间颇为诸儒所乱。近世晁氏始正其失，而未能尽合古文。吕氏又更定，著为《经》二卷、《传》十卷，乃复孔氏之旧云。"⑥

在朱熹看来，通行的王弼本《周易》妨碍了读者对于《周易》性质的认识。因为自经传附属以来，学者们望文生义，执传文以为定说，误认为《周

---

① （汉）班固撰、（唐）颜师古注《汉书》第6册，中华书局1962年版，第1703页。
② （汉）班固撰、（唐）颜师古注《汉书》第6册，第1704页。
③ （汉）班固撰、（唐）颜师古注《汉书》第11册，第3602页。
④ （晋）陈寿著、（南朝宋）裴松之注《三国志》，金名、周成点校，浙江古籍出版社2000年版，第89页。
⑤ （宋）黎靖德编《朱子语类》，《朱子全书》第16册，第2221—2222页。
⑥ （宋）朱熹：《周易本义》，《朱子全书》第1册，第30页。

易》就是一部讨论具体的人事和讲道理的书。《周易》为卜筮而作的本来面貌被人们遗忘。而《本义》所采用的吕祖谦《古周易》本，把孔子的《十翼》和伏羲、文王、周公的经分开，是可以使人知其分别，而易于明白《周易》的卜筮性质的。伏羲、文王、周公之《易》仍汇合于一处为上下经，是因为这种汇合和《十翼》附经的情形不同。伏羲画卦象、文王作卦辞和周公作爻辞，皆以卜筮设教；《十翼》附经，文义上则发生了大的变化，重点放在了阐发义理而不是表现卜筮的意思。

其二，《本义》在注释《周易》时，对于卦辞、爻辞和《十翼》间的差异，郑重地加以保持，时时提示读者注意"三圣"之《易》内容不同，当分别对待。

首先，上古伏羲画八卦，因而重之，以成六十四卦。如《乾》卦六画皆阳，《本义》释云："六画者，伏羲所画之卦也。"① 指明卦象乃伏羲所画。接着解释伏羲画卦的根据和经过，并解说《乾》卦卦名的由来以及比类的自然现象。

其后，文王之《易》则于每卦之下添入卦辞，用来断一卦之吉凶。如《乾》卦卦辞"元亨，利贞"，《本义》释云："元亨、利贞，文王所系之辞，以断一卦之吉凶，所谓彖辞者也。"② 提示读者卦辞乃是文王所系，本是占筮之辞。"元亨"，即大通也，"利贞"，宜正而固也，表明所占之事非常通顺，必利于正事。文末又加上"此圣人所以作《易》，教人卜筮而可以开物成务之精意。余卦放此"③。这是从卜筮的角度总结文王所系的卦辞，以彰显《周易》因卜筮而作。

到了周公时，则在每爻之下添入爻辞。如《乾》卦初九爻辞"潜龙，勿用"，《本义》释云："潜龙勿用，周公所系之辞，以断一爻之吉凶，所谓爻辞者也。"④ 指明爻辞乃是周公所系，用来断一爻之吉凶。

通过《本义》的解释，我们可以看出尽管伏羲、文王、周公之《易》内容各不相同，但它们有一个根本的共同点，那就是都是为卜筮而作。

到孔子时，因为担心义理浸没于占筮之中，孔子作《十翼》来阐明道理。《本义》解释孔子所系《彖传·乾》云："彖即文王所系之辞。上者，经

---

① （宋）朱熹：《周易本义》，《朱子全书》第1册，第30页。
② （宋）朱熹：《周易本义》，《朱子全书》第1册，第30页。
③ （宋）朱熹：《周易本义》，《朱子全书》第1册，第30—31页。
④ （宋）朱熹：《周易本义》，《朱子全书》第1册，第31页。

之上篇。传者,孔子所以释经之辞也,后凡言传者放此。此专以天道明乾义,又析'元亨利贞'为四德以发明之。"① 指明《象传》是孔子为申发经文义理而作。且就孔子的意思解释,以"元亨利贞"为天德,圣人之德可配天地,所以"元亨利贞"又引申为圣人的德行。《本义》接着特意指出:"虽其文义有非文王之旧者,然读者各以其意求之,则并行而不悖也。"② 指明"虽其文义有非文王之旧者",目的就是引起读者的注意,提示孔子之《易》已不同于文王之《易》,当分别对待。

综上,《本义》对《乾》卦卦象的注解,着重于阐发伏羲画卦之由;对《乾》卦卦辞"元亨,利贞"的注解,着重指出这是文王所系卦辞;对《乾》卦初九爻辞"潜龙,勿用"的注解,则指明是周公所系的爻辞。朱熹皆明其作者,以示区别,并指出这三条都是着眼于卜筮的角度。至于孔子之《易》,则提示读者,其文义非文王之旧者,当分别对待,这是保持了文王《易》和孔子《易》的差异。这样足以提示读者知其分别,明白《周易》的卜筮性质。这是用历史的眼光,把这部非一人一时所作的书拆开来看,不再混同地一律对待。

另外,《本义》的卷首列有九种易图,这九种图式按次序排列,分别是河图、洛书、伏羲先天八卦次序、伏羲先天八卦方位、伏羲六十四卦次序、伏羲六十四卦方位、文王八卦次序、文王八卦方位和卦变图。对这九图,朱熹注云:"右《易》之图九。有天地自然之《易》,有伏羲之《易》,有文王、周公之《易》,有孔子之《易》。自伏羲以上皆无文字,只有图画,最宜深玩,可见作《易》本原精微之意。文王以下方有文字,即今之《周易》。然读者亦宜各就本文消息,不可便以孔子之说为文王之说也。"③ 九图中河图、洛书乃天地自然之易;先天图是伏羲所创,体现由画前易到卦画形成的自然流程;后天图是文王在卦画既成之后切近人用的创造;卦变图则是孔子就卦象已成之后推变阴阳的产物。所以这些图式在时间上有先后之别、在意蕴上有精粗之分,不可将伏羲以上先天易图与文王、孔子后天易图等同而论。图式的排列次序与《本义》区别"三圣"之《易》的思想相契合,特别在文末指出"不可便以孔子之说为文王之说也",提醒读者注意区分文王之

---

① (宋)朱熹:《周易本义》,《朱子全书》第1册,第90页。
② (宋)朱熹:《周易本义》,《朱子全书》第1册,第91页。
③ (宋)朱熹:《周易本义》,《朱子全书》第1册,第28页。

《易》和孔子之《易》。这些说法，与《本义》开篇对《乾》卦的解释一致，由此可见，《本义》卷首九图乃是朱熹亲自整理刊在卷首，目的是说明圣人之《易》内容各不相同。

二 立于卜筮之书的本义，训释《周易》经传

《本义》对于《周易》经传的训释，着眼于卜筮角度。首先，从注文的轻重比例看，《本义》训释经文所占的比重要远远大于《十翼》。因为从卜筮的观念上看，卦和卦爻辞在《周易》中最重要，所以《本义》解释卦辞和爻辞也就比较详尽。《十翼》是孔子"就卜筮上所发的道理"，从纯粹卜筮的观念上看，已不如卦爻辞重要，所以《本义》的解释也就简略得多。仅就《十翼》看，其中朱熹重点阐述的部分，常常是与筮占有关联的内容，如对"大衍之数五十"章，朱熹就颇费了些笔墨，因为这章讲的是揲蓍求卦的方法。这些取舍显然是为了突出卜筮之书的需要。

在朱熹看来，《十翼》虽然不专于卜筮，但其中许多文句也与卜筮有关。如《系辞》"是以君子将有为也，将有行也"，朱熹解释说："此尚辞、尚占之事。言人以蓍问《易》，求其卦爻之辞而以之发言处事，则《易》受人之命而有以告之，如响之应声，以决其未来之吉凶也。"① 如注"方以类聚，物以群分，吉凶生矣"，曰"吉凶者，《易》中卦爻占决之辞也"；注"在天成象，在地成形，变化见矣"，曰"变化者，《易》中蓍策，卦爻阴变为阳、阳化为阴者也"②。时人看卜筮为不雅，总是尽力回避，朱熹则毫不避讳，以合于《周易》之本义。

其次，《本义》在注释经文时，象、占分明，以彰显《周易》卜筮之书的本义。《周易》的卦爻辞，一般分为两部分，一部分是取象，另一部分是下断语。所谓断语，就是下结论，又称占辞，多出现吉、凶、悔、吝、咎、无咎、利、不利等辞。《周易》卦爻辞之所以由两部分组成，原因就是为了占问。在占问时，遇到某一卦或某一卦中的某一爻，先看卦爻辞取象部分，表示占问者处境，然后看判断结果。自古以来，易学家在注解《周易》时，并不明确指示何为象辞、何为占辞。而《本义》在注释卦爻辞时，总是结合

---

① （宋）朱熹：《周易本义》，《朱子全书》第1册，第132页。
② （宋）朱熹：《周易本义》，《朱子全书》第1册，第123页。

一定的体例，先分析象辞所取之象的由来，接着引出占辞，时时提示读者易辞包含象辞和占辞两个部分。如《坤》卦六五爻辞"黄裳，元吉"，《本义》释之曰："六五以阴居尊，中顺之德充诸内而见于外，故其象如此，而其占为大善之吉也。"① 这是认为爻辞中"黄裳"是象辞，"元吉"是占辞。《坤》卦六五爻言"以阴居尊，中顺之德充诸内而见于外"，所以爻辞称六五有"黄裳"之象。正因为爻有此象，所以其占为"大善之吉也"。

这样象辞、占辞清楚分明的例子，在《本义》中俯拾即是。如《乾》卦，初九爻辞"潜龙，勿用"，朱熹释之曰："初阳在下，未可施用，故其象为潜龙，其占曰勿用。"② 九二爻辞"见龙在田，利见大人"，朱熹释之曰："九二刚健中正，出潜离隐，泽及于物，物所利见，故其象为见龙在田，其占为利见大人。"③ 九三爻辞"君子终日乾乾，夕惕若厉，无咎"，朱熹释之曰："重刚不中，居下之上，乃危地也。然性体刚健，有能乾乾惕厉之象，故其占如此。"④ 九四爻辞"或跃在渊，无咎"，朱熹释之曰："九阳四阴，居上之下，改革之际，进退未定之时也，故其象如此。"⑤ 九五爻辞"飞龙在天，利见大人"，朱熹释之曰："刚健中正以居尊位，如以圣人之德居圣人之位，故其象如此，而占法与九二同。"⑥ 上九爻辞"亢龙，有悔"，朱熹释之曰："阳极于上，动必有悔，故其象、占如此。"⑦ 用九"见群龙无首，吉"，朱熹释之曰："盖六阳皆变，刚而能柔，吉之道也，故为群龙无首之象，而其占为如是则吉也。"⑧ 我们可以发现，朱熹使用"故其象为""故其占如此""故其象、占如此"频率很高，如此解释，象辞、占辞清楚分明，旨在时时提醒读者注意《周易》一书以象占为基础，本是用于卜筮。

《周易》的卦爻辞多半既有象辞，又有占辞，但有时会遇到没有占辞的情况。这时候只要思考象辞的含义，吉凶的结果自然也会清楚明白，朱熹称之为"占具象中"。如《豫》卦六五爻辞"贞疾，恒不死"，《本义》注云："当豫之时，以柔居尊，沈溺于豫，又乘九四之刚，众不附而处势危，故为

---

① （宋）朱熹：《周易本义》，《朱子全书》第1册，第33页。
② （宋）朱熹：《周易本义》，《朱子全书》第1册，第31页。
③ （宋）朱熹：《周易本义》，《朱子全书》第1册，第31页。
④ （宋）朱熹：《周易本义》，《朱子全书》第1册，第31页。
⑤ （宋）朱熹：《周易本义》，《朱子全书》第1册，第31页。
⑥ （宋）朱熹：《周易本义》，《朱子全书》第1册，第31页。
⑦ （宋）朱熹：《周易本义》，《朱子全书》第1册，第31—32页。
⑧ （宋）朱熹：《周易本义》，《朱子全书》第1册，第32页。

贞疾之象。然以其得中，故又为常不死之象。即象而观，占在其中矣。"① 豫卦六五爻虽然没有占辞，但从象辞"贞疾""常不死"中可以推测出占断的结果：处势危却无性命之虞。这就是"即象而观，占在其中矣"。再如《困》卦九五爻辞"劓刖，困于赤绂，乃徐有说。利用祭祀"，《本义》说："劓刖者，伤于上下。……九五当困之时，上为阴掩，下则乘刚，故有此象。然刚中而说体，故能迟久而有说也，占具象中。又利祭祀，久当获福。"② 从《困》卦九五爻辞看，此爻虽有"劓刖""困于朱绂"等处困之象，然九五阳刚处于外卦兑之中位，且兑卦卦德为悦，所以在经过长时间的穷困之后，必然会苦尽甘来，出现"乃徐有说""利用祭祀"之象。此爻虽然也没有占辞，但朱熹认为，占具象中，观其象则知其最终结果必然吉。再如《坤》卦初六爻辞"履霜，坚冰至"，《本义》认为，此爻也没有占辞，然占意可见于象中，当是戒占者谨慎小心，防微杜渐。如此之类，以证《周易》之本义。

三 文字简易浅近，为读者留下思索空间

《本义》注解的文字力求简短明了，以合于《周易》的易简之理。朱熹说："某之《易》简略者，当时只是略搭记，兼文义伊川及诸儒皆已说了，某只就语脉中略牵过这意思。"③ 这是认为先儒解《周易》，在文义上已经讲得太多，所以不必过分解说。更为重要的原因是，"传注，惟古注不作文，却好看。只随经句分说，不离经意最好。疏亦然。今人解书，且图要作文，又加辨说，百般生疑。故其文虽可读，而经意殊远。程子《易传》亦成作文，说了又说。故今人观者更不看本经，只读《传》，亦非所以使人思也。"④ 这里朱熹谈到了注疏的重要原则：尽可能贴近经文的本义。这就要求注者：一要不离经意，只随经句分说；二是不作文，不随意发挥。他评价程颐的《伊川易传》曰："义理精，字数足，无一豪欠阙。他人著工夫补缀，亦安得如此自然！只是于本义不相合。《易》本是卜筮之书，卦辞爻辞无所不包，看人如何用。程先生只说得一理。"⑤ 又"《易传》言理甚备，象数却欠

---

① （宋）朱熹：《周易本义》，《朱子全书》第1册，第46页。
② （宋）朱熹：《周易本义》，《朱子全书》第1册，第73页。
③ （宋）黎靖德编《朱子语类》，《朱子全书》第16册，第2222页。
④ （宋）黎靖德编《朱子语类》，《朱子全书》第14册，第351页。
⑤ （宋）黎靖德编《朱子语类》，《朱子全书》第16册，第2217页。

在"①。从推求《周易》本义上说，程颐的《伊川易传》没有讲出卜筮的本义，而且程颐着重申发的义理，也不是《周易》中本有的道理，只是程颐借以发挥自己的思想，所以不看《周易》，程颐的《伊川易传》亦自成一书。对于为《周易》作注，朱熹曾以扎灯笼为喻，认为多用一根竹片，灯笼的光亮就会被多遮掩一分，所以注文越是简约，《周易》的思想光辉就越能得到体现，给人留下的思索空间就越大。朱熹的这种看法，把《周易》看得很平易浅近，解释得又透彻圆融，这是以前的学者所没有谈到的。

对于经文的解释，朱熹主张要就浅处说去，如此事事上都有用。例如对于《蒙》卦六五爻"童蒙吉"的解释，朱熹和程颐就很不一样。朱熹解此爻说："柔中居尊，下应九二，纯一未发，以听于人，故其象为童蒙，而其占为如是则吉也。"② 程颐解释说："五以柔顺居君位，下应于二，以柔中之德，任刚明之才，足以治天下之蒙，故吉也。童，取未发而资于人也。为人君者，苟能至诚任贤以成其功，何异乎出于己也？"③ 相较而言，朱熹的解释从分析象、占入手，着眼于卜筮的本义，文字也更加简约。朱熹先从六五爻所处的爻位上解释何以取"童蒙"之象，接着指出"吉"为断语。而按照程颐的解释，就只能用于人君任贤以治理天下事。在朱熹看来，伊川之病在于解得过深了，把卦爻辞所说的内容只当一件事去理解，若是换一种情形，便用不得了。又如《蒙》卦上九爻辞"击蒙，不利为寇，利御寇"，照程颐的解释，就只能作用兵这一件事解，朱熹则认为，作用兵说是可以的，但只能做这一件事，若换作别的事，遇此爻是否可用，程颐就没有讲出来。这说明程颐解得拘泥了。

朱熹的"理定既实，事来尚虚，用应始有，体该本无"④ 一句，也是基于这一理解而提出。理者，卦爻辞所蕴含的事物之理；事者，指未来所要占问之事，虚而待问。理为体，事为用；理已定，事未定。其意即为，天下之理，若正面直言，便只作一件用；唯以象言，则用于卜筮之时，什么事都能应得。稽实待虚讨论的即是"《易》之用所以不穷"的问题。朱熹尝举例说："《易》最难看，须要识圣人当初作《易》之意。且如《泰》之初九，'拔茅茹，以其汇，征吉'，谓其引贤类进也，都不正说引贤类进，而云'拔茅'，

① （宋）黎靖德编《朱子语类》，《朱子全书》第 16 册，第 2218 页。
② （宋）朱熹：《周易本义》，《朱子全书》第 1 册，第 35 页。
③ （宋）程颐：《周易程氏传》，中华书局 2011 年版，第 30 页。
④ （宋）黎靖德编《朱子语类》，《朱子全书》第 16 册，第 2223 页。

何耶？如此之类，要须思看。"① 在朱熹看来，"拔茅茹，以其汇，征吉"，这就是假借虚设之辞。借拔茅连茹之象，表示占者阳刚，则其征吉矣。若直接说出"引贤类进"，虽也合于"拔茅连茹"之象，但所运用者就仅仅限于这一种事情。所以圣人不说"引贤类进"，而是借虚设的"拔茅连茹"之象，这样《周易》之用才能不穷。

四 从各个角度申说《周易》要活解，体现《周易》因卜筮而示教戒之意

与上述观点相应，从易学诠释的角度，朱熹提出了"假托说"。他认为，对于文王、周公所系的卦爻辞，读者千万不能把它理解"死"了。这些象、辞只是虚设，并不沾惹具体的人和事。如此，《周易》中的一卦一爻，才可以容纳无穷事、无穷人。如果以为卦爻辞是指定一事一人，《周易》之用反为所限。所以对于读者而言，解读《周易》的关键是"活"。朱熹从各个角度对这个问题做了回答，这是《本义》的另一个特色。

其一，从卜辞适用的对象看，要活解。朱熹认为，易辞，君有君之用，臣有臣之用，父有父之用，子有子之用，"《易》如一个镜相似，看甚物来都能照得"②。读《周易》譬如人去照镜子，上自天子，下至士庶人，皆有用处，关键是读者要能解得"活"。朱熹再一次谈到了他与程颐的不同之处。程颐解卦必结合真人真事，如《乾》卦处处引舜的事迹，以《乾》之初九为舜侧微时，九二为舜佃渔时，九三为玄德升闻时，九四为历试时等，朱熹认为，如此，三百八十四爻只能当三百八十四件事，这就是将《周易》读"死"了。

其二，从卜辞所对应的卜问者的德行上看，也要活解。朱熹说："《易》中言占者有其德，则其占如是；言无其德而得是占者，却是反说。"③ 意思是若卜者的德行和卜得的辞相合，则卜辞所表示的意思，可以直接从相合的一面解释；不合，则要从卜辞文字的反面加以解释。朱熹认为，自己的这个理解，有《左传》所载古代筮法为证。《本义》解《随》卦卦辞"元亨，利

---

① （宋）黎靖德编《朱子语类》，《朱子全书》第 16 册，第 2223 页。
② （宋）黎靖德编《朱子语类》，《朱子全书》第 16 册，第 2213 页。
③ （宋）黎靖德编《朱子语类》，《朱子全书》第 16 册，第 2192 页。

贞"时说："己能随物，物来随己，彼此相从，其通易矣，故其占为元亨。然必利于正乃得无咎，若所随不正，则虽大亨而不免于有咎矣。《春秋传》穆姜曰：'有是四德，随而无咎。我皆无之，岂随也哉！'今按，四德虽非本义，然其下云云，深得占法之意。"① 朱熹指出，《随》卦"元亨"这句断语，适用于卜问者具备"所随为正"的德行，假若卜问者"所随不正"，则不免有过咎。《左传·襄公九年》所载穆姜之占，在朱熹看来，穆姜以四德解释"元亨，利贞"，虽然不合《周易》之本义，但穆姜认为自己无德，虽卜得此吉辞，也不得善终。对这一理解，朱熹深以为然，这便是以占者是否有德作为解占的根据。

又如《坤》卦六二爻言"直、方、大，不习无不利"，朱熹认为，占者有直、方、大之德，则不习而无不利；若占者无此德，即便虽习也不利。《坤》卦六三爻云"含章可贞，或从王事，无成有终"，朱熹认为，这是指六三爻以阴居阳位，内含章美，可贞以守，因其居内卦之上，不终含藏，始虽无成，后必有终，朱熹由此而推出"爻有此象，故戒占者有此德则如此占也"②。这是说占者若有"含章可贞"之德，卜得的结果便如爻辞所言，始虽无成，后必有终；潜在的另一层理解是，占者若无此德，则须反说，始虽有成，终必无果。

又朱熹于《本义》解释《坤》卦六五爻辞"黄裳，元吉"时指出，南蒯得"黄裳元吉"，以为大吉，结果却如子服惠伯所料，南蒯战败。这是因为卦辞明言"黄裳"则"元吉"，南蒯无"黄裳"之德故结局必不吉。朱熹认为，《左传》所记载的这则筮例，可以说明古人的占法是，占者必德如是，则其占亦如是；若占者德行有缺，筮虽当，其结果必不如是。这样，《周易》一书便可以针对不同情形下不同德行的卜者作出不同的解释，也就实现了《周易》因卜筮以示教戒的目的。

其三，对于卜辞所言占断结果的理解，也要活解。《周易》中有一种情况，就是卜辞显示的结果不好，这种情况是不是就没有办法改变呢？朱熹认为，《周易》中所言凶咎悔吝等断语，是指在此情势下，会有此结果发生，假如卜问者能临遇险境而自求避险之道，则会免于灾咎。如《蒙》卦六四爻辞"困蒙，吝"，朱熹解释说："既远于阳，又无正应，为困于蒙之象。占者

---

① （宋）朱熹：《周易本义》，《朱子全书》第 1 册，第 46 页。
② （宋）朱熹：《周易本义》，《朱子全书》第 1 册，第 33 页。

如是，可羞吝也。能求刚明之德而亲近之，则可免矣。"①《蒙》卦坎下艮上，唯九二、上九为阳爻，其余皆为阴爻，六四爻远离阳爻，与初六爻又不相应，所以此爻有"困于蒙之象"，占者遇此爻，则得困蒙之象，其结果为羞吝，但若当事人"能求刚明之德而亲近之"，就可以免于羞吝。如此吉则去做，凶则避之，也就达到了《周易》因卜筮而示教戒的目的。

又如《小过》卦九三爻辞"弗过防之，从或戕之，凶"，朱熹解释说："小过之时，事每当过然后得中。九三以刚居正，众阴所欲害者也，而自恃其刚，不肯过为之备，故其象、占如此。若占者能过防之，则可以免矣。"②遇此爻，说明当事人自恃其刚，不肯小心戒备，所以被小人所害，爻辞所言本到此为止，然朱熹却又加"按语"，劝诫当事人"过防之"，则可以幸免于难。可见，朱熹主张《周易》要看得活，正反两个方面都理解到，如此，《周易》中所含的圣人之意，即因卜筮而断吉凶以示教戒的本意，才能充分体现出来。

结　语

自朱熹提出《周易》为卜筮之书以后，易学史上与朱熹持不同意见者也代不乏人，如明代蔡清、崔铣，明末清初王夫之，清初胡煦等。在这些学者看来，承认《周易》为卜筮之书与倡扬《周易》作为儒家经典的神圣性，这二者不能两立。然而，朱熹区别"三圣"之《易》，以《周易》为卜筮之书，并非要否定其经典地位，而是看到了《周易》与其他儒家经典的不同之处。《周易》中所蕴含的圣人的教化，不同于《诗》《书》《礼》《乐》《春秋》等经书。《周易》是圣人因卜筮而设教，既有宗教的色彩，又有哲理的含义。《周易》中有教人从善的道理，只不过这个道理是依傍卜筮而说。学《周易》须先了悟象占这一层，再去推说其中的道理，否则便流于空论。所以朱熹本着实事求是的态度，要把《周易》为卜筮之书这个事实讲清楚。朱熹认为，读《周易》，当首先理会卦爻本义，明其象占。有此象则有此占，这就是卦爻本义。看透这个，是第一件事；其次才是结合具体的人、事、时、位，讨论处时应事之法。所以读书人应看透《周易》的本来模样，其与《灵

---

① （宋）朱熹：《周易本义》，《朱子全书》第1册，第35页。
② （宋）朱熹：《周易本义》，《朱子全书》第1册，第85页。

棋经》相似，都只是用于卜筮。

　　总而言之，《周易本义》这部历经二十余年才完稿的著作，并不以畅谈精微的哲学义理为主旨，而是以揭示《周易》一书的性质、启发读者如何读《周易》为出发点。书中对《周易》经传文本的分疏、对《周易》性质的认定、对《周易》注疏的基本原则和方法的体会等，均体现了朱熹作为一代思想大家重视文本本义、实事求是的研究精神，所以至今仍能启迪慧思、开阔眼界，具有弥久的生命力。

朱子仁说与中和说

仁的"偏言"与"专言"

——程朱仁说的专门话题*

向世陵**

摘　要：仁的"偏言"与"专言"话题源自程颐所说"四德之元，犹五常之仁，偏言则一事，专言则包四者"。重点在如何看待仁在整个德性体系中的地位，并涉及仁是作为至善整体还是特定的德目等多方面的问题。程颐通过对《易传》"乾元"和"元亨利贞"的阐释，以"生"为纽带，将四德五常联系为一个整体。以生论仁，既关联存在论的性理，也涵摄宇宙论的生理，力求从仁的"偏言"与"专言"入手揭示出仁的特色和性质。朱熹讨论仁的"偏言"与"专言"，通常是将其纳入"仁者，爱之理，心之德也"的框架之中。基于生气流行，"心之德"可以是"爱之理"，双方既有区别又有联系。仁的至善整体与流行实施中的德目最终相互发明。

关键词：仁；四德；五常；偏言；专言

从"偏言"与"专言"的角度解说仁，起初是程颐仁说中一个比较专门的话题，即由他之解《周易》而来的"四德之元，犹五常之仁，偏言则一事，专言则包四者"①。程颐之论"仁"，自然是其理论本身的需要，但其渊源，却始自先秦以来儒家对于"仁"这一概念的不同界说，以及由此而引起的对仁义礼智诸德关系的认识。鉴于"仁"在儒家思想体系中的核心地位，理学家对此发生兴趣就是理所当然的。其重点在如何看待仁在整个德性体系中的地位，并涉及仁是作为至善整体还是特定的德目等多方面的问题。

---

*　本文原载于《中国哲学史》2008 年第 1 期，收入本书时有修改。

**　向世陵，中国人民大学国学院教授，博士生导师。

①　（宋）程颐：《周易程氏传》卷一，（宋）程颢、程颐《二程集》，王孝鱼点校，中华书局1981 年版，第 697 页。

一 "四德"的经典解释

《周易》乾卦《彖辞》有"大哉乾元！万物资始乃统天"等语，这是程颐言仁之"偏言"与"专言"说的源头。在语词上，"乾元"之称，显系将卦名"乾"与卦辞"元亨利贞"之"元"整合起来的结果。《彖辞》称颂乾元伟大，突出的是乾的创始作用，天地万物均凭借乾元而生起。

唐代孔颖达引《子夏传》的始、通、和、正为元亨利贞"正义"，并将其概括为四德。所谓"此卦自然令物有此四种，使得其所，故谓之四德"①。德者，得也，乾卦凭借其阳性、阳气的创生作用，使所生的万物秉性和谐并得到了最符合它们自身需要的利益。从而，性气合一的生生流行就是乾卦四德的实质，这也是天地间最大的善。圣人则当效法乾元生生而推行此善道。

不过，就《彖辞》自身而言，却既未言善也不及仁，立足善与仁解四德，是《文言》进行再加工的结果。后者曰：

> 元者，善之长也；亨者，嘉之会也；利者，义之和也；贞者，事之干也。君子体仁，足以长人；嘉会，足以合礼；利物，足以和义；贞固，足以干事。君子行此四德者，故曰：乾，元亨利贞。

四德之间，元之长善，实质在长人，而人者仁也，所以善之长便归结到君子的以仁为体和仁爱的普施；其余三德，亨通而合乎礼，必然会有众美之嘉会；物各得其利而不害，体现的乃是义之和谐；而固守正道，则足以成为事之主干。那么，天德一方的元亨利贞，已经演绎成为人世的人伦道德体系，四德由天道进入人道。参照孔颖达的疏解，四德又与春夏秋冬相配，体现的是一年四季生长收藏的气化运行。从而，"'君子体仁足以长人'者，自此已下，明人法天之行此'四德'，言君子之人，体包仁道，泛爱施生，足以尊长于人也。仁则善也，谓行仁德，法天之'元'德也"②。人世间的德性均因法天而来。君子仁道充实又博爱众生，所以能成为人之尊长。就是说，"泛

---

① （唐）孔颖达：《文言传·疏》，《周易正义》，（清）阮元校刻《十三经注疏》，中华书局1980年版，第15页。

② （唐）孔颖达：《文言传·疏》，《周易正义》，（清）阮元校刻《十三经注疏》，第15页。

爱施生"的普遍关爱作为善或仁德，正是君子效法上天"元"德的结果。

在孔颖达看来，天道的四德流贯于人世实际就是仁义礼智，但《文言》本身只言及仁、义、礼而并未及智，这如何能与人世之四德相通呢？而且，如果不是死咬文字的话，孟子当年强调的仁义礼智之性已经可说是人世之四德，并有"四端"与之相呼应。所以孔颖达也需要予以衔接过渡。他的解释是："（元亨利贞）施于王事言之，元则仁也，亨则礼也，利则义也，贞则信也。不论智者，行此四事，并须资于知。"① 就是说，就元亨利贞落实于政事言，表现为仁义礼信，智在这里不是缺失，而是所有这"四事"的施行，都不能离开智慧的运用。所以，智虽未言，却早已融入仁义礼信之中。

孔颖达之解，显然是以五常来回应四德。事实上，在儒家学者看来，五常与四德并无实质性的区别，只是各自对应的天道和解释的侧重有不同，即相对于木火土金水五行，言仁义礼智信五常；相对于春夏秋冬四时，则言仁义礼智四德。所以，孔颖达能方便地将智加入其中，这就为后人直接以仁义礼智诠释四德做好了基本的铺垫。

二 程颐"解仁字之义"

程颐对元亨利贞四德的解释，自然要借鉴汉唐人士的智慧，因而注意四德与五常的关联。对于其间的关系，他的看法是：

> 仁义礼智信，于性上要言此五事，须要分别出。若仁则固一，一所以为仁。恻隐则属爱，乃情也，非性也。恕者入仁之门，而恕非仁也。因其恻隐之心，知其有仁。惟四者有端而信无端。只有不信，更无（一作便有）信。如东西南北已有定体，更不可言信。若以东为西，以南为北，则是有不信。如东即东，西即西，则无（一有不字）信。②

程颐把四德、五常都收归到性上去说。从性上言"五事"，必然会涉及仁的统一与五常之"分别"以及仁性与爱情等方面的关系，还不得不面对如

---

① （唐）孔颖达：《文言传·疏》，《周易正义》，（清）阮元校刻《十三经注疏》，第15页。
② （宋）程颐：《遗书》卷十五，《二程集》，第168页。这里对文中"信"的解释，均参照括号内（原文为小号字）文字。

何处理"信"的问题。在这里，仁作为"一"，实际包含两方面的含义，一是仁本身就是四德或五常之一，作为内在之性，发于外便表现为恻隐之心；二是仁又是一个融贯仁义礼智信五常的整体性概念，能够以一统四，正是仁所具有的品格。至于恕道的"己所不欲，勿施于人"，体现了仁者爱人的精神，意味着凡事出以公心，人我一致而无偏爱。但恕道虽说是入仁之门，又毕竟不等于仁本身。问题到最后，其实是内在的仁义礼智之性与表现于外的"四端"即恻隐等情感的关系问题。四端之所以未涉及信，在于它不是必要，因为信是相对不信而言，也不存在信的情感或发端的问题。

程子又说：

> 仁者公也，人（一作仁）此者也；义者宜也，权量轻重之极；礼者别也（定分）。知者知也，信者有此者也。万物皆有性（一作信）。此五常，性也。若夫恻隐之类，皆情也，凡动者谓之情。（性者自然完具，信只是有此，因不信然后见，故四端不言信。）①

以"公"解仁，突出了爱人的公平无私和普遍性的品格；义、礼、智则表明对对象的把握和处置恰到好处；信却有不同，它只是在确认五常之性的存在。可以说，凡物皆有性，性静而情动，恻隐等便属于性之发动的情感。同时，性本于天而与人的生命同在，这直接就意味着信（性在人身上的成立），故不需另言。只有在天性被障蔽即"不信"的时候才会出现信的问题。那么，在程颐看来，五性之中是"仁义礼智"四德必有而"信"可缺，这既可以说是重视信——四德、五常都必须是实存而不可少；但也表明，理学家的心性（性情）理论建构，可以不需要信的范畴而建立。当然，这并不会危及信作为五常之一在道德规范体系中的地位和作用。

由此，程颐虽也不少论及五常，但往往是作为过渡，重点已转向对仁之义及其与其他诸德关系的考虑。他说：

> 自古元不曾有人解仁字之义，须于道中与他分别出五常，若只是兼体，却只有四也。且譬一身：仁，头也；其他四端，手足也。至如《易》，虽言"元者善之长"，然亦须通四德以言之，至如八卦，《易》之大义在

---

① （宋）程颢、程颐：《遗书》卷九，《二程集》，第105页。

乎此，亦无人曾解来。（乾健坤顺之类，亦不曾果然体认得。）①

"自古元不曾有人解仁字之义"，说明程颐根本否定了汉唐诸儒对"仁"之义的解释。仁作为儒学的核心范畴，在程颐之前已有多方面的揭示，譬如恻隐、孝悌、博爱等。但是，程颐以为它们都有些缺憾。关键的问题是要能从"仁之道"中分别出五常来。如果只是讲仁的"兼体"，仁就只能是与诸德相互平行的概念，而否定了其包容和统属的功能。在程颐看来，仁与其他诸德的关系，如同人的头脑与四肢的关系一样，其主从位置是不应当混淆的。《文言》讲"元者善之长"，并不意味着"元"作为众善之首只是位序的优先，即与随后的亨、利、贞是并列的概念，而是强调仁具有统属四德的性质，它作为"善之长"而顺序演绎成四德，仁德生生而有全体。故通过八卦来揭示的《易》之大义，就是通过乾元来彰显的生生之仁。圣人则因其"体法于乾之仁"而能"长人"，而"体仁，体元也"②。《文言》的体仁，归结到圣人（君长）效法于乾元而长人上。

从卦象上说，乾为天，但天又有"专言"与"分言"之别："夫天，专言之则道也，天且弗违是也；分而言之，则以形体谓之天，以主宰谓之帝，以功用谓之鬼神，以妙用谓之神，以性情谓之乾。"③ 就此来看，"天"之一词，如果分从形体、主宰、功用、妙用或性情的不同方面言，可以天、帝、鬼神、神、乾的不同概念去表述；但若专就"天"本身来讲，其实就是一个道。"专"之字，在程颐眼中有专门、专一、专擅等内涵，"专言"即意味专门集中言，并带有整体而非部分的意义："如乾有元亨利贞四德，缺却一个，便不是乾，须要认得。"④ 与之对应的"分言"，自然是分别就"天"的一个方面特征而言之，这可以从生生流行与横向展开的不同角度去进行揭示。比方说，"元专为善大，利主于正固，亨、贞之体，各称其事。四德之义，广矣大矣。"⑤ 四德之义的广大，由乾元的"善大"步步引出，"善之长"是仁德，也是贯通四德的最重要的性质。

因而，程颐又说：

① 程颐：《遗书》卷十五，《二程集》，第154页。
② （宋）程颐：《周易程氏传·文言》，《二程集》，第699页。
③ （宋）程颐：《周易程氏传·乾》，《二程集》，第695页。
④ 程颐：《遗书》卷十九，《二程集》，第248页。
⑤ （宋）程颐：《周易程氏传·乾》，《二程集》，第695页。

大哉乾元，赞乾元始万物之道大也。四德之元，犹五常之仁，偏言则一事，专言则包四者。万物资始乃统天，言元也，乾元统言天之道也。天道始万物，物资始于天也。①

乾元的伟大，就在于其所贡献的创始万物之道。四德、五常的意义也都应建立在这一基础之上。程颐以五常之仁解说四德之元，立足点可以说是仁的生意。"偏言"就是"分言"，即只就每一德或每一常自身而论，着重在这"一事"自身的性质、表现及特征等；"专言"在此则不仅有专门集中言之义，更是突出了包容统属的功能。因为不论四德的亨、利、贞还是五常的义、礼、智、信，都来源于乾元或仁的生气流行，它们作为不同的德目，各有其自身存在的价值和特色，但终究又依赖并被包含在元或仁的善之统体之中。从而，天地万物、人伦五常间的关系，就是一种既有主从之分又相互发明、既有整体一贯又有各自特色而不能互相代替的结构。

程颐提出仁义礼智的"偏言"与"专言"说，中心都是围绕仁说话，因为仁事实上具有不同的性能，不可能以一个标准来限定之。孟子当年讲仁义礼智"我固有之"，并通过恻隐、羞恶、辞让（恭敬）、是非等"四心"而表现为人的不同道德情感及意志行为。这里虽然突出了四德的区分，但它们四者毕竟又构成一个同"根于心"的德性整体，故其区分与总成都有自己的道德价值，都是不可或缺的存在。

但是，孟子终究没有合性理与生理为一的仁的概念，仁主要作为德性、情感存在而非生生之源，所以四德虽内在却不构成一个有机的系统。后来韩愈讲仁、义、道、德的顺序递进，仁义已随道德主体的践行而富逻辑性地展开，相互间已具有一种有机的关联。② 到程氏兄弟，随着对《易》之"生意"和"生之谓性"等命题的重新审视和吸纳，生气的流行已成为他们仁学理论建构必不可少的内在黏合剂。比方程颢说：

---

① （宋）程颐：《周易程氏传·文言》，《二程集》，第 697 页。
② 韩愈云："博爱之谓仁，行而宜之之谓义，由是而之焉之谓道，足乎己无待于外之谓德。仁与义为定名，道与德为虚位。"见（唐）韩愈《原道》，《韩昌黎全集》，中国书店 1991 年版，第 172 页。韩愈这里既是对儒家"道德"的定位，也在一定程度上回应了《老子》失道德而后有仁义的去仁义的"道德"观。

"天地之大德曰生","天地絪缊，万物化醇","生之谓性"，万物之生意最可观，此元者善之长也，斯所谓仁也。人与天地一物也，而人特自小之，何耶？①

将韩愈的仁、义、道、德代入，"生"之所以能作为天地之大德，就在于它在根本上促成了仁之善德源源不绝地生长，并通过天地气运交感而完成凝聚各自形体性命的过程，使普遍之善凝聚为个体之性（善）。在此人与天地"一物"的意义上，人之爱人，其实就是人物同一的普遍仁性付诸实现，而不应当自我局限。人禀受了此必然的生意，恻隐之心的生发就是十分自然的过程。

程颐同样以"生道"定义仁心的发端，认为"恻隐之心，人之生道也"②。而且，"心譬如谷种，生之性便是仁也"③。恻隐之心的触发，正赖于由生意而来的仁性的发动；而一当仁性发动，乾元生生，义、礼、智诸德遂会因时因地而生成。此一机制颇受朱熹推崇，他称赞"程子'谷种'之喻甚善。若有这种种在这里，何患生理不存！"④ 随此生意而下，"仁流行到那田地时，义处便成义，礼、智处便成礼、智。且如万物收藏，何尝休了，都有生意在里面"⑤。当然，程颐本人并未有朱熹这样的明确论述，但从其乾元始万物的道理和"体仁，体元也"⑥ 的原则来说，因生意而有四德的有机整体，也是符合程颐的思想逻辑的。

三 朱熹解"偏言""专言"的融会贯通

以生论仁，既关联存在论的性理，也涵摄宇宙论的生理，重在从仁的"偏言"与"专言"入手揭示出仁的特色和性质。程颐通过对《易传》"乾元"和"元亨利贞"的阐释，以"生"为纽带，已将四德、五常联系为一个整体。但是，作为话题的提出者，程颐自己对区分仁之"偏言"与"专言"

---

① 程颢：《遗书》卷十一，《二程集》，第120页。
② 程颐：《遗书》卷二十一下，《二程集》，第274页。
③ 程颐：《遗书》卷十八，《二程集》，第184页。
④ （宋）黎靖德编《朱子语类》卷五十九，王星贤点校，中华书局1986年版，第1406页。
⑤ （宋）黎靖德编《朱子语类》卷六，第113页。
⑥ （宋）程颐：《周易程氏传·文言》，《二程集》，第699页。

毕竟没有作出更多的发明，而且本身也存在灵活解释的问题。他留给后来的学者及其仁说理论的，更主要是一个方法论意义的工具或标准。朱熹在与其弟子的交流中对此便多有讨论。例如：

> （朱熹）又曰："天之生物，便有春夏秋冬，阴阳刚柔，元亨利贞。以气言，则春夏秋冬；以德言，则元亨利贞。在人则为仁义礼智，是个坯朴里便有这底。天下未尝有性外之物。仁则为慈爱之类；义则为刚断之类；礼则为谦逊；智则为明辨；信便是真个有仁义礼智，不是假，谓之信。"问："如何不道'鲜矣义礼智'，只道'鲜矣仁'？"曰："程先生《易传》说：'四德之元，犹五常之仁，专言则包四者，偏言之则主一事。'如'仁者必有勇'，便义也在里面；'知觉谓之仁'，便智也在里面。如'孝弟为仁之本'，便只是主一事，主爱而言。如'巧言令色，鲜矣仁'，'泛爱众，而亲仁'，皆偏言也。如'克己复礼为仁'，却是专言。才有私欲，则义礼智都是私，爱也是私爱。"①

春夏秋冬、元亨利贞、仁义礼智，都可以解释为天（乾元）之生物的过程。"坯朴里便有这底"，说明仁性内在，随其生发和流行于人世，表现为真实可信的四德、五常及其慈爱、刚断、谦逊、明辨诸情感品行。但学生的问题也由此开始，即孔子说"巧言令色，鲜矣仁"而不说"鲜于义礼智"，这当作何理解？朱熹于是以程颐论"专言"和"偏言"作为鉴别标准去规范孔门的论仁诸说，他为此举过不少例证，就此段论述而言，"孝弟为仁之本""巧言令色，鲜矣仁""泛爱众，而亲仁"等被划归偏言，而"仁者必有勇""知觉谓之仁""克己复礼为仁"等则成为专言。

具体来说，一方面，"孝弟为仁之本""泛爱众，而亲仁"之间尽管也有孝亲与泛爱众的差别，但总体都是围绕爱人发论，并不涉及仁与其他德性的关联，故朱熹归之于偏言；而学生发问的"巧言令色，鲜矣仁"，言下之意是"鲜矣"也应当包含义、礼、智在内——这实际上是将仁视作专言。朱熹对此没有直接回答，他在《论语集注》中曾引程子的"知巧言令色之非仁，

---

① （宋）黎靖德编《朱子语类》卷二十，第 476 页。

则知仁矣"说明，巧言令色"绝无"仁，或曰仁者决不会巧言令色。① 而在此处，由于只是针对"巧言令色"者绝非真心爱人这一事，尚未涉及刚断、谦逊、明辨等其余德性的问题，仁在此与义、礼、智之间便是并列而非包容的关系，故仍归于偏言。另一方面，智、仁、勇三达德本为一体，《中庸》称"所以行之者一也"，即言一已含三，故归于专言；至于"克己复礼为仁"，由于在克己去私或曰"为公"的氛围下，内在之仁昭显，义、礼、智本来已融于这一功夫之中，四德贯通为一个整体，故当属于专言的范畴。

不过，朱熹讨论仁的"偏言""专言"问题，常常又是将其纳入"仁者，爱之理，心之德也"② 的框架中去处理的，体现出他对这一问题更多的思考，如说："'爱之理'，是'偏言则一事'；'心之德'，是'专言则包四者'。故合而言之，则四者皆心之德，而仁为之主；分而言之，则仁是爱之理，义是宜之理，礼是恭敬、辞逊之理，知是分别是非之理也。"③ 如此的分合，可以放在他的理一分殊格局来看，即凡有一物便有一物之理，理虽不可见，但从发于外的爱、宜、恭敬辞逊、分别是非的行为，可推知它们各自都源于其内含之理；而所有分殊之理又统一到仁这一总理即心之德中，此种仁包四德的心之德，就是朱熹的"保合太和"④。那么，如此的分合就不只是概念的辩解，在现实中，由于仁作为"生理"而发生作用，它实际表现为一体连续的过程。如称：

> 先生曰："某寻常与朋友说，仁为孝弟之本，义礼智亦然。义只是知事亲如此孝，事长如此弟，礼亦是有事亲事长之礼，知只是知得孝弟之道如此。然仁为心之德，则全得三者而有之。"又云："此言'心之德'，如程先生'专言则包四者'是也；'爱之理'，如所谓'偏言则一事'者也。"又云："仁之所以包四者，只是感动处便见。有感而动时，皆自仁中发出来。仁如水之流，及流而成大池、小池、方池、圆池，池虽不同，皆由水而为之也。"⑤

---

① 朱熹云："圣人辞不迫切，专言鲜，则绝无可知，学者所当深戒也。程子曰：'知巧言令色之非仁，则知仁矣。'"见《论语集注·学而》，《四书章句集注》，中华书局1983年版，第48页。
② （宋）朱熹：《论语集注·学而》，《四书章句集注》，第48页。
③ （宋）黎靖德编《朱子语类》卷二十，第466页。
④ （宋）黎靖德编《朱子语类》卷二十，第468页。
⑤ （宋）黎靖德编《朱子语类》卷二十，第466页。

孝悌是根基性的道德践履，但它之生成又依赖于内在的仁性，并表现为对父母兄弟的亲爱之情；相应地，义、礼、智分别体现在践行孝悌的适宜恰当、礼仪周全及对孝悌之道的认知把握上。就此分别地看待仁义礼智各自的特性和表现，都可归于偏言；但是，四德又都依存于心并统一于孝悌的行为，再由孝悌（亲亲）推广到仁民、爱物，使仁的价值得到完全的实现。就后者论，仁作为心之德，已将义、礼、智包容在内，随事有感而发。不论仁的发作流动怎样表现，如水流成池而有大小方圆，但总之都是同一水所造成，事实上是同一个仁，所以谓之专言。偏言与专言在朱熹看来又是可以相互过渡的。

因此，偏言和专言，实际是一种既分又合的关系。譬如朱熹对"小仁"和"大仁"的分析："恰似有一个小小底仁，有一个大大底仁。'偏言则一事'，是小小底仁，只做得仁之一事；'专言则包四者'，是大大底仁，又是包得礼义智底。若如此说，是有两样仁。不知仁只是一个，虽是偏言，那许多道理也都在里面；虽是专言，那许多道理也都在里面。"①"小仁"与"大仁"的比喻不是不可以，因为这有助于认识清楚各自的定位和内涵，但又不能以僵化的态度去截然对待。在根本上，仁只有一个，偏言与专言是从不同层面对仁之意蕴的阐发。所以，对于仁的"偏言"与"专言"问题，"看得界限分明"只是问题的一面，更要注意到双方的相互包容："说着偏言底，专言底便在里面；说专言底，则偏言底便在里面。"② 如在孟子看来，说"仁，人心也"是谓专言之仁，因为义、礼、智本是仁心发散的产物；但同时孟子又言"仁之实，事亲是也"，是特指孝亲这一事，仁又成为偏言。所以"专言"与"偏言"都是基于"相关说"的。③

"相关说"者关联孔子论仁的不同解答，但还有一种情况，即同一句话既可以是偏言又能够归于专言，例如前面提及的"巧言令色，鲜矣仁"，朱熹是归于偏言；但他又认为"巧言令色，鲜矣仁"如从心之德的视域去看④，又可以归于专言。之所以如此，基本点仍在于生气流行，"心之德"便可以是"爱之理"也。朱熹解答说：

> "'爱之理'，便是'心之德'。公且就气上看。如春夏秋冬，须看他

---

① （宋）黎靖德编《朱子语类》卷六，第111—112页。
② （宋）黎靖德编《朱子语类》卷二十，第463页。
③ （宋）黎靖德编《朱子语类》卷二十，第463页。
④ （宋）黎靖德编《朱子语类》卷二十，第467页。

四时界限，又却看春如何包得三时。四时之气，温凉寒热，凉与寒既不能生物，夏气又热，亦非生物之时。惟春气温厚，乃见天地生物之心。到夏是生气之长，秋是生气之敛，冬是生气之藏。若春无生物之意，后面三时都无了。此仁所以包得义礼智也，明道所以言'义礼智皆仁也'。今且粗譬喻，福州知州，便是福建路安抚使，更无一个小底做知州，大底做安抚也。今学者须是先自讲明得一个仁，若理会得后，在心术上看也是此理，在事物上看也是此理。若不先见得此仁，则心术上言仁与事物上言仁，判然不同了。"又言："学者'克己复礼'上做工夫，到私欲尽后，便粹然是天地生物之心，须常要有那温厚底意思方好。"①

"爱之理"与"心之德"的沟通，需要从一气流行又有四时界限上去看。一方面，四时之气温、凉、寒、热，各有其性，凉、寒、热之性本身不能生物，只有温厚的春气，才是天地生物之心的最真实的体现。但另一方面，春气温厚又不止于一时，它是流动不息的。在充满生物之意的春气熏陶下，夏、秋、冬的热、凉、寒之性被化解，热成为生气之长，凉成为生气之敛，寒则成为生气之藏，一切融入整体的生意之中。不论是观念上辨仁，还是实践中施仁，都能够贯通无碍。从此生意看问题，便能够领会程颢之言"义礼智皆仁也"的意义。朱熹举例是福建路安抚使通常由福州知州兼任，两个职位是同一个人任，对这同一人来说，州之专守与路之巡察即偏言与专言是整合为一体的。

那么，从根本上说，只要生生不息，便仁德常在。"盖仁之为道，乃天地生物之心，即物而在，……诚能体而存之，则众善之源、百行之本，莫不在是。"② 一切都要归到天地生物之心上说，天地人物的情感发用，都是此心的作用和表现。仁作为众善之源、百行之本，关键在能否亲切体验。所以一旦能祛除己私，人的居处、执事、事亲、事兄直至恕物的各种活动，都是仁体的流行。所谓"在天地则块然生物之心，在人则温然爱人利物之心，包四德而贯四端者也"③。

因而，不论是仁的"偏言"与"专言"，还是"爱之理"与"心之德"，

---

① （宋）黎靖德编《朱子语类》卷二十，第467页。
② （宋）朱熹：《仁说》，《朱文公文集》卷六十七，《朱子全书》第23册，上海古籍出版社、安徽教育出版社2002年版，第3280页。
③ （宋）朱熹：《仁说》，《朱文公文集》卷六十七，《朱子全书》第23册，第3280页。

重点仍在仁的融会贯通。如果真正明白了"仁"之义，则双方的沟通便不是问题。按朱熹《仁说》的归纳：

> 盖天地之心，其德有四，曰元亨利贞，而元无不统。其运行焉，则为春夏秋冬之序，而春生之气无所不通。故人之为心，其德亦有四，曰仁义礼智，而仁无不包。其发用焉，则为爱恭宜别之情，而恻隐之心无所不贯。故论天地之心者，则曰乾元、坤元，则四德之体用不待悉数而足。论人心之妙者，则曰"仁，人心也"，则四德之体用亦不待遍举而该。①

朱熹的仁说从《易传》走过来，强调君子"以仁为体，则无一物不在所爱之中"②。不论是春夏秋冬，还是元亨利贞，由于仁之生意的不可断绝，仁义礼智四德的一以贯之就是必然的。分别从体用关系说，在体一方，仁包容仁义礼智而构成整体的德性；在用一方，爱恭宜别之情统一于恻隐而无所不贯，相对于"偏言"的特定发明，朱熹可能更看重"专言"的一体流行。不过有别于程颐的只重乾元，朱熹关联乾元坤元去阐释生生，四德各自的体用，实际上都可统一到仁德自身的体用关系上。基于生气流行，仁的至善整体与流行实施中的德目最终相互发明。学者之所以需要在"克己复礼为仁"上下功夫，就在于克尽己私才能使仁性昭显，私欲去而公（天）理显，普天下流行的是同一个温厚生意，无所适而不在。

---

① （宋）朱熹：《仁说》，《朱文公文集》卷六十七，《朱子全书》第 23 册，第 3279—3280 页。
② （宋）朱熹：《文言传·疏》，《周易本义》，苏勇校注，北京大学出版社 1992 年版，第 162 页。

朱子论天地以生物为心[*]

唐文明^{**}

摘　要： 朱子在《仁说》中明确提出天地以生物为心的思想，但要充分理解这一思想，最好结合《太极图说解》：周敦颐太极图的五层圈实际上与《易传》"易有太极，是生两仪，两仪生四象，四象生八卦，八卦定吉凶"直接对应，且其中第四层圈"乾道成男，坤道成女"的确切含义即是以八卦命名的家庭人伦秩序；按照朱子的理解，我们可以推知，太极图每相邻的两层都有天地之心的作用，也就是说，太极图其实也可以称作天地之心图；朱子特别重视天地之心的主宰含义，在其思想架构中，天地之心的理论功能是统合理气，也就是说，与工夫论层面的心统性情相应，宇宙论层面则是心统理气。

关键词： 朱子；周敦颐；天地之心；太极图

《仁说》一文，是朱子中和新悟之后所作，对于理解朱子的思想有着极其重要的意义。① 《仁说》分五段，除最后一段只是一句写作说明外，前面四段从结构上来说包括总论、拓论与驳论三部分。第一段是总论，提出一篇的核心观点，即以天地之心说仁，具体内容包括三层意思：天地以生物为心；人物之生，各得夫天地之心以为心；心之德之总名曰仁。第二段是拓论，是对总论的进一步展开，包括两部分内容：先讲心之德，以仁包四德说明心之德何以总摄贯通无所不备；后讲心之道，以即物而在说明道无非天地之心的

＊　本文原载于《清华大学学报》（哲学社会科学版）2019 年第 1 期，收入本书时有修改。

＊＊　唐文明，清华大学哲学系教授，主要研究方向为伦理学、中国哲学、宗教学。

①　陈来认为，《仁说》作于乾道壬辰，即朱子 43 岁时。参见陈来《朱子哲学研究》，华东师范大学出版社 2000 年版，第 221 页。牟宗三在《心体与性体》第三册用了近 200 页的篇幅专章论述朱子《仁说》及与《仁说》相关的论辩过程，显然他意识到《仁说》一文的重要性，尽管他对朱子在宋明儒学史上的地位的评价充满偏见。参见牟宗三《心体与性体》，上海古籍出版社 1999 年版。

临在与充满，然后聚焦于情之未发、已发引出圣贤工夫即在求仁，而归之于克己复礼。① 第三段和第四段是驳论，辩驳程门弟子在工夫问题上的游离与偏失。本文结合《太极图说解》及《朱子语类》中的相关文献记载，探讨总论中的"天地以生物为心"。

在现代以来关于宋代儒学的研究中，只有少数学者把天地作为单独的主题加以探讨。大多数学者在讨论相关问题时往往聚焦于太极与天地万物之间的关系这一主题。在这样一个问题化的方式中，天地与万物被合并在一起笼统言之，并不一定分开进行专门的讨论。既然天地是万物的创生者，那么，严格来说，天地不能被等同于万物。因此，在理解朱子"天地以生物为心"的观点时，首先将天地作为单独的主题提出来是有意义的。

然而，仅从《仁说》一篇并不能呈现朱子对天地的深层看法。就朱子的思想体系而言，《太极图说解》其实是进入天地主题的一个恰当线索。周敦颐的《太极图说》以赞易作结，且在结尾处引用了《易传》中的两段话："故曰：'立天之道曰阴与阳，立地之道曰柔与刚，立人之道曰仁与义。'又曰：'原始反终，故知死生之说。'"朱子在解释这两段引文时说：

> 阴阳成象，天道之所以立也；刚柔成质，地道之所以立也；仁义成德，人道之所以立也。道，一而已，随事著见，故有三才之别，而于其中又各有体用之分焉，其实则一太极也。阳也，刚也，仁也，物之始也；阴也，柔也，义也，物之终也。能原其始而知所以生，则反其终而知所以死矣。此天地之间，纲纪造化，流行古今，不言之妙。圣人作《易》，其大意盖不出此，故引之以证其说。②

将朱子这里的解释与周敦颐所传太极图的五层圈对照起来看，我们能够得到这样的理解：太极图中的第一层圈是太极，我们知道朱子以理言之；第二层圈是阴阳，对应于天道；第三层圈是五行，对应于地道；第四层圈是男女，对应于人道；第五层圈指向生活世界，对应于万物化生之道。这个理解的要点首先当然在于朱子继承周敦颐援引《易传》来解释太极图，即以阴阳

---

① 有些版本也将这一段分为两段，以两个"盖"字起头。
② （宋）朱熹：《太极图说解》，《朱子全书》（修订本）第13册，上海古籍出版社、安徽教育出版社2010年版，第76页。

论天道，以五行（刚柔）论地道，其次还在于朱子以阴阳与五行分论气与质，所谓"阴阳五行，气质交运"，类似的说法也见诸《朱子语类》：

> 阴阳是气，五行是质。有这质所以做得物事出来。五行虽是质，他又有五行之气做这物事，方得。然却是阴阳二气截做这五个，不是阴阳外别有五行。[①]

从这里"不是阴阳外别有五行"的引文可以清楚地看到，说太极图的第二、三、四层圈分别对应于天、地、人之道，并非在提出一种将三者隔绝的理解，恰恰相反，《太极图说》显然是要强调太极到万物之间的连续性。但也恰恰是在连续性这一运思方向上，太极图中仍有隐含的意蕴至今没有被揭示出来。朱子明确说到了第二层圈与第一层圈、第三层圈与第二层圈之间的关系：阴阳无非太极，太极以动静呈现于阴阳，所以阴阳属气，太极具焉；五行无非阴阳，阴阳不分则不合，分而相合则有四，故阴阳之流行有五，谓之五行。那么，在第四层圈与第三层圈、第五层圈与第四层圈之间，是否也存在类似于第二层圈与第一层圈、第三层圈与第二层圈之间的关系呢？

答案无疑是肯定的，否则整个太极图就会出现一种不应有的断裂。第四层圈与第三层圈之间的关系，也就是"乾道成男，坤道成女"与五行之间的关系。那么，究竟该如何理解这里的人道与地道之间的关系呢？一个现成的看法似乎是，既然人得阴阳五行之秀气而生，那么，分为男女不同性别的人类与前一层的五行就具有连续性。这个理解自然没有错，但并没有把这一关系的全部意蕴揭示出来。既然周敦颐引用《易传》天道、地道、人道来对应中间这三层圈，那么，第四层圈就不是简单地说明人作为一个种类得阴阳五行之秀气，而是试图刻画人道。于是问题就在于：究竟如何理解人道？朱子依据《易传》解释说："仁义成德，人道之所以立也。"思考到这一步，答案或许就呼之欲出了，只要我们不忽略仁义与人伦的紧密关联。孟子说："仁之实，事亲是也；义之实，从兄是也。"（《孟子·离娄上》）既然仁义之实是事亲从兄，那么，人道无非就是人伦之道。回到太极图，我们不难想到，第

---

① （宋）黎靖德编《朱子语类》卷一，《朱子全书》（修订本）第14册，第123页。朱子论阴阳五行，推崇邵雍和张载，故《朱子语类》卷一中有这样的记载："论阴阳五行，曰：'康节说得法密，横渠说得理透'。"见《朱子全书》（修订本）第14册，第124页。

四层圈"乾道成男，坤道成女"的确切含义实际上就是在《周易》中以八卦命名的家庭人伦秩序：乾坤为父母，生养了长男、长女、中男、中女、少男、少女六个子女。其实，另一个理解的途径是，周敦颐所传太极图实际上与《周易》中论及八卦的那段话是完全对应的："易有太极，是生两仪，两仪生四象，四象生八卦，八卦定吉凶。"请注意这里的对应关系：两仪对应于天道，四象对应于地道，八卦对应于人道。① 也就是说，太极图中"乾道成男，坤道成女"这一层圈对应于八卦，其切实的伦理含义即指向由夫妇、父子、兄弟共同构成的家庭人伦秩序，此即王夫之所谓"圣学为人道之本"②。

---

① 在《阴阳与象数》一文中，笔者曾经指出，《周易》中论及太极与八卦的那段话与《老子》中"道生一，一生二，二生三，三生万物"的看法也是完全一致的，并进而指出了很多流行的错误理解，其中关键的是要意识到，《老子》中的"道"对应于《周易》中的"太极"，"一"对应于"两仪"，"二"对应于"四象"，"三"对应于"八卦"。见万俊人主编《清华哲学年鉴2005》，当代中国出版社2007年版。在这一理解中，四象与五行属于同一个层次，至于为何在这里呈现四与五的差异，尚需专门论述。

② 王夫之《张子正蒙注》卷九《乾称篇上》云："此篇张子书于四牖示学者，题曰《订顽》；伊川程子以启争为疑，改曰《西铭》。龟山杨氏疑其有体无用，近于墨氏，程子为辨明其理一分殊之义，论之详矣。抑考君子之道，自汉以后，皆涉猎故迹，而不知圣学为人道之本。然濂溪周子首为《太极图说》，以究天人合一之原，所以明夫人之生也，皆天命流行之实，而以其神化之粹精为性，乃以为日用事物当然之理，无非阴阳变化、自然之秩叙，有不可违。然所疑者，自太极分为两仪，运为五行，而乾道成男，坤道成女，皆乾、坤之大德，资生资始，则人皆天地之生，而父母特其所禅之几，则人可以不父其父而父天，不母其母而母地，与《六经》、《语》、《孟》之言相为蹠盭，而与释氏真如缘起之说虽异而同。则濂溪之旨，必有为推本天亲合一者，而后可以合乎人心，顺乎天理而无敝。故张子此篇不容不作，而程子一本之说，诚得其立言之奥，而释学者之疑。窃尝沉潜体玩而见其立言之精。其曰'乾称父，坤称母'，初不曰'天吾父，地吾母'也。从其大者而言之，则乾坤为父母，人物之胥生，生于天地之德也固然矣；从其切者而言之，则别无所谓乾，父即生我之乾，别无所谓坤，母即成我之坤。惟生我者，其德统天以流形，故称之曰父；惟成我者，其德顺天而厚载，故称之曰母。故《书》曰：'唯天地万物父母'，统万物而言之也；《诗》曰：'欲报之德，昊天罔极'，德者，健顺之德，则就人之生而切言之也。尽敬以事父，则可以事天者在是；尽爱以事母，则可以事地者在是；守身以事亲，则所以存心养性而事天者在是；推仁孝而有兄弟之恩、夫妇之义、君臣之道、朋友之交，则所以体天地而仁民爱物者在是。人之与天，理气一也，而继之以善，成之以性者，父母之生我，使我有形色以具天性者也。理在气之中，而气为父母之所自分，则即父母而溯之，其德通于天地也，无有间矣。若舍父母而亲天地，虽极其心以扩大而企及之，而非有恻怛不容已之心，动于所不可昧。是故于父而知乾元之大也，于母而知坤元之至也，此其诚之必几，禽兽且有觉焉，而况于人乎！故曰'一阴一阳之谓道'，乾、坤之谓也；又曰'继之者善，成之者性'，谁继天而善吾生？谁成我而使有性？则父母之谓矣。继之成之，即一阴一阳之道，则父母之外，天地之高明博厚，非可蹑等而与之亲，而父之为乾，母之为坤，不能离此以求天地之德，亦昭然矣。张子此篇，补天人相继之理，以孝道尽穷神知化之致，使学者不舍闺庭之爱敬，而敬致中和以位天地、育万物之大用，诚本理之至一者以立言，而辟佛、老之邪迷，挽人心之横流，真孟子以后所未有也。惜乎程、朱二子引而不发，未能洞示来兹也！"见王夫之《张子正蒙注》，（转下页注）

第五层圈与第四层圈之间的关系，即万物化生之道与人道的关系。①周敦颐《太极图说》在说明这种关系时诉诸人极："惟人也，得其秀而最灵。形既生矣，神发知矣，五性感动而善恶分，万事出矣。圣人定之以中正仁义而主静，立人极焉。"朱子在解释这一段时正是以天地之心论人极：

> 盖人物之生，莫不有太极之道焉。然阴阳五行，气质交运，而人之所禀独得其秀，故其心为最灵，而有以不失其性之全，所谓天地之心，而人之极也。然形生于阴，神发于阳，五常之性，感物而动，而阳善、阴恶又以类分，而五性之殊散为万事。盖二气五行，化生万物，其在人者又如此。自非圣人全体太极有以定之，则欲动情胜，利害相攻，人极不立，而违禽兽不远矣。②

一方面，人之为人，在于与万物相比"其心为最灵"，"有以不失其性之全"，在于天地之心；另一方面，人禀受天地之气以为形体，不免驳杂而有利欲之求。正是人的这两个不同方面共同决定了人在三才之道中的独特地位：

（接上页注②）中华书局1975年版，第313—315页。王夫之这一段话概括性很强，指出周敦颐《太极图说》对宇宙秩序的开示在关键处尚欠明晰，而张载的《西铭》则将宇宙秩序中的差等性进一步呈现出来了，程颐则以其理一分殊之论进一步表达出对差等的高度尊重，揭示了周、张二人立言的奥秘，解释了后学者可能的疑惑，虽然他也批评"程、朱二子引而不发，未能洞示来兹"。其实，正如程颐明确提出"理一分殊"使我们对于《西铭》不会再有杨时那样的疑惑或可能的误解一样，只要我们明确指出《太极图说》中第四层圈的"乾道成男，坤道成女"对应于指向家庭人伦秩序的八卦系统，那么，对于《太极图说》中的宇宙秩序及其伦理含义，类似的疑惑或可能的误解也就不会再有了。相应地，认为《太极图说》并未呈现儒教宇宙观从而质疑周敦颐是否有资格成为理学开山鼻祖也就是多余的了。

① 以地道、人道与万物之道分别刻画《太极图说》的第三、四、五层圈，或许还需要解释一些可能的疑惑。有人会说，既然第三层圈的五行就已经是在讲万物了，那么，这与第五层圈讲万物如何区别？还有，既然人也属于万物，那么，将人道置于地道与万物之道之间的理据何在？这两个疑惑显然具有一定的相关性，对此笔者的回答是，第三、四、五层圈的确皆可关联于万物来理解，但各自的关联方式并不相同，具体来说，第三层圈指向万物的产生，因而还停留于对万物的质的分类，即五行；第四层圈则是从万物中分出人类这一独特的物种，就其独特性而言则在于人的性不同于其他物种的性，因而也可以说是进一步对万物的性的分类；第五层圈则指向万物的化生，包含着应然的维度，因而不再停留于分类，而是指向具体的生活世界，由具体的人来照管具体的事物，要求对于个体的差异给予充分的尊重，且以"各正性命、保合太和"为人文化成的理想方向。因此，从程、朱等人更成熟、更完善的理学形态看，《太极图说》所揭示的，正是理一分殊的宇宙化生过程。

② （宋）朱熹：《太极图说解》，《朱子全书》（修订本）第13册，第74页。依据陈来的看法，《太极图说解》初稿成于乾道庚寅，定稿成于乾道癸巳。见陈来《朱子哲学研究》，第77页。

作为有行动能力的践行者，人是道得以流行的最关键因素。人若利欲熏心而不以天地之心主之则道断不能行，道不能行则万物不能各得其所。万物的成就离不开人的精心呵护与照看，而天地之心正是人能够呵护和照看万物的终极依凭，所以才能说"苟非此心寂然无欲而静，则亦何以酬酢事物之变，而一天下之动哉"[①]。换言之，如果说天地是万物的创造者，那么，人就是万物的成就者。无疑这正是《易传》关于人与万物的关系的核心思想，也是孟子说"万物皆备于我"的确义。因此，第五层圈与第四层圈之间的关系应当这么来理解：人天生就是万物的成就者，因其有最灵之心，能得天地之心以为心。在这个意义上，人其实就是道的枢纽，人文化成就是宇宙运行的一个本来向度。

不难注意到，如此理解的两层圈之间的关系和前面几层圈之间的关系似乎并不在同一个意义上：前面几层圈之间的关系看起来是在描述实然，这两层圈之间的关系则是在启示应然。既然人能够赞天地之化育的根本原因在于人能得天地之心以为心，那么，这里就不存在实然与应然的断裂，反倒是说，实然要求应然，应然成就实然。换言之，只要还能在包含天、地、人三极的宇宙目的论的高度上理解人的意义，也就是把握住了人在三才之道中的地位与功能，实然与应然就保持着原始的统一性。

因此，概括来说，太极图的五层圈分别对应于太极、天道、地道、人道和万物之道，太极通贯于天，天通贯于地，地通贯于人，人总承太极天地而通贯于万物。[②] 如果皆以道之总名来刻画的话，那么，可以说，太极为道之源，天为道之运，地为道之行，人为道之枢，万物为道之器。这也意味着，就人的认知而言，论天不能脱离太极，论地不能脱离天，论人不能脱离地，论物不能脱离人，一环承接一环，一环紧扣一环。

在基本上澄清了朱子在理气论思想架构中如何理解天地之后，我们就可以直接探讨朱子关于天地之心的看法了。[③] 关于天地有心还是无心，朱子与

---

① （宋）朱熹：《太极图说解》，《朱子全书》（修订本）第 13 册，第 75 页。

② 前文说"人道无非就是人伦之道"，是仅就人的生活秩序而言，是狭义的人道；这里说"人总承太极天地而通贯于万物"，也可以说是广义的人道，是就宇宙运行、万物化生而言。

③ 对于天地之心这一观念的思想史考察，可参见陈来《仁学本体论》，生活·读书·新知三联书店 2014 年版，第 227 页以下；另亦见陈来《宋明儒学的"天地之心"论及其意义》，《江海学刊》2015 年第 3 期。对于究竟如何理解天地之心，迄今为止的探讨远远不够，这正是本文的着力之处。这一义理导向的探讨自然也涉及朱子如何综合前人的理解而形成对天地之心的更为全面的看法这一思想史问题，因而本文也有材料方面的补充，特别是挖掘了王弼、孔颖达在《周易正义》中相关论说的思想史意义。

其弟子有一些讨论，最著名的、也常常被引用的是以下一段问答：

> 道夫言："向者先生教思量天地有心无心。近思之，切谓天地无心，仁便是天地之心。若使其有心，必有思虑，有营为。天地曷尝有思虑来。然其所以'四时行，百物生'者，盖以其合当如此便如此，不待思惟，此所以为天地之道。"曰："如此，则《易》所谓'复见天地之心'，'正大而天地之情可见'，又如何？如公所说，只说得他无心处尔。若果无心，则须牛生出马，桃树上发李花，他又却自定。程子曰：'以主宰谓之帝，以性情谓之乾。'他这名义自定，心便是他个主宰处，所以谓天地以生物为心。中间钦夫以为某不合如此说。某谓天地别无勾当，只是以生物为心。一元之气，运转流通，略无停间，只是生出许多万物而已。"问："程子谓：'天地无心而成化，圣人有心而无为。'"曰："这是说天地无心处。且如'四时行，百物生'，天地何所容心？至于圣人，则顺理而已，复何为哉！所以明道云：'天地之常，以其心普万物而无心，圣人之常，以其情顺万事而无情。'说得最好。"问："普万物，莫是以心周遍而无私否？"曰："天地以此心普及万物，人得之遂为人之心，物得之遂为物之心，草木禽兽接着遂为草木禽兽之心，只是一个天地之心尔。今须要知得他有心处，又要见得他无心处，只恁定说不得。"①

这一段问答包含着朱子关于天地之心的许多重要看法，值得仔细分析。首先，杨道夫所持的观点是"仁便是天地之心"，其背后隐含的意思是，天地本身无心，而既然仁是人的本性，那么，说"仁便是天地之心"的意思也就等于说人是天地之心。这个观点其来有自，可以追溯得很早。在《礼运》所记载孔子对子游所说的话中，明确提出"人者天地之心"的看法："故人者，天地之心也，五行之端也。"董仲舒在《春秋繁露·俞序第十七》中则以仁为天心："春秋之道，大得之则以王，小得之则以霸。故曾子、子石盛美齐侯，安诸侯，尊天子，霸王之道，皆本于仁。仁，天心，故次之以天心。"不难看出，如果将这里的"人者天地之心"与"仁为天地之心"与"仁是人之本性"的观点结合起来，就可能得到杨道夫的理解。在思想史上

---

① （宋）黎靖德编《朱子语类》卷一，《朱子全书》（修订本）第14册，第117页。

明确提出"天地本无心，人为天地之心"观点的可能是为王弼作解释的孔颖达。在《周易》之《复》卦象辞"复，其见天地之心乎"下，王弼以"寂然至无"说"天地之心"，对此，孔颖达进一步解释说："天地养万物，以静为心，不为而物自为，不生而物自生，寂然不动，此天地之心也。……天地非有主宰，何得有心？以人事之心托天地以示法尔。"① 正如杨道夫所说，这种观点的关键在于认为天地没有思虑与营为，用现在的话来说，这是一种比较接近自然主义的解释，但朱子显然并不同意，他恰恰援引《易传》"复见天地之心""正大而天地之情可见"等文献反驳，认为不应当否认天地生物的主宰义，所以不应当只说天地无心，更应当说天地有心。

其次，这段话涉及朱子如何继承二程思想遗产这一理学史上的重大问题。在朱子强调天地生物的主宰义不能放弃之后，杨道夫引用程颐的话问朱子，实际上是向朱子提出了自己的疑问：您说天地有心，但程颐却说"天地无心而成化"，这如何解释？朱子则用程颢的话来回答，认为程颢在这一点上说得最好："天地之常，以其心普万物而无心。"在朱子看来，应当同时注意到天地有心与天地无心两个方面，二者并不矛盾，而是各有所当，且能够统一起来，因此在这段问答的最后他总结说："今须要知得他有心处，又要见得他无心处，只恁定说不得。"

于是，问题在于：究竟如何理解天地有心与天地无心这两个方面，才不至于陷入矛盾呢？我们看到，在说天地无心时，杨道夫引用了"四时行，百物生"这一条，朱子在解释程颐说天地无心时又引用了了这一条，并以"天地何所容心"感叹之；在说天地有心时，朱子所举的例子可以分析理解为牛生出牛、马生出马，桃树发桃花、李树发李花。将这两方面联系起来，我们能够发现，有心与无心其实对应于特殊与普遍，或者说有限与无限。特殊的事物生来就有其特殊性，因而具有有限性，这是天地有心的表现，但所有特殊的事物都是天地所生，都在生生这个大化流行的普遍过程之中，因而又都具有无限性，这又是天地无心的表现。因此，天地有心是就万物生来就有其特殊性或有限性这一面而言的，而天地无心则是就万物生来就有其普遍性或无限性这一面而言的。在此或许不难想到，天地既有心又无心的看法其实是与理一分殊的观念直接对应的：天地有心一面对应于分殊；天地无心一面对应

---

① （魏）王弼、（晋）韩康伯注，（唐）孔颖达疏《周易正义》，（清）阮元校刻《十三经注疏》（上），中华书局 1980 年影印本，第 39 页。

于理一。① 因此，对于天地有心或天地之心的主宰之义，这里应当区分出两个层次。首先，天地之心的主宰之义意味着只有将天地之心理解为灵或神明才是恰当的，这是天地有心的一般含义；其次，基于天地有心再说天地无心，则是将天地之心的主宰之义主要落实在了保证万物的差异性这一点上。

这一思想自然来自二程，其渊源仍然能够回溯到王弼和孔颖达。在进一步解释王弼提出的"寂然至无"时，孔颖达说：

> 言"寂然至无是其本矣"者，凡有二义：一者，万物虽运动于外，而天地寂然至无于其内也，外是其末，内是其本，言天地无心也；二者，虽雷动风行、千化万变，若其雷风止息、运化停住之后，亦寂然至无也。若其以有为心，则异类未获具存者。凡以无为心，则物我齐致，亲疏一等，则不害异类，彼此获宁。若其以有为心，则我之自我，不能普及于物，物之自物，不能普赖于我，物则被害，故未获具存也。②

王弼继承《老子》的有无论来解说《周易》，以寂然至无来说明天地之心，孔颖达的解释将这一点又有所推进：若以有为天地之心，则此心不能普及于万物而不配称万物之本，因此只能以无为天地之心，因其能普及于万物而堪当万物之本。二程的观点显然受了王弼和孔颖达的影响，但在根本处有大异。我们知道，对于玄学家所说的有无，理学家代之以动静来刻画，即以有无为动静，其中有对应于动，无对应于静。在对"复见天地之心"的理解中，王弼认为静极而复，故主张"静而见天地之心"，这与他以寂然至无为天地之心的看法是完全一致的；程颐则认为天地之大德曰生，故主张"动而见天地之心"，实际上是在充分认可理一的基础上又特别强调分殊的重要性，因为通过对"动"的强调更能突显万物的"分殊"，如果说"静"侧重于表达"理一"的话。二者之间的一个根本差别在于：在玄学家那里，天地之心是虚说，所谓"以人事之心托天地以示法尔"；在理学家那里，天地之心必然是实说而不可能是虚说，因为如果是虚说则分殊这一面就难免落空了，进而理一这一面也就失去了意义。也就是说，承不承认天地之心的主宰之义，

---

① 只有基于天地有心说天地无心，才能说天地有心、无心分别对应于分殊与理一，因为这里"无心"的确切含义是"心普万物"。参看下文的进一步分析。

② （魏）王弼、（晋）韩康伯注，（唐）孔颖达疏《周易正义》，（清）阮元校刻《十三经注疏》（上），第 39 页。

实际上是玄学家与理学家的一大差别，背后则是不言天理、以无统有的宇宙论与理一分殊、动静一如的宇宙论之间的差别。① 从仁为天地生物之心这一点来说，这种差别的伦理意味也是明显的，正如钱穆在叙述朱子论宇宙之仁时概括的："朱子专就心之生处、心之仁处着眼，至是而宇宙万物乃得通为一体。当知从来儒家发挥仁字到此境界者，正惟朱子一人。《老子》曰：'天地不仁，以万物为刍狗。'从《老子》道家义，则此宇宙大整体，乃是一不仁之体。由朱子言之，则此宇宙大整体，乃是一至仁之体。"②

在这段问答中，朱子还提到，张栻曾经和他讨论，认为说"天地以生物为心"不如说"天地生物之心"，朱子则相反，认为说"天地以生物为心"比说"天地生物之心"更为恰当。③ 这两种表述看起来只有非常细微的差别，在朱子的著作中也被多次使用。不过，朱子还是认为"天地以生物为心"的表述更为恰当，背后自有理由。直观地看，既然朱子强调天地生物的主宰之义，那么，一个可能的考虑在于"天地以生物为心"的表述更有可能被理解

---

① 虽然程颐以"理一分殊"来解释张载的《西铭》，但张载却主张纯粹的天地无心说："天则无心、无为、无所主宰，恒然如此，有何休歇？"见《张载集·横渠易说·上经》，中华书局1978年版，第113页。这其实表明，持"人者天地之心"的观点与是否认为天地生物有主宰之义这二者之间并不具有必然的关联：一种可能是持"人者天地之心"且不认为天地生物有主宰之义，如张载；另一种可能是持"人者天地之心"但仍认为天地生物有主宰之义，如下文论及的张栻。此外，天地之心的主宰之义与高度肯定万物的特殊性或有限性直接相关，这一点也暗示了天地之心的主宰之义与天理思想的密切关联，正如笔者将在下文所要分析的。万物的特殊性与普遍性的原始统一从理的方面讲就是朱子曾明确表达过的万理来自一理，或物物皆有一太极。在此，重要的或许是要指出，有限并非意味着局限，而是意味着成就，于是，从根本上来说，无限也并非对有限的克服，而是有限的根源，因而也意味着是对所有有限之物的认可、容纳与成全。

② 钱穆：《朱子学提纲》，见《钱穆先生全集》（新校本）之《朱子新学案》第一册，九州出版社2011年版，第61页。然而，钱穆这里的"心"仍是在朱子所谓人得夫天地之心以为心的层次上讲的，所以，关联于他的"心属气"的持论，钱穆其实在根本处误解了朱子而在宇宙论层次上持类似于王弼或张载等人的天地无心论，故钱穆对于"人者天地之心"的理解是，"朱子之意，实似谓天地并无主宰，乃须人来作为天地之主宰"。见钱穆《朱子新学案》第一册，第407页。这一点也可以从钱穆认为朱子"会通了庄、老道家之自然义"而结合以儒家的人生义这一论断中清晰地看出："道家主张乃是一本于自然，朱子理气论则自然只是一道，故说有气则必有理。在宇宙形上界，理是无情意，无计度，无造作，无作用。但一落到人生形下界，人却可以凭此理来造作，理乃变成了有作用。人生界在气的圈子之内，自当有情意、有计度。只要此情意计度合乎理，则此理便会发生作用与造作。如是则又从庄、老道家转回到孔、孟儒家来。"见钱穆《朱子学提纲》，《朱子新学案》第一册，第42页。

③ 在与朱子的通信中，张栻曾说："《仁说》如'天地以生物为心'之语，平看虽不妨，然恐不若只云'天地生物之心，人得之为人之心'似完全，如何？"（宋）张栻：《南轩先生文集》，《朱子全书》（修订本）外编第4册，第330—331页。

为一种实在的描述，从而隐约透露出天地生物的主宰之义，而"天地生物之心"的表述更容易被理解为一种修辞上的比拟，从而使得天地生物之心成为虚说而失落其中的主宰之义。① 进一步讲，如果以"天地生物之心"为单说，以"天地以生物为心"为统说，那么，张栻似乎认为，统说不如单说，因为单说是单就"天地生物"这一件事而言天地之心，而统说则将天地之心全部落在"生物"这一件事上了。朱子则不然，他认为这里应该统说，因为在他的理解中，天地与万物之间的关系其实就只有"生"这一件事，此即"某谓天地别无勾当，只是以生物为心。一元之气，运转流通，略无停间，只是生出许多万物而已"。

朱子的这个理解仍与他试图综合二程关于天地有心和天地无心的论说有关，也直接关联于他对仁包四德的论证，因为其实只有将天地与万物的关系统说为"生"，才能拒斥天地除生物之外别有思虑、别有营为的观点，因而才能清晰地阐明天地无心的一面；同样，也只有将天地与万物的关系统说为"生"，才能说仁包四德。② 再进一步讲，说天地只以生物为心就是要求我们只从生生的意义上领会天地之心，超出这一界限难免流于虚妄不实，或者说

---

① 此义已由许家星从另一个角度指出，见许家星《朱子、张栻"仁说"辨析》，《中国哲学史》2011年第4期。另外，这么分析并不意味着张栻落入类似于玄学家的理解而不承认天地有主宰之义。实际上，张栻的观点仍与朱子更为接近。一方面，张栻明确持"人为天地之心"的观点："天下之生久矣，纷纭轇轕，曰动曰植，变化万端。而人为天地之心，盖万事具万理，万理在万物，而其妙著于人心。一物不体则一理息，一理息则一事废。一理之息，万理之絫也；一事之废，万事之隳也。心也者，贯万事，统万理，而为万物之主宰者也。致知所以明是心也，敬者所以持是心而勿失也。故曰'主一之谓敬'，又曰'无适之谓一'。"另一方面，张栻也强调天的意志的重要性："一日奏事，帝问天。先生曰：'不可以苍苍者便为天，当求诸视听言动之间。一念才是，便是上帝监观，上帝临汝，简在帝心；一念才不是，便是上帝震怒。'"前段引文出自《敬斋记》，（宋）张栻：《南轩先生文集》，《朱子全书》（修订本）外编第4册，第202页；后段引文见（清）黄宗羲《宋元学案》第二册，中华书局1986年版，第1633页。

② 思虑和营为的主题自然是将天地之心与人心相对照而言的，因为人心的思虑和营为是显然的，《朱子语类》中言及此义的不少，兹引两条。"问：'天地之心亦灵否？还只是漠然无为？'曰：'天地之心不可道是不灵，但不如人恁地思虑。伊川曰：天地无心而成化，圣人有心而无为。'""苍苍之谓天。运转周流不已，便是那个。而今说天有个人在那里批判罪恶，固不可；说道全无主之者，又不可。这里要人见得。"（宋）黎靖德编《朱子语类》卷一，《朱子全书》（修订本）第14册，第116—117、118页。更进一步，将朱子的意思概括为"天地除生物之外别无思虑、别无营为"是恰当的，类似的说法如："'天地以生物为心'，天包着地，别无所作为，只是生物而已。亘古亘今，生生不穷。人物则得此生物之心以为心，所以个个肖他。"（宋）黎靖德编《朱子语类》卷五十三，《朱子全书》（修订本）第15册，第1756页。就是说，生物就是天地全部的思虑和营为，而我们也只能通过生物去理解天地的思虑和营为。

有心与无心都同归于对这一界限的认识，这是对天地之心最清晰、最理性的把握；同样，既然仁义礼智皆为天命之性，而仁为天地之心，那么，四德统于仁，一定是因为天地之心统于"生"。换言之，持天地只以生物为心的观点其实是为仁包四德奠定了一个宇宙论基础。[①]

概括一下，关于天地有心还是无心的问题，可能有三种不同观点：单纯的天地有心说、单纯的天地无心说和天地既有心又无心说。朱子显然持第三种观点，这也是他在这个问题上充分认可二程并试图综合二程的一个表现。不过，第三种观点仍可能有两种截然异趣的版本。如果是以天地无心为第一义，即否认天地有主宰之义，那么，再说天地有心就只能是比拟地说，即虚说；如果是以天地有心为第一义，即承认天地有主宰之义，那么，天地之心既然是实说，再说天地无心的意思就是，天地之心普及万物，如日月之容光必照，且天地除了以生生之意行使其主宰功能外，并不以另外的思虑和营为随意介入、干涉世间的事务。很显然，朱子综合二程而以天地之心为"无心之心"的看法只能归于后一种。

以上辨析有助于我们明白，朱子特别重视天地之心的主宰之义，但对于如何理解这里的主宰之义，仍是有待说明的。翻检《朱子语类》，不难发现，在被问到应当如何理解经典中有关上帝或天之"降""命"等明显具有主宰含义的记载时，朱子的回答往往更强调理的规定性一面，这自然提示我们应当从理的规定性方面去理解天地之心的主宰之义。

> 问："'上帝降衷于民'、'天将降大任于人'、'天祐民，作之君'、'天生物，因其才而笃'、'作善，降百祥，作不善，降百殃'、'天将降非常之祸于此世，必预出非常之人以拟之'，凡此等类，是苍苍在上者真有主宰如是邪？抑天无心，只是推原其理如此耶？"曰："此三段只一

---

① 《朱子语类》卷九十五："问：'仁包四者，只就生意上看否？'曰：'统是一个生意。如四时，只初生底便是春，夏天长，亦只是长这生底；秋天成，亦只是遂这生底，若割断便死了，不能成遂矣；冬天坚实，亦只是实这生底。如谷九分熟，一分未熟，若割断，亦死了。到十分熟，方割来，这生意又藏在里面。明年熟，亦只是这个生。如恻隐、羞恶、辞逊、是非，都是一个生意。当恻隐，若无生意，这里便死了，亦不解恻隐；当羞恶，若无生意，这里便死了，亦不解羞恶。这里无生意，亦不解辞逊，亦不解是非，心都有活底意思。仁，浑沦言，则浑沦都是一个，义礼智都是仁；对言，则仁义与礼智一般。'"见《朱子全书》（修订本）第 17 册，第 3180 页。

意。这个也只是理如此。"①

问："命之不齐，恐不是真有为之赋予如此。只是二气错综参差，随其所值，因各不齐。皆非人力所与，故谓之天所命否？"曰："只是从大原中流出来，模样似恁地，不是真有为之赋予者。那得个人在上面分付这个。《诗》、《书》所说，便似有个人在上恁地，如'帝乃震怒'之类。然这个亦只是理如此。天下莫尊于理，故以帝名之。'惟皇上帝，降衷于下民'，降，便有主宰意。"问："'大哉乾元！万物资始。乾道变化，各正性命。'万物盈乎两间，生生不穷，日往则月来，寒往则暑来，风雷之所以鼓动，山川之所以流峙，皆苍苍者实有以主其造化之权邪；抑只是太极为万化枢纽，故万物自然如此？"曰："此与前只一意。"②

在第一段问答中，针对"有主宰抑或只是理"的问题，朱子回答"只是理如此"。需要明确指出的是，朱子的这一回答并不意味着他不认可主宰之义。如果说天之主宰是经典旧义，而理之规定是理学新说，那么，对于朱子来说，重要的恰恰在于，后者是作为对前者的解释而存在的，于是也就预设了二者在理解上的统一性。更进一步，正如前文所分析的，朱子特别重视天地之心的主宰之义，其中的一个重要理由恰恰在于，只有指出天地之心的主宰之义才能真正确立理对万物的规定性，从而才能阐明理一分殊的宇宙生成论。在第二段问答中，针对"有主宰抑或只是气"的问题，朱子同样回答"只是理如此"，同时也明确肯定了"有主宰"；针对"主宰还是自然"的问题，朱子则说与前一问"只一意"，仍然是强调理的规定性。如果我们将理的规定和气的流行同归于自然，那么，笼统来说，在这两段问答中，问者其实都是在自然之义与主宰之义之间感到无法取舍才请教于朱子，而朱子的回答虽然强调了理的规定性这一面，但这绝不意味着他否弃主宰之义而独取自然之义。反过来，如果说思考自然之义与主宰之义的统一性才是理解朱子思想的正确方向，那么，是不是说朱子直接将主宰之义等同于理的规定性了呢？

---

① （宋）黎靖德编《朱子语类》卷一，《朱子全书》（修订本）第14册，第118页。问题中引经典共六句，朱子则说是"此三段"，或许是按照他的理解，引文每两句意义相关，从而可以划为一段。

② （宋）黎靖德编《朱子语类》卷四，《朱子全书》（修订本）第14册，第190—191页。另可参看钱穆《朱子新学案》第一册，第405页以下。

这种常见的误解似乎还有文本上的根据：

> 问："天地之心，天地之理。理是道理，心是主宰底意否？"曰："心固是主宰底意，然所谓主宰者，即是理也，不是心外别有个理，理外别有个心。"又问："此'心'字与'帝'字相似否？"曰："'人'字似'天'字，'心'字似'帝'字。"①

很多人根据"所谓主宰者，即是理也"这一句认为，朱子所谓的主宰，就是指理的规定性。这显然是错误的，因为规定与主宰并非一回事。规定与主宰的确有密切关系，如前所述，朱子的真实看法可能是，万物皆被理所规定，正是万物皆被主宰的表现或后果。但是，问题还在于，如果没有天地之心来推动天地之理去执行其规定性，理的规定性就无法实现，因此，天地之心所承担的主宰功能，在宇宙创生的过程中具有不可抹杀的独特意义。② 正是基于这一必要的澄清，我们才能正确地理解朱子所说"不是心外别有个理，理外别有个心"。首先，从第二问及朱子的答语来看，将"人"与"心"分别对应于"天"与"帝"似乎表明此条中的"心"并非直接就天地之心来说，而是就人得夫天地之心以为心来说。如果是在这个层次上理解"不是心外别有个理，理外别有个心"，那么，其确切含义应当是朱子在很多地方阐发过的"心具众理"，如《孟子集注》中所说，"心者，人之神明，所以具众理而应万事者也"，或如《大学章句》中所说，"明德者，人之所得乎天而虚灵不昧，以具众理而应万事者也"。不过，既然朱子说"人"与"天"相似，"心"与"帝"相似，我们仍然能够将之上推到天地之心的终极层次。质言之，如果说人之为人在于其性、在于其理，那么，心就是从主宰之义上说人；类似地，如果天之为天也在于其理，那么，帝就是从主宰之义上说天。将这个意思概括一下就是，心的功能若关联于理则表现为理的能动性。

另一种可能的思路是从气的方面来理解心，然后在此基础上再谈自然之义与主宰之义的统一性。实际上，滥觞于明代而流行于现代的一种观点就如

---

① （宋）黎靖德编《朱子语类》卷一，《朱子全书》（修订本）第 14 册，第 117 页。
② 就理的规定性的实现而言，作为推动力的天地之心显然涵摄了天地之心、人得夫天地之心以为心、物得夫天地之心以为心三个层次；如果将第一和第三个层次上的天地之心取消而将第二个层次上的天地之心置换为人的理性之心，那就可能得到一种心学的现代版本，其流弊正在于天理被取代，因为如此置换后的理不再是天理。

此推论：既然朱子并不主张"心即理"，而又有"心者气之精爽"等从气的方面说心的不少言论，那么，可以认为朱子思想中的心不是属于理而是属于气。根据这种观点，天地生物的自然之义主要从理的方面讲，天地生物的主宰之义则只能从气的方面讲，这也意味着自然之义与主宰之义的统一性只能从气之精爽的方面讲。在《朱子哲学中"心"的概念》一文中，陈来已经通过详细的检索而得出结论："在全部《文集》、《语类》中，没有一条材料断言心即是气，这清楚表明朱子思想中并没有以心为气的看法。"① 需要指出的是，陈来此文中的"心"，并非直接指作为宇宙根源的天地之心，而是在人得夫天地之心以为心的层次上而言的，因此他会说："'心即理'和'心即气'同样是朱子所反对的，可以说，惟其有人心，故心不即是理，惟其有道心，故心不即是气。"② 不过，从这一结论仍然可以推导出，在宇宙论的层次上，既不能将心等同于理也不能将心等同于气。那么，基于这一定见，又如何看待朱子"心者气之精爽"等说法呢？其实，正如能够从与理的关联这一面理解心的功能一样，同样可以从与气的关联这一面理解心的功能，换言之，如果说心的功能关联于理而表现为理的能动性，那么，心的功能关联于气则表现为气的灵敏性。

既然心的功能无非就是主宰，而我们同时能够从理的能动性和气的灵敏性两方面去理解心的功能，那么，自然可以说，理的能动性与气的灵敏性都是天地之心的主宰之义的具体表现。基于这一看法再来看太极图，我们不难得出这样的结论：其实，整个太极图所展示的无非就是一个天地之心，改为叫天地之心图也毫无不妥，甚至更为恰当。具体一点来说，天地之心作用于宇宙化生的每一个环节，作用于太极与阴阳之间，作用于阴阳与五行之间，作用于五行与男女之间，作用于人与万物之间——无须赘言，天地之心的作用一旦到了人的层面，就是作为应然而提出来的。这正是朱子对程颢所言"天地之常，以其心普万物而无心"这句话的确解，自然也是朱子宇宙论的定论。③

由此必然引出一个重要问题：同样作为宇宙根源的心与理哪个更为优先？

① 陈来：《朱子哲学中"心"的概念》，载《中国近世思想史研究》（增订版），生活·读书·新知三联书店 2010 年版，第 129 页。

② 陈来：《朱子哲学中"心"的概念》，载《中国近世思想史研究》（增订版），第 129 页。

③ 联系前文阐明的《太极图说》与理一分殊思想的关联，这里存在一个以心论理一分殊的思路，简而言之，理一分殊的每一个环节，都离不开天地之心的作用。

从朱子非常重视理这一点来看，似乎他更倾向于理优先于心，正如我们前面已经看到的，他有不少从理的角度来说天地之心的言论。不过，仔细分析一下会发现，我们不仅无法坐实这种观点，还极有可能倒向这种观点的对立面。钱穆在总结相关问题时说：

> "天即理"是新说，天作主宰是旧义。旧义新说，当知其同，而不妨其为异。又当知其异而不害其为同。抑朱子直至晚年，其心中似不认为此宇宙此自然界可以全凭一理字而更无主宰。因理之为名，仅一静辞，非动辞。只能限制一切，却不能指导鼓舞一切。故在理之上，似应仍须一主宰，始可弥此缺憾。然朱子于此，亦终不曾作一肯定语为此问题作解答。若定要朱子为此问题肯定作一解答，则朱子之意，实似谓天地并无主宰，乃须人来作为天地之主宰。①

可以看到，钱穆已经明确意识到，在朱子的思想中，恰当的推论在于肯定"在理之上"有一个主宰的力量，但他错误地认为朱子始终没有作出这种肯定，且更为错误地认为朱子持"天地并无主宰，乃须人来作为天地之主宰"的观点，虽然在说到这一点时仍流露出犹疑的语气。

将心与理哪个更为优先的问题重新叙述一遍可能更容易看到正确的理解方向。既然"天地之大德曰生"，"生生之谓易"，那么，分别用生生之意、生生之理和生生之气来刻画宇宙论层面的心、理、气就是恰当的，而宇宙运行的整个过程也能被恰当地刻画为生生之道。于是问题就转换为：生生之意与生生之理哪个更为优先？很显然，就生生而言，说生生之意优先于生生之理更为恰当，因为如果连生生之意都没有，又哪能谈得上生生之理呢？②《朱子语类》中也有记载可以更为清楚地说明朱子其实是有生生之意优先于生生

---

① 钱穆：《朱子新学案》第一册，第407页。田浩就此评论说："尽管朱熹被描述成备受天之主宰的问题所困扰而很不情愿讨论天作为独立于理的主宰，钱穆先生仍然承认：朱熹在假设存在一种难以言状的统治性力量时，是把天（主宰）与理区别开来说的。无视朱熹在讨论天时的窘态毕露，钱穆先生强调以天为主宰的观念植根于古代经典，以理释天则是全新的观念，并成为定型后朱熹哲学的核心。"见〔美〕田浩《旁观朱子学：略论宋代与现代的经济、教育、文化、哲学》，华东师范大学出版社2011年版，第205—206页。
② 若以人物既生以后说，则生理优先于生意，如朱子说枯槁之物也有生理，但无生意："枯槁之物，谓之无生意，则可；谓之无生理，则不可。"（宋）黎靖德编《朱子语类》卷四，《朱子全书》（修订本）第14册，第189页。

之理的主张的：

> "其体则谓之易，其理则谓之道，其用则谓之神。"人杰谓："阴阳
> 阖辟，屈伸往来，则谓之易；皆是自然，皆有定理，则谓之道；造化功
> 用，不可测度，则谓之神。"程子又曰："其命于人，则谓之性；率性，
> 则谓之道；修道，则谓之教；只是就人道上说。"人杰谓："《中庸》大
> 旨，则'天命之谓性，率性之谓道'，是通人物而言；'修道之谓教'，
> 则圣贤所以扶世立教，垂法后世者，皆是也。"先生曰："就人一身言
> 之：易，犹心也；道，犹性也；神，犹情也。"翌日再问云："既就人身
> 言之，却以就人身者就天地言之，可乎？"曰："天命流行，所以主宰管
> 摄是理者，即其心也；而有是理者，即其性也，如所以为春夏，所以为
> 秋冬之理是也；至发育万物者，即其情也。"①

可以清楚地看到，此条最后一节中的"其心""其性""其情"都是在
讲天地，而朱子在讲天地时直接以理为心所主宰管摄的对象，是很值得注意
的。对此，田浩评论说："令人吃惊的是，朱熹如此强调天之心有别于理，
而且是理的指导者。"② 其实更值得注意的是朱子在"就人一身言之"时是以
心、性、情分别对应于易、道、神的。既然按照朱子的意思，这种对应关系
可以合理地扩展到"就天地言之"，那么，天地之心自然只能对应于易、道、
神中的易。朱子当然重视理，这一点在当时特别针对佛老而言，因此他的很
多讲法都是围绕如何突显理的重要性而展开，但也正是在这个方向上，他的
思想必然导向承认一个超越的天地之心的观念作为宇宙的终极根源。质言之，
讲心不讲理容易流于佛，讲气不讲理容易流于老。鉴于此，朱子继承二程的
思想既讲理气不杂又讲理气不离，以此厘定理在儒门宇宙论中的重要地位，
而天地之心作为一个超越的观念正是被用来统合理气之间的这种复杂关系的。
这也就解释了，为什么心的功能既要从理一边讲又要从气一边讲。就"易、
道、神"的结构来说，不仅有工夫论层面的心统性情，更有宇宙论层面的心
统性情，而宇宙论层面的心统性情显然为工夫论层面的心统性情奠定了基础，

---

① （宋）黎靖德编《朱子语类》卷九十五，《朱子全书》（修订本）第 17 册，第 3187—3188 页。
② 〔美〕田浩：《旁观朱子学：略论宋代与现代的经济、教育、文化、哲学》，第 209 页。以
"指导"来说"主宰管摄"似乎并不精确，但田浩此书还是表达出了对主宰之义的强调。

而心统理气正是对这两个层面的心统性情的一个恰当解释。①

　　总而言之，按照本文的分析和推论，既然在朱子的宇宙论中天地之心是个更为根本的观念，那么，我们对于朱子宇宙论的整个架构的理解就应当得到相应的调整。相对于朱子学界长期以来只重视理、气二元的状况，本文的理解自然更加突显了天地之心的超越意义与统合功能。② 反过来说，既然天地之心比天地之理更为优先，那么，我们是否可以脱离开天地之理而只谈天地之心呢？无疑，这正是朱子所极力反对的。③ 仍就宇宙论层面的生生而言，脱离开生生之理而空谈生生之意或生生之道，都难免流于异端，所谓"弥近理而大乱真"；生生之意始终通过生生之理和生生之气发挥作用，从而才落到实处。也就是说，我们必须始终在心、理、气三者相统一的架构中理解朱子的宇宙论，即使我们顺着前面的思路对心与理孰先孰后的问题作出了明确的回答。

---

① 我们知道，在中和问题上朱子经历过一个从二分到三分的思想转变，最终确定的正是"以心为主而论之"的思想架构："然比观旧说，却觉无甚纲领。因复体察，得见此理须以心为主而论之，则性情之德、中和之妙，皆有条而不紊矣。"（宋）朱熹：《答张钦夫》，《晦庵先生朱文公文集》卷三十二，《朱子全书》（修订本）第21册，第1418—1419页。另外，在一定程度上唐君毅已经注意到这一点，虽然他对天地之心的主宰之义也不甚措意，基本上也是在人得夫天地之心以为心的层次上来运思的："人之实现理于气，赖于人心之内外之感通，正如天之生物之依于阴阳之感通。故在天，可以无心之心而成化之'易'，为统摄理气之概念；在人则当以心为统摄理气之概念，心正为一面内具理，而一面能求表现此理于气者。此内具之理，在人在心，即名曰性，此相当于在天所言之道；此理之表现于气，以应万事万物，曰情，此相当于天之神，而此心则相当于天之易，亦相当于天之无心之心。"唐君毅：《中国哲学原论：原性篇》，新亚书院研究所1968年版，第378—379页。田浩指出，唐君毅与现代以来研究宋代儒学的其他重要权威人士一样，"往往贬低天的哲学意义"："唐君毅先生认为，宋代儒学的创建者以天为基础观念，就如同佛教把其思想建立在心的基础上；然而，唐先生更大的兴趣在于注意到二程、朱熹对天与理、道等量齐观。"见〔美〕田浩《旁观朱子学：略论宋代与现代的经济、教育、文化、哲学》，第201页。
② 林乐昌指出，张载在思想的成熟期放弃了他早年提出的"心统性情"的工夫论主张。在笔者看来，正因为张载持"人为天地之心"的观点（类似的说法还有广为流传的"为天地立心"），也就是说，他所谓的"天地之心"只是在人的层面上讲，他才在后来意识到只能讲"心统情"而不能讲"心统性"。这一点也反衬出，只有基于一个真正超越的天地之心的观念，才能讲"心统性情"的工夫论，也就是说，当朱子重拾张载提出的"心统性情"说时，他必然会意识到这里的"心"不能只在人的层面上讲，否则就得面对心无法统性的难题。参见林乐昌《张载"心统性情"说的基本意涵和历史定位》，《哲学研究》2003年第12期。
③ 现代性给儒教带来的挑战也主要在理上而不在心上。

朱子"中和旧说"新探[*]

高海波[**]

摘　要：朱子在40岁之前，有两次关于中和问题的契悟。其内容一般被称为"中和旧说"与"中和新说"。有关朱子的"中和新说"，学界基本没有争议。但是对于朱子"中和旧说"产生的时间、过程，"中和旧说"的内容，以及"中和旧说"与延平（李侗）思想的关系，学界却未达成一致意见。特别是，对于朱子"中和旧说"与其早期思想的关联，学界尚缺乏充分讨论。本文在详细参考《延平答问》及朱子其他书信、文本的基础上，指出朱子在早年从学延平时，接受了延平在日用处下工夫的教导，但对延平所说的体验未发并没有真正契入。延平去世后，朱子谨记延平的这一教导，持续不断地对之进行探索，终于在乾道丙戌获得了第一次重要契悟。从《延平答问》到"中和旧说"，朱子始终关注如何通过日用工夫去追求延平所谓的"未发之中"，正是这种持续不断的探索，才促生了"中和旧说"。

关键词：未发；已发；中和旧说；涵养；《延平答问》

　　朱子早年在从学延平（李侗）之后，开始从禅学转向儒家圣学。延平去世之后，朱子在40岁之前（含40岁），苦参中和，经历了两次重要契悟。第二次契悟发生在宋孝宗乾道五年己丑（1169），时朱子40岁，学界一般称为"己丑之悟"。有关这次契悟发生的时间，学界没有争议。但是对于第一次契悟发生的时间，则存在争议。清代的王懋竑在《朱子年谱考异》中认为，此次契悟发生在乾道四年戊子（1168），时朱子39岁。不过，后来在《朱子年谱考异正讹》中，王懋竑改变了看法，认为这次契悟应该发生在乾道丙戌（1166），即朱子37岁时。钱穆先生在《朱子新学案》一书中，则坚持认为

---

　　* 本文原载于《哲学研究》2018年第7期，收入本书时有修改。
　　** 高海波，清华大学哲学系副教授，主要研究方向为宋明理学。

朱子的第一次契悟发生在乾道戊子。陈来先生在《朱子哲学研究》《朱子书信编年考证》二书中，通过缜密的考证，证明了朱子的第一次契悟应该发生在乾道丙戌。结合王懋竑、陈来先生的考证，已经可以确切地肯定朱子此次契悟发生在乾道丙戌。因此，学界又将朱子的此次契悟称为"丙戌之悟"。

就两次契悟的内容来说，学界一般称"丙戌之悟"的内容为"中和旧说"，其主要内容保存在朱子回答张栻之三、四、三十四、三十五四书中。在"中和旧说"中，朱子认为未发、已发是体用同时的关系，并提出了"未发为性，已发为心"的观点。次年，即乾道丁亥，朱子往潭州（今长沙）访南轩（张栻），相与讲学两个月，接受了湖湘学派"先察识后涵养"的观点，从而暂时放弃了对延平体验未发问题的探索。不过，乾道己丑，因为蔡元定的问辨，朱子重新思考这一问题，由此引发了"己丑之悟"，学界一般称"己丑之悟"的内容为"中和新说"。

在"中和新说"中，朱子对未发已发问题有了新的看法，即认为未发和已发是时间先后的关系。朱子认为，心体流行不息，流行之中又可以区分为相对静止（思虑、情感未发）和明显活动（思虑、情感已发）两种状态，也就是说，心贯通（包含）动静、未发已发。此时，朱子开始批判湖湘学派"先察识后涵养"的观点，认为其忽略了对未发时心体的涵养。由此，朱子重新肯定了延平体验未发的工夫，但他并没有抛弃湖湘学派"察识"的工夫，而是将它与自己所理解的延平的未发工夫综合起来，形成了"静而存养，动而省察"的二元工夫论。至此，朱子的为学工夫基本定型。

有关"中和新说"的内容，学界基本没有争议。但是对于"中和旧说"产生的时间、过程，"中和旧说"内容，以及"中和旧说"与延平思想的关系，学界却未达成一致意见。特别是，对于朱子"中和旧说"与其早期思想的内在关联，学界尚缺乏充分讨论。本文打算就此做进一步的探讨。

一 王懋竑、钱穆论朱子"中和旧说"与延平思想的关系

关于朱子40岁之前的中和思想与延平思想的关系，王懋竑认为，在"丙戌之悟"中，朱子虽然对于未发与已发的理解获得了第一次重大突破，但这一突破仍来自延平去世之后，朱子对于延平所提出的"体认喜怒哀乐未发气象"问题的持续关注、体验、探索。因此，可以说"中和旧说"是朱子对延平问题的一次自我解决。直到次年往潭州见过南轩之后，朱子才接受了湖湘

学派"先察识后涵养"的工夫，并暂时放弃了对延平体验未发问题的探索。乾道己丑，朱子又有新悟，重新肯定了延平体验未发的工夫。

> 按朱子……受求中未发之旨。延平既殁，求其说而不得，乃自悟夫未发已发浑然一致，而于求中之说，未有所拟议也。后至潭州，从南轩张氏之学，先察识后涵养，则与延平之说不同。己丑悟已发未发之分，则又以先察识后涵养为非，而仍守延平之说。①

值得注意的是，王懋竑指出了朱子"中和旧说"与延平思想之间的连续性，认为朱子在持"中和旧说"时期并未对延平思想提出异议，即"于求中之说，未有所拟议也"。在另外一处，王懋竑更是根据朱子的言论，重新申明了这一点："盖以延平之指与己所见合为一说，故曰：'向所闻于西林而未之契者皆不我欺矣。'又曰：'知其为切要至当之言，而竟未能一蹴而至其域也。'皆主延平。"②王懋竑所引的朱子的两句话，前一句出自《答罗参议》六，据陈来先生考证，该书作于乾道丙戌之秋。后一句出自《答何书京》四，作于乾道丙戌之冬。③均在朱子去潭州见南轩之前。当然，王懋竑并没有说朱子的"中和旧说"的内容完全来自延平，而是指出"中和旧说"是朱子苦参延平中和问题所自得的结果。朱子也认为"中和旧说"是自己对萦绕心头的延平问题的解决，故王懋竑说朱子"盖以延平之指与己所见合为一说"。至于朱子这一体悟与延平思想的异同，以及与朱子之前思想的关系，王懋竑并没有进一步讨论。

虽然钱穆先生对"中和旧说"时间的考证值得商榷，但他力图阐释朱子的"中和旧说"与朱子之前思想的联系，这一点颇具启发性。

> 盖朱子此时，乃以往日所契悟在日用发处下功夫者又进一层，益以延平涵养未发之意，而求其浑然一致，故曰比之旧日则亦有间。④
> 于朱子从游延平时之自所启悟，则颇为接近。如曰万紫千红总是春，又曰为有源头活水来，皆与此消息相通。……昔我抱冰炭，从君识乾坤。

① （清）王懋竑：《白田杂著》卷七，文渊阁《四库全书》本。
② （清）王懋竑：《白田杂著》卷七，文渊阁《四库全书》本。
③ 陈来：《朱子书信编年考证》，上海人民出版社1989年版，第36页。
④ 钱穆：《朱子新学案》，台北三民书局1971年版，第134页。

所谓冰炭，即指自己往日意见与延平默坐澄心之教不合而言。……然此书所悟，实乃旧日源头活水万紫千红之见解，兼采议论而谓未发本体即在已发之中，由此打通与延平立教之隔阂，而亦一时自以为是。①

其积年玩索所得关于心体方面者，则源头活水及万紫千红两诗，可作代表。故朱子常认心为活物，心是已发，而于延平求中未发之旨，则颇未深契。朱子乃从延平另两番教言中致力。一则曰于日用处用工。一则曰去圣经中求义。此正以药朱子当时悬空说得无限道理之病。而以朱子心智之敏锐，兴趣之广博，日寻日进，真有源头活水汩汩而来，满眼春风光景全新之感。迨其奉亲屏处山间，深僻穷约之中，所进益密，所得益细，乃觉工夫终有疏失，故乃远访道于南轩。……而五峰、南轩主心为已发，正与朱子凤见相符。及南岳归来，遂一意舍去延平求未中未发之教，而专从向所抱持心属已发之旧意见上推求，此则其中和旧说之所由来也。②

钱穆先生由于将朱子的"中和旧说"定在乾道戊子，即朱子往潭州见南轩的次年，故认为朱子的"中和旧说"受南轩影响。此说虽可能有误，但钱穆先生却指出朱子的"中和旧说"与其早年从学延平"自所启悟"的内容不无关系，即朱子早年接受了延平的教导，注意在"日用处用工"，并自悟"万紫千红""源头活水"之旨，重视从已发体认未发。延平去世之后，朱子沿着自己早年所悟不断探索，并继续寻求延平所谓的"未发之中"，最终才有了"中和旧说"。

王懋竑和钱穆的看法提醒我们，朱子的"中和旧说"与其早年思想之间可能存在连续性，因此有必要进一步探讨朱子的"中和旧说"与其早年思想的关系。

二 "日用上下工夫"

朱子早年学禅，24 岁初见延平，空谈道理，并大谈禅学，不为延平所首

---

① 钱穆：《朱子新学案》，第 134 页。
② 钱穆：《朱子新学案》，第 142 页。

肯，延平教以"道亦无他玄妙，只在日用间着实做工夫处，便自见得"①，同时教朱子"看圣贤言语"②。之后数年，朱子与延平失去联系。29 岁，朱子始向延平通书问学，延平答书"勉其于涵养处用力"③。其后，延平屡次劝朱子在日用处下工夫。如在宋高宗绍兴庚辰（1160，时朱子 31 岁）七月，在给朱子的答书中，延平提及朱子对《孟子》"勿忘勿助"的理解，并勉励说："此意亦好，但未知用处如何，须吃紧理会这里始得。"④ 在绍兴辛巳五月二十六日的书信中，延平教导朱子"思索有窒碍，及于日用动静之间有咈戾处，便于此致思，求其所以然者，久之自循理尔"，其实所谓"日用动静之间"也就是"日用处"。⑤ 在壬午六月十一日的书信中，延平又引用了谢上蔡的话来勉励朱子下工夫："必须有用处，寻讨要用处，病根将来斩断便没事。"⑥ 也是强调谢上蔡是通过日用工夫来体验心体是否有病根，以此来引导朱子。在辛巳八月七日给朱子的信中，延平再次对朱子说："谢上蔡语极好玩味，盖渠皆是于日用上下工夫。"⑦ 在同一封信中，延平又说："盖寻常于静处体认下工夫，即于闹处使不着，盖不曾如此用功也。自非谢先生确实于日用处下工夫，即恐明道此语亦未必引得出来。……唯于日用处便下工夫，或就事上便下工夫，庶几渐可合为己物。"⑧ 可以看出，延平时刻不忘教导朱子要在日用处用工夫。

当然，延平教朱子在日用处下工夫，其根本目的还是要教导朱子在日常生活中验证、体认未发的心体，以及此心体中是否存在病根或者偏滞不化处。延平认为，如果在日常应事时，心中没有窒碍，能够做到融释洒脱，则此时的心体便是未发之中。反之，如果内心存在窒碍、偏倚、固滞，就说明未发的心体仍有病根存在，就应该努力对病根加以克服、断除，从而实现应事洒落、廓然。不过，这只是延平工夫的一面，除此之外，延平还特别重视通过静坐去体验未发时毫无偏倚的心体。这就是所谓的"道南指诀"。在指导朱

---

① 束景南：《朱熹年谱长编》，华东师范大学出版社 2001 年版，第 163 页。
② （宋）黎靖德编《朱子语类》卷一〇四，文渊阁《四库全书》本。
③ 束景南：《朱熹年谱长编》，第 225 页。
④ （宋）朱熹：《延平答问》，《朱子全书》（修订本）第 30 册，上海古籍出版社、安徽教育出版社 2010 年版，第 342 页。
⑤ （宋）朱熹：《延平答问》，《朱子全书》（修订本）第 30 册，第 330 页。
⑥ 朱熹：《延平答问》，《朱子全书》（修订本）第 30 册，第 332 页。
⑦ 朱熹：《延平答问》，《朱子全书》（修订本）第 30 册，第 334 页。
⑧ （宋）朱熹：《延平答问》，《朱子全书》（修订本）第 30 册，第 336 页。

子的时候，延平也曾教朱子静坐，朱子后来回忆说："某旧见李先生，尝教令静坐。"① 《延平答问》中也保存了延平建议朱子进行静坐的记载。在绍兴庚辰五月八日的信中，延平提及当年自己跟随罗从彦学习的经历，指出罗从彦极好静坐，并"令静中看喜怒哀乐未发之谓中未发时作何气象"。延平还进一步勉励朱子："元晦偶有心痒，不可思索，更于此一句内求之，静坐看如何，往往不能无补也。"② 在壬午五月十四日的书中，延平也说："承谕处事扰扰，便似内外离绝，不相该贯。此病可于静坐时收摄，将来看是如何。"③ 在壬午六月十一日给朱子的书信中，延平也教导朱子"须把断诸路头，静坐默识，使之泥滓渐渐消去方可"④。

上述说法表明，延平的工夫实际包含两方面，即默坐澄心、体认未发与日用工夫。默坐澄心的目的是体认未发无所偏倚的心体（未发之中），当然，未发时体认的心体是否真正是未发之中，还要在日用处加以验证，只有在日用处能够"融释""洒落"，毫无窒碍、固滞，心体才是真正的未发之中，否则就应该反省心体的病根何在，并加以克服。延平在教导学生时，也是强调这两个方面的工夫。如在壬午六月十四的书信中，延平教导朱子"于静默时及日用处下工夫"⑤。在《与刘平甫书》中，延平也说："大率有疑处，须静坐体究，人伦必明，天理必察。于日用处著力，可见端绪。"⑥

不过，由于朱子早年对章句训诂及哲学思考抱有浓厚兴趣，所以似乎他更多关注的是延平在日用处下工夫的教导，而非静坐体认。29 岁时，朱子向延平通书问学。大约在此时，朱子有《日用自警示平甫》诗一首："圆融无际大无余，即此身心是太虚。不向用时勤猛醒，却向何处味真腴。寻常应对尤须谨，造次施为更莫疏。一日洞然无别体，方知不枉费工夫。"⑦ 从诗的内容来看，朱子此时十分注重在日用处用工夫，认为只有谨慎地对待日常生活中的"应对""施为"，并时刻进行自我反省，最后才能彻悟心体。显然，此时朱子接受了延平在日用处下工夫的教诲，以此自警并以此示人。在庚辰七月给朱子的书信中，延平引述了朱子的一段说法："又云因看'必有事焉而

---

① （宋）黎靖德编《朱子语类》卷一〇二，文渊阁《四库全书》本。
② （宋）朱熹：《延平答问》，《朱子全书》（修订本）第 30 册，第 322 页。
③ （宋）朱熹：《延平答问》，《朱子全书》（修订本）第 30 册，第 331 页。
④ （宋）朱熹：《延平答问》，《朱子全书》（修订本）第 30 册，第 333 页。
⑤ （宋）朱熹：《延平答问》，《朱子全书》（修订本）第 30 册，第 340 页。
⑥ （宋）朱熹：《延平答问》，《朱子全书》（修订本）第 30 册，第 341 页。
⑦ 束景南：《朱熹年谱长编》，第 226 页。据束先生的考证，此诗当作于此时。

勿正，心勿忘，勿助长'数句，偶见全在日用间非著意、非不著意处，才有毫发私意，便没交涉。"① 从这段话中也可以看出，朱子很关注日用之间的工夫，并从这一角度来理解孟子的"勿忘""勿助"思想。李方子的《紫阳文公先生年谱》曾引用了延平与其友罗博文的书信，在其中，延平也评价朱子说："初讲学时，颇为道理所缚。今渐能融释，于日用处一意下工夫。"② 可见，延平也表扬朱子能够在日用处下工夫，但他并未提及朱子静坐之事。此条在束景南《朱熹年谱长编》中附于绍兴辛巳，时朱子32岁。癸未冬，延平去世。

三　中和旧说

可以说，尽管延平以默坐澄心及日用处下工夫二者来指导朱子，但朱子似乎更多接受了后者而对前者并未认真实践。虽然朱子一直在实践日用工夫，也曾努力体验延平所说的未发之中，但是直到延平去世，他似乎对此并未真正契入。所以，在《中和旧说序》中，朱子说："余早年从延平先生受《中庸》之旨，求喜怒哀乐未发之旨，未达而先生没，余窃自悼其不敏，若穷人之无归。"③ 不过，朱子并没有因此就放弃对这一问题的探索。在延平去世的次年九月，南轩（张栻）的父亲张浚去世，朱子前往江西豫章（今南昌）吊唁，与其相聚三日。④ 此前朱子已读到胡宏的《知言》，认为其"语道精切有实用处"⑤。所以此次和南轩相聚，朱子曾向南轩询问胡宏对于未发已发问题的看法，南轩告以所闻，但是朱子并未领悟。回去之后，朱子继续沉思，几近废寝忘食。此即《中和旧说序》所说："闻张钦夫得衡山胡氏学，则从而往问焉。钦夫告余以所闻，余亦未之省也。退而沉思，殆忘寝食。"⑥ 此后，朱子又多次与南轩有书信往来，讨论学问。《答罗参议》一中说"时得钦夫书"⑦，

① （宋）朱熹：《延平答问》，《朱子全书》（修订本）第30册，第324页。
② 束景南：《朱熹年谱长编》，第267页。
③ （宋）朱熹：《中和旧说序》，《晦庵集》卷七十五，文渊阁《四库全书》本。
④ （宋）朱熹：《答罗参议》二，《朱子文集续集》卷五，文渊阁《四库全书》本。
⑤ （宋）朱熹：《答罗参议》四，《朱子文集续集》卷五，文渊阁《四库全书》本。
⑥ （宋）朱熹：《晦庵集》卷七十五，文渊阁《四库全书》本。
⑦ （宋）朱熹：《答罗参议》一，《朱子文集续集》卷五，文渊阁《四库全书》本。此书据陈来先生《朱子书信编年考证》，作于乾道元年，时朱子36岁。陈来：《朱子书信编年考证》，第32页。

《答罗参议》四亦言"钦夫尝收安问，警益甚多"①。朱子经过自己的沉思、体验以及和南轩的书信往来，似乎对胡宏的思想有了更进一步的认识："大抵衡山之学只就日用处操存辨察，本末一致，尤易见功。某近乃觉知如此，非面未易究也。"② 值得注意的是，在这里，朱子同样强调胡宏的工夫是用在"日用处"。那么，朱子究竟是怎么理解胡宏的工夫的呢？按照束景南先生的理解："'日用处'即指'已发'，朱熹之由澄心之'未发'转向日用之'已发'即从此始。"③ 束先生认为朱子对胡宏"日用处操存辨察"工夫的理解与未发、已发有关，这一点非常正确。不过，束先生认为此时朱子的思想发生了转变，这一点却值得商榷。大概朱子此处的意思是，胡宏之学的长处就在于能在日用的已发处用工夫，进行辨别察识，进而体认未发之心体，这样更容易见到工夫的效果。朱子仍是在探求未发之中的意义上来理解胡宏的工夫。这里朱子所谓的"操存辨察"大概与《与张钦夫》三中"致察而操存"的说法比较接近。"其良心萌蘖亦未尝不因事而发见。学者于是致察而操存之，则庶乎可以贯乎大本达道之全体而复其初矣。"④ 该书属于"中和旧说"第一书，作于乾道丙戌，此时尚为朱子往潭州见南轩的前一年。朱子指出，他的"中和旧说"是他积年所得，是对延平未发思想的真实契入，故在《答罗参议》三中，朱子说："某块坐穷山，绝无师友之助。惟时得钦夫书问往来，讲究此道，近方觉有脱然处。潜味之久，益觉日前所闻于西林而未之契者皆不我欺矣。"⑤ 此书亦作于丙戌。书中所说的"脱然处"，应当就是指"中和旧说"所悟的内容。"益觉日前所闻于西林而未之契者皆不我欺矣"的说法表明，此前朱子对在西林院所听闻的延平未发宗旨并未真正契入，到此时才真正有所契悟。在《答何书京》四中，朱子亦说："昔闻之师，以为当于未发已发之机默识而心契焉，然后文义事理触类可通，莫非此理之所出，不待区区求之于章句训诂之间也。向虽闻之而莫测其所谓，由今观之，知其为切要至当之说，而竟未能一蹴而至其域也。"⑥ 同样可以看出，朱子自认为他的

---

① （宋）朱熹：《答罗参议》四，《朱子文集续集》卷五，文渊阁《四库全书》本。该书陈来先生推断在甲申乙酉间。疑在乙酉为近。陈来：《朱子书信编年考证》，第33页。

② （宋）朱熹：《答罗参议》四，《朱子文集续集》卷五，文渊阁《四库全书》本。

③ 束景南：《朱熹年谱长编》，第333页。

④ （宋）朱熹：《晦庵先生朱文公文集》卷三十，文渊阁《四库全书》本。

⑤ （宋）朱熹：《答罗参议》三，《朱子文集续集》卷五，文渊阁《四库全书》本。据陈来先生考证，此书作于丙戌之秋。陈来：《朱子书信编年考证》，第36页。

⑥ 据陈来先生考证，此书作于丙戌之冬。陈来：《朱子书信编年考证》，第36页。

"中和旧说"就是对延平宗旨的一种契入。可见，从朱子的早期思想到"中和旧说"，并不存在一个从未发转向已发的过程。而毋宁说，直到此时，朱子方才认为自己真正悟到了延平所说的未发之旨。

值得注意的另外一点是，在"中和旧说"四书中，朱子反复使用"日用流行""日用之间""日间"等词，如以时间排序的话，列举如下：如《与张钦夫》三云："于是退而验之于日用之间，则凡感之而通，触之而觉，盖有浑然全体应物而不穷者。是乃天命流行、生生不已之机，虽一日之间万起万灭，而其寂然之本体则未尝不寂然也。所谓未发，如是而已。"①《答张敬夫》三十五云："即夫日用之间，浑然全体，如川流之不息，天运之不穷耳。"②《答张敬夫》三十四云："日间但觉为大化所驱，如在洪涛巨浪之中，不容少顷停泊。"③ 上述这些关于"日用"的词，不能不给我们一种感觉，即朱子的"丙戌之悟"是延续了他从延平那里接受的日用工夫。如果说此前朱子试图通过日用工夫来体验未发之中，在"中和旧说"之前，他似乎一直没有体会到流行不息的心体，因此也无法对未发已发问题作一个实在的解读。而"中和旧说"对朱子来说之所以意义重大，就是因为朱子认为自己在这次体悟中体会到了"此心流行之体"，这为未发已发问题的解决奠定了心性基础。但不管怎么样，"中和旧说"的核心目的还是要解决延平留给他的"体验未发"问题。如朱子在《与张钦夫》三中说"所谓未发，如是而已"，在《答张敬夫》四中云"前书所禀寂然未发之旨"。在《与湖南诸公论中和第一书》中，朱子又总结说："《中庸》未发之义，前此认得此心流行之体，又因程子凡言心者皆指已发而言，遂目心为已发，性为未发。"④

四 结论

通过上面的分析，可以看出，延平的工夫实际上主要包含两部分，即默坐澄心、体认未发，以及在日用处体认、反省未发。朱子初年曾学禅，又喜欢空谈道理，延平教其读圣贤经义，并在日用处下工夫，就是为了扭转其精神方向，同时纠正他脱离自身体验而偏好理论探索的倾向。这样的教导的确

---

① （宋）朱熹：《晦庵先生朱文公文集》卷三十，文渊阁《四库全书》本。
② （宋）朱熹：《晦庵先生朱文公文集》卷三十一，文渊阁《四库全书》本。
③ （宋）朱熹：《晦庵先生朱文公文集》卷三十一，文渊阁《四库全书》本。
④ （宋）朱熹：《晦庵先生朱文公文集》卷三十，文渊阁《四库全书》本。

将朱子从禅学引向了儒家圣学。但朱子浓厚的章句训诂之癖及哲学兴趣，使得他在向延平问学的时候，更多关注的是对于圣贤经义的理解。对这些经义，朱子往往又是从哲学义理的角度进行阐发。而延平则努力纠正朱子的这种"为道理所缚"的倾向，将其引导到自身的涵养问题上。所以，延平经常提醒朱子要在日用处用工夫，不要悬空思索、讲论。同时，偶尔也可以看出，延平也会建议朱子践行静坐的工夫。不过，从《延平答问》及朱子该时期的其他文本来看，朱子此时似乎对静坐并不很感兴趣，倒是对延平在日用处下工夫的教导始终铭记于心。所以，在延平去世之后，朱子仍牢记这一教导，希望通过日用工夫来领会延平在世时他不曾契入的"未发之旨"。不过，在延平去世最初一段时间内，他始终对这一工夫感到很迷茫，难以找到一个切实的下手处。后来他读了胡宏的《知言》，对其颇为欣赏。似乎胡宏强调的"操存辨察"工夫，对他解决中和问题有所启发。为了解决这一难题，在延平去世后第二年，朱子趁前往江西吊唁张浚的机会，拜访了南轩，向南轩询问胡宏的学问。南轩告以所闻，但是朱子仍未得其解，于是回到家中继续刻苦沉思，"殆忘寝食"。其间，他又不断和南轩有书信往来，讨论相关问题。终于在乾道丙戌，他对这一问题的理解获得了突破性进展。相关内容保存在"中和旧说"中。从"中和旧说"以及后来的《与湖南诸公论中和第一书》来看，"中和旧说"的核心关切仍然是《中庸》的未发与已发，尤其是未发问题。此时，朱子体悟到心是流行不息之体，所以认为心是已发，而性则是未发。未发已发浑然一体，时间上不分先后，空间上不分彼此。实践工夫的关键就在于，在日常生活中，体察"良心萌蘖"，然后"操存之"，如此就可以保证本然的心体流行不息，未发已发一体浑然，"贯乎大本达道之全体而复其初矣"[①]。至此，通过自己的艰苦探索，并受湖湘学派的启发，朱子对延平未发问题的探索获得了阶段性的成果。

当然，应该说，这一时期朱子关注的重心仍是"未发之中"问题，他延续了早年在日用处体验未发的工夫，强调通过已发之心来体会作为心之未发的寂然不动的本体（性）。至于如何认识作为流行之体的心，在这一点上他受了湖湘学派的影响。不过，我们也应该注意，他在"中和旧说"中所谓的"致察而操存之"，并不完全相同于湖湘学派"先察识后涵养"的说法。按照王懋竑的观点，此时朱子工夫的重点是在"操存"上，而湖湘学派的工夫重

---

① （宋）朱熹：《与张钦夫》三，《晦庵先生朱文公文集》卷三十，文渊阁《四库全书》本。

点则是在"察识"上。

> 按《与张钦夫》第一书云"学者于此致察而操存之",此与后来
> "先察识后涵养"之论略有不同。盖以延平之指与己所见合为一说,故
> 曰:"向所闻于西林而未之契者皆不我欺矣。"又曰:"知其为切要至当
> 之言,而竟未能一蹴而至其域也。"皆主延平。及至潭州,与南轩语,
> 卒从南轩"先察识后涵养"之说,则与延平异矣。……而操存之察字却
> 轻,即延平所云默识而心契也。操存却重,即此便是涵养工夫,所谓
> "存此而已,养者养此而已"。此以己所见合之延平之指,故云"向所闻
> 于西林而未之契者皆不我欺矣",又云"未能一蹴而至其域也"。皆是一
> 意。至湖南后,从南轩先察识后涵养之说,则察识字重而涵养反轻,所
> 云"钦夫一切皆于闹处承当",又云"南轩无前一截工夫",盖指此也。
> 又曰"后来所见不同",盖与延平之指少异。若以致察句为察识端倪,
> 与湖南所见(引者按:疑缺"同"字),恐未然也。①

朱子在提出"中和旧说"后的次年丁亥秋,到潭州访南轩,与南轩相与
讲论两个月。据说在此期间,朱子与南轩曾经"论《中庸》之义,三日夜而
不能合"②。尽管束景南先生认为"后人多以为此指二人讨论未发已发中和
说,显误"③,但我们认为这一说法却值得进一步商榷。王懋竑所引的"后来
所见不同"出于《答林择之》二十,作于己丑④,从内容上看,此时朱子已
经悟到"中和新说",又重新向延平思想回归,读"今乃知其为人深切,然
恨已不能尽其曲折矣"⑤ 可见。结合前文推断,朱子与延平"所见不同",只
能发生在丁亥见南轩后。朱子在丁亥访南轩后,确实认同了南轩的看法。所
以,在次年戊子的《答程允夫》书中,朱子说:

> 去冬走湖湘,讲论之益不少。然此事须是自做工夫于日用间行住坐
> 卧处,方自有见处。然后从此操存以至于极,方为己物尔。敬夫所见超

---

① (清)王懋竑:《白田杂著》卷七,文渊阁《四库全书》本。
② 束景南:《朱熹年谱长编》,第374页。
③ 束景南:《朱熹年谱长编》,第374页。
④ 陈来:《朱子书信编年考证》,第62页。
⑤ 顾宏义:《朱熹师友门人往还书札汇编》,上海古籍出版社2017年版,第1508页。

诣卓然，非所可及。……《艮斋铭》便是做工夫底节次。近日相与考证古圣所传门庭，建立此个宗旨，相与守之。①

南轩在《艮斋铭》中说："四端之著，我则察之。岂惟思虑，躬以达之。工深力到，大体可明。……事物虽众，各循其则。其则匪他，吾性之德。"南轩似乎认为，我们在日常生活中，都会有善端萌芽的场合，心察识到这种萌芽，不能仅仅停留在认识的层面，还要亲身去实践。经过深入、持久的实践，心体就会彰明。达到这种境界，在现实生活中，即使面对繁多的事物，我们的心也能一一应对，使事物各自遵循其规范（这种规范就是性的表现）。从这里我们似乎感觉到，南轩并不关注涵养未发的问题。南轩认为只要察识到道德情感发现的端绪，从此不断地进行实践、扩充，自然就可以使心体光明，全体呈现。性不过是心在应事时所遵循的规则。如果按照湖湘学派已发为心、未发为性的看法，也可以认为性作为心的本质（或本体）就表现在心的活动中，即"既发，则性行乎心之用"②，因此，未发之性并不是已发之心之外的另外"一物"。而朱子在"中和旧说"中虽然也说"致察而操存之"，但他始终关注如何体认"未发之中"的问题，所以在《与张钦夫》三中，尽管他说："是乃天命流行、生生不已之机，虽一日之间万起万灭，而其寂然之本体则未尝不寂然也。所谓未发，如是而已。夫岂别有一物，限于一时，拘于一处而可以谓之中哉？"③ 但南轩根据朱子的说法，认为朱子将起灭心视为已发、将"寂然之本体"视为未发的说法，"尚有认为两物之蔽"。后来，朱熹在解释"中庸"之"中"时，认为中的一个意义是"在中之义"，并进一步将其解释为"在里面的道理"。南轩看了这个解释之后，却写信批评朱熹："若只说作在里面底道理，然则已发之后，中何尝不在里面乎？"④ 南轩还认为，未发时，中是用来形容性的体段，已发时，"即事即物无不有恰好底道理，是性之体段亦无适而不具焉"⑤。朱子则回信解释说，他所说的"在里面底道理"并不是用来定义"未发之中"的"中"字，"且所谓'在中之

---

① （宋）朱熹：《答程允夫》五，《晦庵先生朱文公文集》卷四十一，文渊阁《四库全书》本。
② （宋）朱熹：《与张钦夫》四，《晦庵先生朱文公文集》卷三十，文渊阁《四库全书》本。
③ （宋）朱熹：《与张钦夫》三，《晦庵先生朱文公文集》卷三十，文渊阁《四库全书》本。
④ （宋）张栻：《南轩集》卷二十，文渊阁《四库全书》本。
⑤ （宋）张栻：《南轩集》卷二十，文渊阁《四库全书》本。

义',犹曰在里面底道理云尔,非以在中之中解未发之中字也"①。并批评南轩"若谓已发之后,中又只在里面,则又似向来所说以未发之中自为一物,与已发者不相涉入,而已发之际,常携此物以自随也"②。值得注意的是,朱子在这里所引用的南轩"以未发之中自为一物,与已发者不相涉入,而已发之际,常携此物以自随也"的说法,似乎就是"中和旧说"中所提到的"疑有两物之蔽"的说法(此即可能是南轩对朱子"中和旧说"第一书中未发已发说法的怀疑),尽管朱子后来修正了其说法,认为"一念之间已具体用",但从此我们也可以看出朱子在"中和旧说"中实际上对未发之中有很强烈的关注,由此导致他描述未发已发关系的措辞引起南轩"携一物以自随"的"两物之蔽"的质疑。

如果上述理解不误的话,朱子"中和旧说"中的说法实际上与南轩的说法存在微妙的差别:朱子很关注未发之中,而南轩则强调在"闹处用功",即在已发上用工夫,反对求未发之中。也许正是这一原因导致了二人在丁亥会面时"论《中庸》义,三日不能合"。当然,后来朱子经过与南轩在潭州面论,最终认同了南轩的看法,从而暂时在见解上背离了延平,这就是他在《答林择之》二十中所说的"后来所见不同,遂不复致思"。不过,这一时间只延续了大概一年时间。丁丑,受蔡元定问辨的刺激,朱子自感有疑于心,于是重读《二程遗书》,"未及数行,冻解冰释"③,于是又有了"己丑之悟"的"中和新说",形成了朱子此后有关中和问题终身未改的定见。

---

① (宋)朱熹:《晦庵先生朱文公文集》卷三十一,文渊阁《四库全书》本。
② (宋)朱熹:《晦庵先生朱文公文集》卷三十一,文渊阁《四库全书》本。
③ (宋)朱熹:《中和旧说序》,《晦庵先生朱文公文集》卷七十四,文渊阁《四库全书》本。

从未发无不中到未发或有不中

——论理学对"未发之中"的讨论[*]

田智忠^{**}

摘　要："中和问题"是我们审视理学发展脉络的绝佳视角。本文以程颐、吕大临、朱子、王阳明论"未发之中"为切入点，分析其理论关切点、"未发之中"论对其修养工夫的影响等问题，以揭示理学在论"未发之中"上的变化及其原因。

关键词：未发之中；理学；程颐；吕大临；朱熹；王阳明

"中和问题"是理学心性论的核心，也是理学工夫论的基础，因此前贤对此的讨论，就体现出知行合一的鲜明特色，而其在此问题上的分歧，成为我们审视理学发展脉络的绝佳视角。本文以程颐、吕大临、朱子以及王阳明论"未发之中"为切入点，分析其理论关切点、"未发之中"论对其修养工夫的影响等问题，以揭示理学在论"未发之中"上的变化及其原因。

一　程颐与吕大临对"中和"问题的讨论

溯其源，程颐与吕大临最早展开对"未发之中"的讨论。这场讨论的发端是吕大临作《中庸解》一书，书中提出了对《中庸》"喜怒哀乐之未发"章的注释：

> 蓝田吕氏曰："此章明命中和，及言其效。情之未发，乃其本心，原无过与不及……所取准则以为中者，本心而已。由是而出，无有不合，故谓之和，非中不立，非和不行，所出所由，未尝离此大本根也。达道，众

---

* 本文系 2014 年国家社科基金重大项目"中国传统价值观变迁史"（14ZDB003）阶段性成果。
** 田智忠，北京师范大学哲学学院副教授，中华朱子学会理事。

所出入之道。极吾中以尽天地之中，极吾和以尽天地之和，天地以此立，化育亦以此行。大本，云人莫不知理义，当无过不及之谓中，未及乎所以中也。喜怒哀乐未发之前，反求吾心，果何为乎？……唯空，然后可以见乎中，而空非中也，必有事焉。喜怒哀乐之未发，无私意小知挠乎其间，乃所谓空。由空然后见乎中……此所谓性命之理出于天道之自然，非人私知所能为也……故曰'喜怒哀乐之未发谓之中'……虽圣人以天下授人，所命者不越乎此，岂非中之难执难见乎？岂非道义之所从出乎？……圣人之治天下，犹不越乎执中，则治身之要，舍是可乎？故苟得中而执之，则从欲以治，四方风动，精义入神，利用出入，可也……"①

所谓中者，性与天道也。谓之有物，则不得于言；谓之无物，则必有事焉。不得于言者，视之不见，听之不闻，无声形接乎耳目而可以道也；必有事焉言者，莫见乎隐，莫显乎微，体物而不可遗者也……隐微之间，不可求之于耳目，不可道之于言语，然有所谓昭昭而不可欺、感之而能应者，正惟虚心以求之，则庶乎见之。②

……中者，道之所自出；庸者，由道而后立。盖中者，天道也，天德也。降而在人，人禀而受之，是之谓性。③

吕大临对"未发之中"的讨论以"本心论"为出发点，具体包括"本心为中""本心无过与不及""中即性与天道""中为权衡""道由中出""无私意小知挠乎其间，乃所谓空"和工夫论层面的"由空以见中""虚心以求中""执中以应物"等内容。吕大临对"未发之中"的诠释，努力在做到妙在有无之间：既强调"由空以见中"，也强调"中即性与天道"④，说明他在避免给人以完全以空论"中"的印象。不过，吕大临也在赋予本心以超越性的地位；由此，其心性工夫也体现出直任本心的自信。吕氏据此向老师程颐提出商讨，二人往复的文字讨论后被称为《与吕大临论中书》，书中体现了二人的基本分歧。

第一，道由"中"出，还是"中"为性之德？

程、吕二人的争论，首先围绕"中"是否具有实体性展开：

---

① 曹树明：《蓝田吕氏集》，西北大学出版社 2014 年版，第 86、87 页。

② 曹树明：《蓝田吕氏集》，第 85、86 页。

③ 曹树明：《蓝田吕氏集》，第 84 页。

④ 吕大临在《中庸解》中对"本心"与"未发之中"的诠释，则给人以偏于无的感觉。

大临云："中者，道之所由出。"

先生曰："中者道之所由出，此语有病"……先生曰："中即道也。若谓'道出于中'，则道在中外，别为一物矣……?"

大临云："既云'率性之谓道'，则循性而行莫非道，此非性中别有道也? 中即性也，在天为命，在人为性，由中而出莫非道，所以云中者道之所由出，与'率性之谓道'之义同，亦非道中别有中也。"

先生曰："中即性也，此语极未安。中也者，所以状性之体段也……子居（子居，和叔之子）对以'中者，性之德'，却为近之。"①

吕大临提出"中者，道之所由出"的观点，视心之未发已发为本末关系，以"中"为大本，甚至提出"中即性"。程颐则认为，"中"只是性之德，不具有实存性，尤其不能说"中即性"。在程颐看来，心之寂感"体用一源，显微无间"，因此程颐不接受吕大临执"中"应万物的主张，而强调心的静中有觉、动中有敬。程颐曾提出"凡言心者，皆指已发而言"的观点，恰是对"本心"的否定。在理学中，主流的观点是把未发已发理解为本末关系，依据的是《中庸》的"大本达道"说，相应的修养工夫也多落在"本"上；而程颐和王阳明则把未发已发理解为体用关系，主张体用不离。

第二，求"中"于未发之前，还是养"中"于未发之时?

在工夫层面，程、吕二人的分歧体现在是求"中"于未发之前，还是养"中"于未发之时。程颐弟子苏季明转述吕氏的观点来向程颐求证：

苏季明……又问："吕学士言：'当求于喜怒哀乐未发之前'，信斯言也，恐无着摸，如之何而可也?""看此语如何地下。若言存养于喜怒哀乐未发之时，则可；若言求中于喜怒哀乐未发之前，则不可。"又问："学者于喜怒哀乐发时故当勉强裁抑，于未发之前当如何用功?"曰："于喜怒哀乐未发之前，更怎生求? 只平日涵养便是。涵养久，则喜怒哀乐发自中节。"②

吕大临"当求于喜怒哀乐未发之前"的观点，也就是他所说的"虚心以

① 曹树明：《蓝田吕氏集》，第468、469页。
② （宋）程颢、程颐：《二程集》，中华书局1981年版，第200、201页。

求中"。此"中"是一种体验性的神秘心理状态（类似于杨时的"未发之中"）。程颐对此持反对的态度，认为"求"字失之急迫和勉强。程颐也不认为针对未发时需要特别的修养工夫，"只平日涵养便是"。

第三，"中"与"未发之中"是一是二？

吕大临认为"中"就是"未发之中"，表现为"原无过与不及"；程颐对"中"的理解则包含"在中"和"时中"两个方面："在中"指未发时无所偏倚，"时中"指已发时"无过与不及"。因此，程颐反对仅以"无过与不及"来界定"未发之中"，这也得到了朱子的赞同。

程、吕的这场论争，根本分歧在于对心的理解不同。吕大临先承认有一个近于"中"的神秘本心，主张执此"中"以应物，做到发而中节；程颐所理解的心体现为应事接物之心，表现出"祛魅"特征。由此，二人的修养工夫也有所不同：吕大临主张求本心、保本心和任本心；而程颐则主张"主一无适"，涵盖心理活动的各个方面。

二 胡宏论"凡言心者皆指已发"

在二程后学中，胡宏对未发已发的讨论最具特色。胡宏主张性本论，具体包括"性立天下之大本""物无定性，性无定体"[1]"性善不与恶对""性体心用""心以成性"等内容。关于未发已发问题，胡宏强调："窃谓未发只可言性，已发乃可言心，故伊川曰：'中者所以状性之体段'，而不言状心之体段。"[2] 胡宏认为，"未发之中"指人之性，而人之心无论寂感，都属已发。胡宏此论虽然借鉴了程颐的观点，但更强调性为大本，有将性与心分属形上、形下的趋势，与程颐的观点不同。不过，胡宏虽然强调性体超善恶，但在论人之性时，则明确主张人性本善[3]：

> 诚，天命。中，天性。仁，天心。理性以立命，唯仁者能之。[4]

---

① 胡宏会在性之本然、人性和物性等不同层面使用"性"这个概念，我们要注意区分他使用这一概念的具体所指。

② 《胡宏集》，中华书局1987年版，第115页。

③ 胡宏主张"性善不与恶对"，本意是要突出性作为形而上者，无动静善恶可言，但也会给人以其主张人性无善恶的印象，这也是朱子批评吕大临的主要方面。

④ 《胡宏集》，第41页。

不独如此，胡宏还很自觉地将对"性"的诠释和佛家区别开来，强调以"性"为实有：

> 有而不能无者，性之谓与？宰物不死者，心之谓与？感而无息者，诚之谓与？①

而人之性也就是"未发之中"：

> 凡人之生，粹然天地之心，道义完具，无适无莫，不可以善恶辨，不可以是非分，无过也，无不及也，此中之所以名也。②

胡宏认为，人之性道义完具，就是"未发之中"。"性"作为形而上者，本无动静之言，而要经由气和心来现实化，胡宏称之为"心以成性"。胡宏对心的理解是鲜活的，最能凸显出人心的主体性：

> 心也者，知天地、宰万物以成性者也。③
> 仁者，心之道乎！唯仁者为能尽性至命。④
> 探视听言动无息之本，可以知性；察视听言动不息之际，可以会情。视听言动，道义明著，孰知其为此心？视听言动，物欲引取，孰知其为人欲？是故诚成天下之性，性立天下之有，情效天下之动，心妙性情之德。性情之德，庸人与圣人同，圣人妙而庸人之所以不妙者，拘滞于有形而不能通尔。⑤

性之体无息，而性之用则不息，性之用恰恰通过情之动体现出来。由此，心既体现为"视听言动道义明著"，也体现为"妙性情之德"，这就是心对性的"实现"。胡宏论心之体段，并不赞同二程的说法：

---

① 《胡宏集》，第28页。
② 《胡宏集》，第332页。
③ 《胡宏集》，第328页。
④ 《胡宏集》，第1页。
⑤ 《胡宏集》，第21页。

心之体段，则圣人"无思也，无为也，寂然不动，感而遂通天下之故"是也。未发之时，圣人与众生同一性；已发则无思无为、寂然不动感而遂通天下之故，圣人之所独。夫圣人尽性，故感物而静，无有远近幽深，遂知来物；众生不能尽性，故感物而动，然后朋从尔思，而不得其正矣。若二先生以未发为寂然不动，是圣人感物亦动，与众人何异？①

胡宏认为，圣人与众人之同，在于其在未发时同具天命之性；圣人与众人之异，则在于其在已发时是否具有心之体段：圣人尽性，因而能够"感物而静"，这和众人只能被动地"感物而动"不同。胡宏此论，对朱子也有很大的影响。

从性本论出发，胡宏主张人本具道义之心，而人心之善也会以情之动的形式表现出来，这就是仁之端倪。不过，性体上不可做工夫，因此工夫只能围绕察识（也就是体认）仁心的端倪展开，时时操存涵养之。在朱子看来，由于胡宏不承认心有未发之时，因此其修养工夫必然会缺静处用力的一面。

三 朱子从理本和工夫视角论"中和"问题

朱子对程、吕二人争论的回应最具个性。我们知道，张载提出"由太虚，有天之名；由气化，有道之名；合虚与气，有性之名；合性与知觉，有心之名"②，试图从由天到人层层下贯的思路来界定人心；二程提出"性即理"和"论性不论气，不备；论气不论性，不明。二之则不是"③ 的观点，希望从本性和气禀两方面来诠释人性。朱子则借鉴了张、程二人的观点，以理一分殊的思路来界定人心。朱子论心，包括"心为主宰""心统性情""天命之谓性""心具众理""心为气之精爽""未发为性之静，已发为情之动"等多个侧面，不只有逻辑分析，更兼顾工夫实践。朱子论未发已发则包含两个方面：从性情、体用、本末的角度立论；从不同的心理活动阶段（心之寂感）立论。④ 我们注意到，朱子的心论充分考虑了气质的因素，而工夫论也以变化气质为出发点，但其未发已发论，则以涵养性之本然为出发点，并未

---

① 《胡宏集》，第115页。
② 《张载集》，中华书局1978年版，第9页。
③ （宋）程颢、程颐：《二程集》，第81页。
④ 陈来：《朱子哲学研究》，华东师范大学出版社2000年版，第179页。

考虑气质的影响，这势必会影响其思想体系的周延性，这也体现在他对程、吕之争的回应上。

第一，从理本论立场论"未发之中"。

朱子明确从理本论立场论"未发之中"：

> 喜怒哀乐，情也；其未发，则性也，无所偏倚，故谓之中。发皆中节，情之正也，无所乖戾，故谓之和。大本者，天命之性，天下之理皆由此出，道之体也。达道者，循性之谓，天下古今之所共由，道之用也……①

朱子以"天下之理，皆由此出"来诠释"未发之中"，发前贤之所未发（前贤多是从天命之谓性的角度论"未发之中"），也杜绝了以"无"论心的可能性，这是其拒斥佛老思想的体现。

第二，融合无所偏倚和天理浑然论"未发之中"。

程颐主张以无所偏倚论"未发之中"，朱子则将其与天理浑然结合起来：

> 曰："……盖天命之性，万理具焉，喜怒哀乐，各有攸当。方其未发，浑然在中，无所偏倚，故谓之中……谓之中者，所以状性之德，道之体也，以其天地万物之理，无所不该，故曰天下之大本……盖天命之性，纯粹至善，而具于人心者，其体用之全，本皆如此，不以圣愚而有加损也……"②

朱子强调，以无所偏倚论"未发之中"，强调其一性浑然，无所偏倚；中又是大本，因为"其天地万物之理无所不该"，这就将"未发之中"的无所偏倚和天理浑然结合起来，发前贤所未发。

不过，朱子对于"未发之中"的诠释，并没有考虑气质的影响。我们知道，朱子论心通常会从本性、气禀两方面考虑：从本性讲，"盖天命之性，纯粹至善，而具于人心者，其体用之全，本皆如此，不以圣愚而有加损也"；

---

① （宋）朱熹：《四书章句集注》，《朱子全书》第6册，上海古籍出版社、安徽教育出版社2002年版，第33页。

② （宋）朱熹：《四书或问》，《朱子全书》第6册，第558页。

从气禀论，则人自受形之后，其本性必然无法摆脱气质的影响而各自不齐。对人来说，气质之掩蔽生而即有，是无所逃的。

这里，朱子仅以"性之本然"论"未发之中"，必然要面对一个难题：人在思虑未发之时，气质的影响是否存在？事实上，这一难题曾长期困扰着朱子，如他一方面提出：

> 某看来，"寂然不动"，众人皆有是心；至"感而遂通"，惟圣人能之，众人却不然。盖众人虽具此心，未发时已自汩乱了，思虑纷扰，梦寐颠倒，曾无操存之道；至感发处，如何得会如圣人中节？[①]

从大本层面论，圣与凡同具天命之性，可以说"寂然不动"，人皆有是心；但在现实层面，则"盖众人虽具此心，未发时已自汩乱了"，只有圣人才能做到"感而遂通"。表面看，圣与凡之别体现在能否"感而遂通"上，但从根源上看，其差别恰恰在于心在未发时是否已自汩乱上。这里，朱子显然承认众人之心在未发时可能会被汩乱，他对于未发已发概念的使用，包括人的不同心理活动阶段。

另一方面，朱子则强调：

> （朱子）曰："喜怒哀乐未发之中，未是论圣人，只是泛论众人亦有此，与圣人都一般。"或曰："恐众人未发，与圣人异否？"（朱子）曰："未发只做得未发。不然，是无大本，道理绝了。"或曰："恐众人于未发昏了否？"（朱子）曰："这里未有昏明，须是还他做未发。若论原头，未发都一般。只论圣人动静，则全别。动亦定，静亦定。自其未感，全是未发之中；自其感物而动，全是中节之和。众人有未发时，只是他不曾向静看，不曾知得。"（陈淳录）[②]

这里，朱子似乎并不愿意谈气禀对心之未发的影响，转而谈"若论原头，未发都一般"，否认在心之未发上圣凡有别。朱子这里所说的"未发"，是从性情体用上立论的。我们知道，朱子对心之未发已发的理解，本来就包

---

① （宋）黎靖德编《朱子语类》卷九十五，《朱子全书》第17册，第3179页。
② （宋）黎靖德编《朱子语类》卷六十二，《朱子全书》第16册，第2038页。

含着这两个不同的层面。这也导致他在讨论常人在心之未发时是否会受到气质的影响，观点难以保持一致。

胡宏认为，圣凡之别不在未发时，而是在已发时；朱子则认为，圣凡之同在于其同源，其异则在于只有圣人能够做到动亦定、静亦定。

第三，从成圣工夫视角诠释"未发之中"。

朱子论"未发之中"，始终服务于学以成圣的目的。他从"中和旧说"到"中和新说"的转变，正是为了找到"无弊"的修养工夫。传世文献详细记载了他从无法领悟"道南指诀"的困惑到最初接受湖湘学派修养工夫的欣喜，再到发现湖湘学派修养工夫的弊端从而转向"中和新说"的历程。不过，朱子在选择修养工夫上的变化，根源还在其对未发已发理解的变化。

朱子首先从李侗那里学习了静坐体验未发"大本"的修养工夫，但对于刚刚从佛老影响走出来的朱子来说，他很难把此"静坐"和佛老的"静坐"区分开来，这是他始终不能契入李侗修养工夫的深层原因。朱子恰是带着上述困惑转向湖湘学派问学的。在"中和旧说"阶段，朱子接受了湖湘学派的心性理论和修养工夫，转而认同未发为性、已发为心，这其实是对程颐"凡言心者，皆指已发而言"的另一种理解。[①]"中和旧说"并不认为心有"未发"，因此修养工夫也只能落在"察识"心的已发上。不过，从当时朱子与张栻的书信往复看，朱子始终不忘对于"大本""安宅"的追寻，而这却是只在已发上做工夫难以落实的。

朱子由"中和旧说"转向"中和新说"有其必然性。一是朱子逐渐认识到"中和旧说"缺却平日涵养工夫，而急于求仁；二是虽然朱子也主张体认天地生物之心，但反对以浑然一体的体验为仁[②]，反对具有神秘体验性质的修养工夫；三是朱子始终不忘对于心之"大本"的追寻。这些都促成了朱子对于"中和"观点的改变。

在"中和新说"阶段，朱子不但重回以"心之未发"为"大本"的观

---

① 朱子在后来成熟的"中和"论中，会刻意对性之静和情之动作出区分：前者指心之未发阶段，后者指心之已发阶段，二者不容混淆；程颐则认为，性必时时发而为情，并不存在性隐而不彰的情况（性情不可截然区分），因此才会认为"凡言心者，皆指已发而言"，此已发之心，恰恰是由情所体现的。程颐的说法，是一种更深层次的性情一体论，认为程颐的心性理论不及情的说法并不准确。

② 程颢提出"仁者浑然与物同体"，重心是"同体"二字，不是要主张弃物而忘我，但朱子始终认为此说立论玄远，不足以解释仁的本义，而部分湖湘学者急于求仁，视仁"如有一物"，则又违背了程颢的本意。

点，而且还重提程颐认为思虑未萌就是"心之未发"的观点。由此，朱子才最终形成以主敬工夫来统摄静处涵养心之"未发"和动处察识心之"已发"的"定论"。朱子的"中和新说"，既是对道南学派和湖湘学派"中和"论的扬弃，更是对二程修养工夫的综合。朱子提出主静涵养为本，并非回到了吕大临的观点，而是对程颐"只平日涵养便是"观点的发挥，不具有神秘性。

第四，对程颐和吕大临"论中"言论的响应。

朱子与程颐思想有着极深的渊源，但他对于程颐"论中"的言论也有所批评：

> 曰：诸说如何？曰：程子备矣，但其答苏季明之后章，记录多失本真，答问不相对值……其言静时既有知觉，岂可言静？而引《复》以动见天地之心为说，亦不可晓。盖当至静之时，但有能知觉者，而未有所知觉也。故以为静中有物则可，而便以才思即是已发为比则未可；以为《坤》卦纯阴而不为无阳则可，而便以《复》之一阳已动为比则未可也。所谓无时不中者，所谓善观者，却于已发之际观之者，则语虽要切，而其文意亦不能无断续……①

朱子虽然说"程子备矣"，但也以记录者失误为由，指出了程说的诸多问题，这反映出朱、程二人对于未发的理解不同。虽然程颐和朱子都主张不能以"静"来定义心之"未发"，但朱子还是对程颐刻意从动处论心之"未发"的说法稍感不满。程颐不认为心存在一个浑然未觉的未发状态。由此，程颐的修养工夫基本上落在心之已发上，贯穿日用常行之间。朱子则承认"心之未发"就是"大本"，是修养工夫的重心。这也是朱子批评程颐"中和"说的根本原因。

朱子对于吕大临的"论中"观点，则持否定态度：

> 吕氏此章之说，尤多可疑……其曰由空而后见夫中，是又前章虚心以求之说也，其不陷入于浮屠者几希矣。盖其病根，正在欲于未发之前，求见夫所谓中者而执之，是以屡言之而病愈甚……且曰未发之前，则宜

---

① （宋）朱熹：《四书或问》，《朱子全书》第 6 册，第 561—562 页。

其不待著意推求，而了然心目之间矣；一有求之之心，则是便为已发，固已不得而见之，况欲从而执之，则其为偏倚亦甚矣，又何中之可得乎？且夫未发已发，日用之间，固有自然之机，不假人力。方其未发，本自寂然，固无所事于执；及其当发，则又当即事即物，随感而应，亦安得块然不动，而执此未发之中耶？此为义理之根本，于此有差，则无所不差矣……①

显然，朱、吕二人对于未发的理解完全不同。由此，朱子对于吕大临"由空以见中"和"执中以应物"的观点提出了尖锐的批评。朱子尤其对吕氏刻意求"未发之中"颇为不满，指出这种仅在心上做工夫的做法违背了儒学的基本原则；而求"中"之心也与"未发之中"的本有状态背道而驰，吕氏的说法有流于佛老的危险。我们知道，朱子早年曾出入于佛老，后在李侗的影响下逐渐走出佛老。朱子对于吕大临"求中"说的批评，与他此前的经历是分不开的。那么，又如何看待朱子"中和新说"中的涵养"未发"与吕大临"求中"说的差别？其不同处在于朱子避免以"空""无"论"未发之中"，更不赞成急于"求中"，乃至于视"中"如有一物的态度；朱子所强调的涵养"未发"，更强调理性的立场和天理流行的感受，从而尽可能地和佛老的静坐、忘我区别开来。这在一定程度上，也是针对吕大临"求中"说而发的。

四 王阳明对"未发或有不中"的讨论

王阳明强调"心外无物，心外无事，心外无理，心外无义，心外无善"②，主张在日用常行上时时致其良知，避免体与用、心与理、知与行、内与外、动与静相脱节，这明显有针对朱子的意味。③ 阳明反对朱子将理气、本性与气禀、未发已发二分的范式，强调以良知本体为核心来构建知行合一

---

① （宋）朱熹：《四书或问》，《朱子全书》第 6 册，第 562—563 页。

② 《王阳明全集》，上海古籍出版社 1992 年版，第 156 页。

③ 表面上看，朱子重分，阳明重合，二人的思维方式有明显的不同。不过，朱子绝非仅仅是静态地讨论理气、心性诸问题，而是强调理不能离气而独立，理在气的变化中彰显自身，性必发而为情，情之动发而中节。同时，阳明也强调，在认识到心的未发已发本一的前提下，也不妨承认心的未发已发之分。朱子和阳明的思想，都注重分中有合、合中有分。

的理论体系。由此，阳明甚至提出性气一体的观点，即"性善之端须在气上始见得，若无气，亦无可见矣。恻隐、羞恶、辞让、是非即是气……若见得自性明白时，气即是性，性即是气，原无性气之可分也"①，体现出了体用一如的思维特色。显然，阳明就是要把朱子构建的二分化的理论体系再度合起来。这种体用一如的思维方式，也是阳明论"未发之中"的基础。

其一，阳明论"未发之中"，与其"四句教"尤其是"无善无恶心之体"密切相关②，表现出"体用一如"的特质。

阳明并未单独讨论过未发已发问题，这与其不主张对心、性、情作刻意区分有关。不过阳明在对"四句教"的表述上，也借用了未发已发的范式：

> 澄问："喜怒哀乐之中和，其全体常人固不能有。如一件小事当喜怒者，平时无有喜怒之心，至其临时亦能中节，亦可谓之中和乎？"先生曰："在一时一事，固亦可谓之中和，然未可谓之大本达道。人性皆善，中和是人人原有的，岂可谓无？但常人之心既有所昏蔽，则其本体虽亦时时发见，终是暂明暂灭，非其全体大用矣。无所不中，然后谓之大本；无所不和，然后谓之达道。惟天下之至诚，然后能立天下之大本。"曰："澄于中字之义尚未明。"曰："此须自心体认出来，非言语所能喻。中只是天理。"曰："何者为天理？"曰："去得人欲，便识天理。"曰："天理何以谓之中？"曰："无所偏倚。"曰："无所偏倚是何等气象？"曰："如明镜然，全体莹彻，略无纤尘染着。"曰："偏倚是有所染着。如著在好色、好利、好名等项上，方见得偏倚；若未发时，美色、名利皆未相著，何以便知其有所偏倚？"曰："虽未相著，然平日好色、好利、好名之心，原未尝无；既未尝无，即谓之有；既谓之有，则亦不可谓无偏倚。譬之病疟之人，虽有时不发，而病根原不曾除，则亦不得谓之无病之人矣。须是平日好色、好利、好名等项一应私心扫除荡涤，无复纤毫留滞，而此心全体廓然，纯是天理，方可谓之喜怒哀乐未发之中，方是天下之大本。"③

性无不善，故知无不良。良知即是未发之中，即是廓然大公、寂然

---

① 《王阳明全集》，第61页。
② 笔者曾有《从朱子的"已发未发说"看阳明的"无善无恶心之体"》一文，此不赘述。
③ 《王阳明全集》，第23页。

不动之本体，人之所同具者也，但不能不昏蔽于物欲，故须学以去其昏蔽。然于良知之本体，初不能有加损于毫末也。知无不良，而中寂大公未能全者，是昏蔽之未尽去，而存之未纯耳。体即良知之体，用即良知之用，宁复有超然于体用之外者乎？①

阳明论"中"之"如明镜然，全体莹彻，略无纤尘染着"云云，很自然地让人想起他在"四句教"中对"无善无恶心之体"的说明。在"天泉证道"中，阳明也提到，"人心本体，原是明莹无滞的，原是个未发之中"，表明阳明将"无善无恶心之体""未发之中""心之全体大用"看作是对心体的说明。

阳明认为，作为大本达道之"中和"与常人在一时一事上的"中和"不同：前者从本源上揭示出心之本然和人性本善，是天理良知的直接体现；后者则以后天心理活动的形式呈现，体现出物欲对人本性的蒙蔽。因此，常人的本心、本性虽然与圣人无异，但因其有所昏蔽，无论有无思虑之时，都难以保证作为大本达道的"中和"随时呈现。另外，阳明又强调"性无不善，故知无不良。良知即是未发之中，即是廓然大公、寂然不动之本体，人之所同具者也"，显然是将未发之中和良知本体相等同。阳明以纯然天理来诠释"未发之中"，这和程朱的说法是一致的。

由此可知，阳明虽借用了佛老"无执""无滞"来说明心体，但也决不否认心体至善的立场，而是努力在做到妙在有无之间。② 此外，阳明对于前贤将未发已发、心之动静与寂感二分的做法颇为不满，而是重提周敦颐动而无动、静而无静的观点，并以良知本体来统摄之：

未发之中，即良知也，无前后内外而浑然一体者也。有事无事可以言动静，而良知无分于有事无事也；寂然感通可以言动静，而良知无分于寂然感通也。动静者，所遇之时，心之本体固无分于动静也，理无动静者也。动即为欲，循理则虽酬酢万变，而未尝动也；从欲则虽槁心一

_____

① 《王阳明全集》，第62、63页。
② 表面上看，阳明的"无善无恶心之体"是借鉴了佛教"无"的立场，但佛教所说的"无"，以非有非无不落二边为特色，主张万法是既因缘假有而又本性空寂，因此假有无滞本空。与之相对，阳明论"无善无恶心之体"，更喜欢以心体本虚释之，不承认佛学万物假有的观点。此外，佛学认为色当下即空，而非空色之后才能见空，这和阳明先逻辑性地默认一个"无善无恶心之体"，之后再引出"有善有恶意之动"的思路并不相同。笔者认为，至少在阳明看来，心体本虚的观点更接近于当时流行的道教内丹学的立场。

念，而未尝静也。动中有静，静中有动，又何疑乎？有事而感通，固可以言动，然而寂然者未尝有增也；无事而寂然，固可以言静，然而感通者未尝有减也。动而无动，静而无静，又何疑乎？无前后内外而浑然一体，则至诚有息之疑，不待解矣。未发在已发之中，而已发之中，未尝别有未发者在；已发在未发之中，而未发之中未尝别有已发者存，是未尝无动静，而不可以动静分者也。①

前文提到，阳明采用体用模式论未发已发，二者相互蕴含恰是良知本体贯通性的最好体现。在阳明看来，人心在经验世界里未尝无动静之分，未尝无有事和无事之别（寂然和感通之分），但良知本体的全体大用就贯通在经验之心的动静之中，而无分于动静、无分于寂感，于寂中有感、于动中有定；心之未发已发亦然：未发在已发之中，已发也在未发之中，而良知本体在未发时无所增，在已发时无所失。一句话，心未尝无动静、未发已发之分，却也不能将此截然二分，因为理无动静，体用一如：

　　或问未发已发，先生曰："只缘后儒将未发已发分说了，只得劈头说个无未发已发，使人自思得之。若说有个已发未发，听者依旧落在后儒见解。若真见得无未发已发，说个有未发已发，原不妨原有个未发已发在。"问曰："未发未尝不和，已发未尝不中。譬如钟声，未扣不可谓无，既扣不可谓有。毕竟有个扣与不扣，何如？"先生曰："未扣时原是惊天动地，既扣时也只是寂天寞地。"②

未扣（未发）时原是惊天动地，这与朱子强调未发时"思虑未萌而知觉不昧"相似，即静中有觉；既扣时也只是寂天寞地，即是《定性书》中的"情顺万物而无情"和胡宏认为圣人"感物而静"的观点。阳明认为，在把握了未发已发体用一源的前提下，也不妨说有未发已发之分，阳明这种反弹琵琶的做法，其实是在更深层面强调未发已发之间的一体浑然。

阳明这种体用模式，也反映在他对"四句教"的解释上。通常大家对于"四句教"的理解，认为第一句论心之体，是基于无的立场，而后三句论心

---

① 《王阳明全集》，第64页。

② 《王阳明全集》，第115页。

之用，是基于有的立场，这是一种有无和体用的合一。从上文的分析看，阳明也在有意识地强调"未发之中"未尝不包含"有"的消息，而在心的已发之后，也未尝不包含"无"的消息，表明他并不希望在"四句教"的第一句和后三句之间明确作出"有"与"无"之划界。再者，"知善知恶是良知"一句，本身就是良知本体的直接体现，而"无善无恶心之体"与"知善知恶是良知"之间，恰好构成了"有"与"无"的交融，成为阳明所理解的"良知本体"的一体之两面。

其二，从个体性原则出发，讨论"未发之不中"的可能性。

朱子论心性的原则是理一分殊，强调人人在本源上同具天命之性，而此天命之性以"未发之中"的形式呈现出来的。因此，朱子不认为有"未发之不中"的可能性。虽然朱子也认为气质之性生而即有，虽圣人不能无人心，但强调在"心之未发"上，圣与凡并无不同。① 与之相对，阳明论心性，固然也强调良知本体当下现成，但更希望从个体性原则出发，揭示出人在良知呈现上的差异性、多元性。一句话，阳明论心性的立足点，不是作为"类"而呈现的人，而是作为个体而呈现的人，所重视的是心体，而非性体：

> 不可谓未发之中常人俱有，盖体用一源，有是体即有是用，有未发之中，即有发而皆中节之和，今人未能有发而皆中节之和，须知是他未发之中亦未能全得。②

这条材料的关键处是如何理解"未能全得"四字。阳明当然不会认为人在受生之初天赋之善性未全，因此此处的"未能全得"只能理解为"未能保全"之意。显然，阳明自然承认"人性皆善，中和是人人原有的"，不过他并没有像朱子那样，将现实中人性不齐的原因归于气禀。阳明强调，人在既生之后，除了圣人以外，都会受到外在物欲的影响，从而体现出差异性。③本心昏蔽之人，"虽有时不发，而病根原不曾除"，即使是在思虑未萌之时，也是如此。这里，阳明与朱子的不同之处在于，阳明是基于心体而非性体的

---

① 朱子这里所使用的"心之未发"的概念，只从心的性情体用关系上立论，不涉及心理活动层面。

② 《王阳明全集》，第17页。

③ 朱子认为，造成人之不齐的原因是先天性因素——气禀，阳明则认为，造成人之不齐的原因是后天性因素——物欲之掩蔽。

立场来讨论"未发之不中",注重从个体差异性出发考虑问题,更强调个体的当下体验。正是基于心体的立场,阳明会更加强调心的体用一如:有是体即有是用,而由是用即可见其体;心之体用也不应该分先后、分本末。同时,常人之心受物欲之蔽的影响,在体用两端都不复其本然面目,这也是阳明认为常人会有"未发或有不中"的原因。我们认为,从前贤普遍主张未发之无不中到阳明认为"未发或有不中",并非他们对人人本具天命之性这一点存在分歧,只是他们对于人既生之后心之"未发"的理解有所不同。

阳明对于"未发之中"的诠释,也是成圣之学的基础。既然阳明论"未发之中"以"主合"为特色,那么其修养工夫自然也以致良知为本,毫无枝蔓。不过,阳明固然强调良知本体时时知是知非,时时无是无非,但其致良知的工夫却力求避免走神秘主义的路径,而是强调在事为上时时做正心诚意的工夫,体现出希望严辨儒学与佛老之别的自觉。①

结 论

从程、吕之争到胡宏、朱子、阳明的回应,我们能够从中发现理学家在论"未发之中"上的基本问题意识。总体而言,诸贤在论此问题时,都很注意把区分儒释之别放在优先地位,体现出对儒者身份的强烈自我认同。同时,他们也希望通过对此问题的探究来确定恰当的修养工夫,实现学以成圣的目的。在此前提下,他们对此的讨论大致分为两大阵营:基于直觉的立场和基于理性主义的立场。本来,理学大大强化了心性修养的部分,而理学诸贤也多有出入佛老的经历,这使其难以和神秘主义彻底划清界限。不过,上述诸贤对"未发之中"的诠释,无论是主张发明本心,还是主张穷理、体仁,却都希望其工夫论所指向的是儒学的真实受用。此外,诸贤对于"未发之中"的诠释,首先是将其视为人人本有的实存,而非完全基于境界论的立场(许多学者认为阳明的"四句教"是基于境界论的立场,而忽略了阳明认为"无善无恶心之体"的状态是人人所本有的)。由此,"复其本然"也就具有了和"学以成圣"相同的内涵。在此意义上,理学围绕"未发之中"的讨论,都以复本为开新为特质。

---

① 阳明在经历了与湛若水等人的论辩后,也在不断调整自己的思想,避免给人以其格物思想只是"正念头"的印象,而是强调在事为上正心诚意。

朱子学与湖湘学的融合[*]

陈代湘^{**}

摘　要：湖湘学与朱子学有非常复杂的学术关系，相互影响很深。朱熹在"性为万物之源"、性一理殊、万物皆有性、格物、居敬等问题上受益于胡宏。朱熹在性之善恶、心性关系、涵养察识以及仁说等问题上对张栻产生了重要影响。

关键词：朱子学；湖湘学；湖湘学派；胡宏；张栻

朱子学是朱熹及其门人所创立的学说，朱熹的原创性贡献最大，他的门人后学在传播、完善、发展朱子学的过程中也做出了很大的贡献。朱熹是宋代理学的集大成者，他的学说"致广大，尽精微，综罗百代"①，影响力非常大。"湖湘学"或称"湖南学"，是对以胡安国、胡宏、张栻等人为代表的理学学派学说的特称，有时朱熹又称这一派为"湖南一派"。后来黄宗羲在论述这一学派时，沿用朱熹"湖南一派"的称谓，而且明确提出了"湖湘学派"这一概念。②朱熹的思想有一个发展成熟的过程，在他获得"晚年定论"之前，他与当时的很多学派进行了思想的交锋和辩驳，正是在这个过程中他吸取了各家之长，成就了超迈万世的理论学说。在这些与朱熹辩驳及与其思想融合的地域学派中，朱熹最重视湖湘学派，湖湘学者与朱熹进行了最为深入持久的辩论，使朱熹的思想产生了跌宕起伏的变化，也促使朱熹思想最后定型。

　＊　本文原载于《朱子学刊》2016 年第 1 期，收入本书时有修改。

＊＊　陈代湘，湘潭大学碧泉书院·哲学与历史文化学院院长，教授，博士生导师。

①　（清）黄宗羲《晦翁学案》，《宋元学案》卷四十八，中华书局 1986 年版，第 1495 页。

②　《宋元学案·武夷学案》云："湖湘学派之盛，则先生（指黎明——引者）最有功焉。"（清）黄宗羲：《武夷学案》，《宋元学案》卷三十四，第 1191 页。

一 胡宏对朱熹的影响

胡宏是朱熹长辈中最有名的理学家。朱熹的老师李侗虽然自我修养工夫也十分精纯了得，对朱熹的影响也很大，但李侗不著书，胡宏则有《知言》之作，吕祖谦甚至认为《知言》超过张载的《正蒙》。朱熹从张栻处获闻胡宏之学并得到胡宏的著作之后，潜心研读，深受胡宏思想的影响。

胡宏对朱熹的影响是通过两条途径实现的。一是胡宏思想对朱熹的直接影响，朱熹认可并继承胡宏的学术观点；二是朱熹在反复研读胡宏著作时，通过批判胡宏而获得新的认识，从而构建自己的思想体系。

第一，朱熹的"性为万物之源"、性一理殊以及万物皆有性等观点受到胡宏的影响。

胡宏是性本论的代表，提出以性为宇宙本体、性为天下大本、性立天下之有、万物皆性所有的观点。朱熹虽然是理本论的代表，但他有时也认为性就是宇宙本体和万物本原。他说："性者万物之原。"[1]一般来说，朱熹认为理或太极为宇宙本体，而且，在他看来，理也有"总理"和"分理"的区分，宇宙万物的"总理"是太极[2]，而万事万物又各有其分理，即所谓"人人有一太极，物物有一太极"。朱熹接受程颐"性即理"的思想，性和理是相通的；他又受胡宏影响，把与理相通的性也提升到了宇宙本体的高度。在性和理的关系上，朱熹又受到胡宏"性一理殊"思想的影响。胡宏认为性是"天命之全体"，理只是天命的局部，所以他说："大哉性乎！万理具焉，天地由此而立矣。世儒之言性者，类指一理而言之尔，未有见天命之全体者也。"[3]胡宏反对"世儒"把性看成是一理，而认为性包含众理，性为一，理为多，是为"性一理殊"。朱熹也说："性是理之总名，仁义礼智皆性中一理之名。"[4]在这里，朱熹明确表达了性中包含众理的意思，仁义礼智是人伦道德中的理，就存在于性之中。这就是非常典型的"性一理殊"思想，它显然是来自胡宏。

胡宏论性又区分不同范围，既论一切事物之性，又论人之性。一切事物

---

① （宋）黎靖德编《朱子语类》卷四，王星贤点校，中华书局1994年版，第76页。
② 《朱子语类》卷九十四："总天地万物之理，便是太极。"第2375页。
③ 《胡宏集》，中华书局1987年版，第28页。
④ （宋）黎靖德编《朱子语类》卷五，第92页。

之性即作为宇宙本体的性，不可以善恶言，或曰无善恶，而人之性乃天命于人，人禀之于天。这种思想也影响到了朱熹。朱熹论性，也区分这两个范围。他认为万物皆有性，天下无性外之物："问：'枯槁之物亦有性，是如何？'曰：'是他合下有此理，故云天下无性外之物'。"①枯槁之物也有性，这就是说，宇宙间一切事物皆有性。此时的性，实即万物之理。同胡宏一样，朱熹又认为人所受之天命乃为人性。朱熹又进一步指出，人之性与物之性本是一源，只是因气禀不同而出现差异，"人、物性本同，只气禀异"②。

第二，朱熹在心性论上得益于胡宏。

朱熹心性论的发展和完善是从其研究中和问题开始的。朱熹在研究中和问题时发生了从中和旧说向中和新说的思想演变，其演变的思想线索，根据钱穆先生的考释，大致如下。

朱熹受业于延平（李侗）时，对禅学已经颇有体会，但延平却以为不对，教他去日用处用功、去圣经中求义，并且以从杨时一派所得的"于静中看喜怒哀乐未发时作何气象"修养宗旨引导他。但是，朱熹当时认为心为活物、为已发，而对于延平求中未发之旨无法理解和接受，延平去世后，朱熹所进益密，所得益细，这才感觉工夫有所疏失，心境未宁，而延平求中未发的遗言，时时于胸中往来，他内心非常苦闷，所以远道访问张栻。张栻继承胡宏之说，主张心为已发，正同朱熹夙见相符。从湖南归来，朱熹抛弃了延平求中未发之教，得出"心为已发，性为未发"的结论，这就是中和旧说。但是，中和旧说在很短的时期内又被朱熹自己推翻了。朱熹《中和旧说序》说："乾道己丑之春，为友人蔡季通言之，问辨之际，予忽自疑斯理也……则复取程氏书，虚心平气而徐读之，未及数行，冻解冰释。"这就是所谓的"己丑之悟"，朱熹当年40岁。钱穆认为，"己丑之悟"后，朱熹对于心之已发未发能够两面兼顾，而不是专注于一边。而且此后对于张横渠心统性情之说极其称赞，因为此时朱熹主张性为体、情为用，而心则通贯之，因此称赞横渠心统性情说"精密"。

钱先生所述朱熹从中和旧说向中和新说的思想演变过程大体上是不错的。只是朱熹《中和旧说序》提到的"往从而问焉"到底在何时，是判断朱熹建立中和旧说的时间并分析其发展演变的关键。钱先生认为"往从而问焉"是

---

① （宋）黎靖德编《朱子语类》卷四，第61页。
② （宋）黎靖德编《朱子语类》卷四，第58页。

指乾道三年（1167）朱熹往潭州（今长沙）访张栻，张栻"告予以所闻"，即把胡宏关于未发已发的中和思想介绍给朱熹，从而使朱熹有中和旧说之悟，这是个误解。实际情况是，朱熹是在隆兴二年（1164）往豫章（今南昌）访张栻。这一次朱熹往豫章登舟哭祭张浚亡灵而与张栻相见，这次相见后的第二年，即乾道元年（1165），朱熹就已知晓胡宏的中和思想。朱熹《答罗参议》第四书云："大抵衡山之学只就日用处操存辨察，本末一致，尤易见功。"① "日用处"就是指已发。既然朱熹这时就已知晓胡宏的中和学说，不可能等到乾道三年往潭州访张栻而得，而只能是隆兴二年往豫章访张栻而得。也就是说，朱熹"往从而问焉"不是指乾道三年往潭州，而是指隆兴二年往豫章。在豫章与张栻相见时，朱熹得到张栻所赠胡宏《知言》一书，但《五峰集》尚未刊刻，所以朱熹当时没有见到胡宏提出"性为未发，心为已发"的《与曾吉父》书信，只是听张栻介绍了胡宏的观点。这与朱熹所说的"后得胡氏书，有与曾吉父论未发之旨者，其论又适与余意合"之意正合。况且朱熹《中和旧说序》在叙述到"己丑新悟"后又说"亟以书报钦夫及尝同为此论者"②，说明朱熹往潭州访张栻时，他与张栻及别的湖湘学者在中和问题上意见是一致的，这也证明朱熹中和旧说悟于往潭州访张栻之前。而朱熹在《中和旧说序》中明确说是"往从而问"张栻之后才有旧说之悟，此为隆兴二年往豫章访张栻无疑。

朱熹在《与湖南诸公论中和第一书》中称："《中庸》未发已发之义，前此认得此心流行之体，又因程子'凡言心者，皆指已发而言'，遂目心为已发，性为未发。然观程子之书，多所不合。"③从这里看来，朱熹中和旧说之悟并非得自胡宏。而且《中和旧说序》中说"后得胡氏书，有与曾吉父论未发之旨者，其论又适与余意合"，朱熹自言中和旧说乃为自得。只不过，虽然不是直接得自胡宏，却得益于胡宏。首先，当朱熹求喜怒哀乐未发之旨未达而"若穷人之无归"时，怀着苦闷的心情往豫章向张栻请教"胡氏学"，而且又得到胡宏的著作研读，应该说胡宏学说对他有一定的"启键"作用。其次，朱熹在获得中和新悟后对胡宏著作的辩驳，以及与胡宏弟子的反复辩论，完善了其"心统性情"学说。

---

① 《朱熹集》续集卷五，四川教育出版社 1996 年版，第 5238 页。
② 《朱熹集》卷七十五，第 3950 页。
③ 《朱熹集》卷六十四，第 3383 页。

第三，朱熹在格物、居敬等问题上亦受益于胡宏。

格物致知问题始自《大学》。《大学》本为《礼记》中的一篇，朱熹对此篇极为推重，反复强调《大学》的重要性和在为学次第上的优先性。《大学》的主旨是所谓"三纲领""八条目"，其中一个突出的观念就是"格物致知"。

朱熹在格物问题上服膺程颐之说。程颐说："若只格一物便通众理，虽颜子亦不敢如此道。须是今日格一件，明日又格一件，积习既多，然后脱然自有贯通处。"①朱熹评价说："今日格一件，明日格一件，积久自然贯通，此言该内外，宽缓不迫，有涵泳从容之意，所谓'语小天下莫能破，语大天下莫能载'也。"②且谓程氏之说"颠扑不破"③。

在朱熹看来，程颐的格物之说虽"颠扑不破"，但程氏门人却无一人能领会师门学旨，都偏向觉悟贯通一面，尹和靖甚至还认为"今日格一件，明日格一件"不是程氏之言④，可见程氏门人对程颐此说误解有多深。唯有胡宏，朱熹认为他在格物问题上虽然亦不免"有病"，却比任何程氏亲炙弟子都说得好，这不能不对朱熹产生影响。朱熹说："程子既没，诸门人说得便差，都说从别处去，与致知、格物都不相干，只不曾精晓得程子之说耳。只有五峰说得精。"⑤朱熹认为胡宏在格物问题上比程氏门人都说得精，因为胡宏始终强调"格物致知"为《大学》的精髓："请问大学之方可乎？曰：致知。请问致知。曰：致知在格物。物不格，则知不至。知不至，则意不诚。意不诚，则心不正。心不正而身修者，未之有也。是故学为君子者，莫大于致知。彼夫随众人耳目闻见而知者，君子不谓之知也。"⑥胡宏的这段话强调了两层意思，一是"格物致知"的重要性，二是"耳目闻见"之知不是君子心中真正的"知"。重视德性之知，而轻视闻见之知，这是除朱子学派以外绝大部分儒家学者的主张，胡宏也不例外。但胡宏强调格物致知，而且在格物问题上又主张"身亲格之"⑦，这与朱熹的格物学说是一致的，也是对程颐

---

① （宋）程颢、程颐：《二程集》卷十八，王孝鱼点校，中华书局 2004 年版，第 188 页。
② （宋）黎靖德编《朱子语类》卷十八，第 419 页。
③ （宋）黎靖德编《朱子语类》卷十八，第 421 页。
④ （宋）黎靖德编《朱子语类》卷十八，第 416 页。
⑤ （宋）黎靖德编《朱子语类》卷十八，第 421 页。
⑥ 《胡宏集》，第 32 页。
⑦ 胡宏《复斋记》云："儒者之道，率性保命，与天同功，是以节事取物，不厌不弃，必身亲格之，以致其知焉。"《胡宏集》，第 152 页。

思想的继承。对于胡宏紧接着所讲的"格之之道"，朱熹也基本认同。胡宏说："格之之道，必立志以定其本，而居敬以持其志。志立乎事物之表，敬行乎事物之内，而知乃可精。"①朱熹评论胡宏的这段话道：

> 其曰"志立乎事物之表，敬行乎事物之内"，此语极好。而曰"而知乃可精"，便有局促气象。他便要就这里便精其知。殊不知致知之道不如此急迫，须是宽其程限，大其度量，久久自然通贯。他言语只说得里面一边极精，遗了外面一边，所以其规模之大不如程子。②

朱熹对胡宏的这一段言论也是一分为二地评价，认为他里面一边说得精，而遗了外面一边，失之于"急迫"。因为在朱熹和程颐看来，格物致知有个"一日一格"的积累过程，积习之久，才会贯通，胡宏之说恰好说少了这积久之功。不过，尽管朱熹认为胡宏之论仍然"有病"，却认为胡论超出所有程子门人。从学术思想的继承来看，朱熹也正是通过胡宏的转手，上接程颐格物之论，而发展了程氏学说。

除了在格物论上受胡宏的影响外，朱熹在居敬问题上也得益于胡宏。"敬"是朱熹思想中的一个重要内容。他说："'敬'字工夫，乃圣门第一义。""'敬'之一字，真圣门之纲领，存养之要法。"③又赞扬程颐道："程子谓：'涵养须用敬，进学则在致知。'此语最妙。"④朱熹认为居敬为圣门第一要义，特别赞同程颐"涵养须用敬，进学则在致知"一句话，而实际上其中也有胡宏的传承和影响。朱熹在给江元适的书信中第一次谈到"敬"时说："五峰胡先生者，名宏，字仁仲，亦曰'居敬所以精义也'，此言尤精切简当，深可玩味。"⑤表明朱熹注意到"敬"并非直接得自程颐，而是受胡宏的影响。

胡宏说："敬也者，君子之所以终身也。"⑥认为"敬"是君子应终生坚守之事。他自己说到做到，临终前还强调"敬"的重要性："五峰临终谓彪德

① 《胡宏集》，第152页。
② （宋）黎靖德编《朱子语类》卷十八，第419页。
③ （宋）黎靖德编《朱子语类》卷十二，第210页。
④ （宋）黎靖德编《朱子语类》卷十二，第215页。
⑤ 朱熹：《答江元适》，《朱熹集》卷三十八，第1732页。
⑥ 《胡宏集》，第28页。

美曰：'圣门工夫，要处只在个敬。'"①朱熹对此大加赞赏，评曰："此为名论！"②胡宏在另一处又说："敬者，圣门用功之妙道也。"③这和朱熹"'敬'字工夫，乃圣门第一义"等语如出一口。

二　朱熹与张栻的相互影响及思想融合

朱熹与张栻二人思想的发展和成熟都经历了一个过程，其间，朱熹在思想上经历了中和旧说以及中和新说的曲折反复，而张栻亦有早期和晚期的思想变化。在他们的思想发展变化过程中，两人都给予对方以关键性的影响。从总体上看，朱熹的中和旧说之悟主要是在张栻"启键"和引导下获得的，而到朱熹独立悟得中和新说后，张栻又转而认同朱熹观点，张栻晚年思想又受到朱熹的深刻影响。

朱熹早年醉心于佛学，初见其师李侗时，李侗只说不对，朱熹反疑李侗不懂。李侗学问修养很深，但不善表达，只教朱熹读圣贤书。朱熹遵照李侗的意思把圣人之书拿来读，渐渐悟出禅学之非，折而归于儒学正途，但对李侗默坐澄心之教尚不能契，而李侗却溘然长逝，朱熹顿感茫然失向，"若穷人之无归"。这是朱熹37岁"丙戌之悟"前为学的基本情况。

李侗死后，朱熹虽然"若穷人之无归"，却仍然继续对心性问题进行探索。早在隆兴二年，李侗刚刚去世，朱熹就往豫章向张栻请教了湖湘之学。当时张栻并没有把胡宏关于中和的思想完全介绍给朱熹，所以朱熹在《中和旧说序》中说他是在第一次中和之悟后才读到胡宏《与曾吉父》书信论未发之旨，与己意合。这说明朱熹中和旧说中"性为未发，心为已发"的观点乃独立思考所得，只不过恰与胡宏在《与曾吉父》书中所说相合。朱熹的中和旧悟虽是独立思考所得，但受到张栻的引导和启发。张栻在隆兴二年向朱熹介绍的主要是湖湘学派"先察识后涵养"的观点以及张栻本人对未发已发的看法。"先察识后涵养"本就是胡宏学说题中之义。朱熹正是在此基础上，通过自己的思考而得中和旧悟。因此，朱熹老实承认他的第一次中和之悟就是得益于张栻的启发："盖通天下只是一个天机活物，流行发用，无间容息。

① （清）黄宗羲：《五峰学案》，《宋元学案》卷四十二，第1383页。
② （清）黄宗羲：《五峰学案》，《宋元学案》卷四十二，第1383页。
③ 《胡宏集》，第34页。

据其已发者而指其未发者，则已发者人心，而凡未发者皆其性也……向非老兄抽关启键，直发其私，诲谕谆谆，不以愚昧而舍置之，何以得此？"①朱熹在这里明确提到没有张栻的"抽关启键"，他就不可能悟到已发为心、未发为性等与胡宏相合的观点，足见张栻对朱熹中和旧悟的影响是巨大而不容置疑的。

朱熹的中和旧说，实际是他在经过一番痛苦思索后折从张栻。因此，这一时期他对张栻之学由衷地敬佩，自叹不如："钦夫之学所以超脱自在，见得分明，不为言句所桎梏，只为合下入处亲切。今日说话虽未能绝无渗漏，终是本领是当，非吾辈所及。"②张栻虽然比朱熹小三岁，但天资明敏，又受教于胡宏，悟道早成，没有经历朱熹那么多的曲折，而是一开始就抓住了孔门圣学要旨，所以当朱熹在张栻引导下苦苦求索而得中和旧悟后，对张栻倾服不已。此时，朱熹基本上接受了张栻从胡宏处得来的学术观点。因此，二人此时的学术主张大体上是一致的。

朱熹37岁得丙戌中和旧悟，到40岁即得己丑中和新悟，而把旧悟推翻了。朱熹得新悟后，立即写信给张栻等人："亟以书报钦夫及尝同为此论者。惟钦夫复书深以为然，其余则或信或疑，或至于今累年而未定也。"③朱熹写信给张栻等当年同持中和旧说观点的湖湘学者，张栻很快就认同了朱熹的中和新说，回信"深以为然"。朱熹迫不及待写给张栻等人的这封信，就是现在保存下来的《与湖南诸公论中和第一书》，在写此书前，朱熹已将自己的中和新说写成《已发未发说》一文，《与湖南诸公论中和第一书》就是在《已发未发说》的基础上修改而成。同一年，朱熹又在写给林择之的信中说："近得南轩书，诸说皆相然诺，但先察识后涵养之论执之尚坚。"④又说："近看南轩文字，大抵都无前面一截工夫也。大抵心体通有无、该动静，故工夫亦通有无、该动静，方无透漏。若必待其发而后察，察而后存，则工夫之所不至多矣。惟涵养于未发之前，则其发处自然中节者多，不中节者少。体察之际，亦甚明审，易为着力。"⑤此二书皆作于乾道五年己丑，朱子初悟中和旧说之非，写信给张栻等人并得到张栻复信后，朱熹在《中和旧说序》中说

---

① （宋）朱熹：《答张敬夫》，《朱熹集》卷三十二，第1373—1374页。
② （宋）朱熹：《答何叔京》，《朱熹集》卷四十，第1865页。
③ （宋）朱熹：《中和旧说序》，《朱熹集》卷七十五，第3950页。
④ （宋）朱熹：《答林择之》，《朱熹集》卷四十三，第2028页。
⑤ （宋）朱熹：《答林择之》，《朱熹集》卷四十三，第2049页。

张栻复书"深以为然"，而在答林择之书中则说"诸说皆相然诺，但先察识后涵养之论执之尚坚"，说明张栻此时在工夫论上仍然坚持湖湘学派"先察识后涵养"的为学宗旨，但数年后，张栻对"先察识后涵养"之说也作了改变，主张涵养与察识并进，且以涵养为主，这就与朱熹完全一致了。乾道八年，张栻在写给吕祖谦的信中说："存养省察之功固当并进，然存养是本，觉向来工夫不进，盖为存养处不深厚。"① 同年他又在《答乔德瞻》中说："存养体察，固当并进。存养是本，工夫固不越于敬。"②

涵养与体察并进，致知前后皆须涵养，这是朱熹获得中和新悟后的一贯主张。张栻在乾道五年尚坚持"先察识后涵养"，而到乾道八年就明确宣称涵养和体察并进，且涵养是本，与朱熹一致了。张栻的这个转变，显然是受到朱熹的影响。

张栻的性格有一个很大的特点，即善于吸收别人的意见，兼收并蓄。朱熹谈到张栻这一特性时，说："钦夫最不可得，听人说话，便肯改。"③又举具体例证曰："南轩《论语》初成书时，先见后十篇，一切写去与他说。后见前十篇，又写去。后得书来，谓说得是，都改了。"④张栻之所以深得朱熹的喜爱，一个很大的原因就是张栻"肯改"，这里朱熹谈到他帮张栻改《论语说》，前文所述张栻在涵养察识、仁说等问题上都"肯改"，肯改从朱熹之论。因此，张栻思想与朱熹在很多方面都是一致的。正因如此，牟宗三指斥张栻背离师门，愧对其师。我们认为，张栻在某些观点上与其师不同，正是他吸收朱熹意见而对其师学说的发展。因而，在胡宏的门人子弟中，只有张栻跟朱熹具有相当高的思想一致性，他们思想的融合是南宋时期地域学派冲突和交融的典范。他们思想的相同处主要有如下四处。

第一，关于性之善恶问题。朱熹质疑《知言》的第一个重要问题就是"性无善恶"。朱熹认为《知言》中"世儒乃以善恶言性，邈乎辽哉""孟子道性善为叹美之辞""天理人欲同体而异用""好恶，性也"等章皆表达性无善恶之意，类同于告子的"湍水"之说。张栻说："论性而曰'善不足以名之'，诚为未当，如元晦之论也。夫其精微纯粹，正当以至善名之。"⑤从语意

① （宋）张栻：《寄吕伯恭》，《张栻全集》，长春出版社1999年版，第891页。
② （宋）张栻：《答乔德瞻》，《张栻全集》，第930页。
③ （宋）黎靖德编《朱子语类》卷一百三，第2606页。
④ （宋）黎靖德编《朱子语类》卷一百三，第2606页。
⑤ （宋）朱熹：《知言疑义》，《胡宏集》，第331页。

看，张栻否定了胡宏的说法，而同意朱熹的意见，且又自己提出以"至善"名性来反驳其师，显然不认为胡宏是性至善论者。朱熹坚决认为胡宏是性无善恶论者，尽管张栻没有明确指斥其师为性无善恶论者，但他既然同意朱熹的意见，那么对于胡宏为性无善恶论者这一点应无异议。实际上，在《知言疑义》中，朱熹、张栻、吕祖谦三人（"东南三贤"）对这一点皆无异议。

在《知言疑义》中张栻谈到性善与恶的问题。他在提出性至善论之后，紧接着就讨论到程颢的一段话："善固性也，恶亦不可不谓之性也。"善是性，这是性善论，没有问题，但说恶也是性，又如何理解？张栻用了一大段文字来阐述他的看法："譬之水澄清者，其本然者也。其或浑然，则以夫泥滓之杂也。方其浑也，亦不可不谓之水也。夫专善而无恶者，性也，而其动则为情。情之发，有正有不正焉。其正者，性之常也；而其不正者，物欲乱之也。于是而有恶焉。是岂性之本哉！其曰'恶亦不可不谓之性'者，盖言其流如此，而性之本然者，亦未尝不在也。"①张栻在这里也是把性分为两个层次——本然之性和发用流行之性，实际上跟张、程、朱所谓的天地之性（本然之性）和气质之性（气禀之性）的区分是一样的意思，所以朱熹称赞张栻此段论述"甚善"，并直截了当地指出："明道所谓'恶亦不可不谓之性'，是说气禀之性。"张栻此时已有性分两个层次的思想，但说了一大段话，始终没有点出"气禀之性"的概念。朱熹明确指出后，张栻就完全接受，在他后来的著作中，就明确使用"气禀之性"的概念了。譬如，他在《孟子说》中说："程子谓善固性也，恶亦不可不谓之性也，然则与孟子有二言乎？曰：程子此论，盖为气禀有善恶言也……谓恶亦不可不谓之性者，言气禀之性也。气禀之性可以化而复其初。夫其可以化而复其初者，是乃性之本善者也。"②张栻在这里不仅反复提到"气禀之性"，而且又提到程颢的那段话，这次的解释，完全就是朱熹当年在《知言疑义》中的说法，直接称程颢"恶亦不可不谓之性"就是指"气禀之性"。

第二，关于心性关系。胡宏主张性体心用，未发为性，已发为心，心以成性。朱熹在获得中和旧悟时信从胡宏，但获得新悟后则否定了性体心用、性为未发、心为已发的观点，而主张心分体用，贯乎未发已发，又强调必须将"情"引入心性关系，从而力主"心统性情"说。在《知言疑义》中，

---

① （宋）朱熹：《知言疑义》，《胡宏集》，第331页。
② （宋）张栻：《孟子说》卷六，《张栻全集》，第427页。

朱熹主张将胡宏"心也者，知天地，宰万物，以成性者也"中的"以成性者也"一语改成"而统性情也"①。朱熹完全是站在自己的理论立场上来评判胡宏之说，二人治学本属于两条不同的理路，所以吕祖谦说胡宏的"成性"固然可疑，但倘如朱熹所改，是兼性情而言，与胡宏本意不符。朱熹则坚持认为论心必兼性情而言，否则语意就不完备。张栻的观点基本上同朱熹是一样的，只不过不同意下一"统"字，而主张改为"而主性情"。实际上，主性情和统性情，基本意思是相同的，所以朱熹称赞张栻所改"主"字极有功。其后朱熹多处运用"心主性情"这一范畴，有时甚至把"心主性情"和"心统性情"互换使用，这一方面说明朱熹接受了张栻所改"心主性情"，另一方面也说明张栻当初提出的"心主性情"和朱熹所称扬的"心统性情"差别只在字词之上，其意蕴是一样的，都是对胡宏性体心用说的否定，而将"情"字引入，主张性体情用，心则贯动静、通体用。

第三，关于先识仁之体与涵养察识先后问题。《知言疑义》引彪居正问为仁一段，胡宏答以"欲为仁，必先识仁之体"，朱熹批评说："此语大可疑。观孔子答门人问为仁者多矣，不过以求仁之方告之，使之从事于此而自得焉尔，初不必使先识仁体也。"张栻则说："必待识仁之体而后可以为仁，不知如何而可以识也。学者致为仁之功，则仁之体可得而见。"②在这里，朱熹认为胡宏讲"欲为仁，必先识仁之体"，与孔子讲"仁之方"不类。孔子不讲先识"仁之体"，而只告人以求"仁之方"，只要从事于具体的道德践履，自然就会体悟到"仁之体"。张栻也同意朱熹的意见，认为只要学者致为仁之功，亦可自然体悟"仁之体"。

"欲为仁，必先识仁之体"与先察识后涵养是同一个问题的两个方面。先识仁之体即先察识仁体，然后存养扩充，这是胡氏湖湘学的工夫入路，张栻在《知言疑义》中没有表达他对察识涵养先后的看法。在此前不久写给朱熹的书信中，张栻对胡氏之学先察识后涵养之说"执之尚坚"，在《知言疑义》中虽然没有表达对察识涵养先后问题的看法，但从他怀疑其师"欲为仁，必先识仁之体"来看，他此时思想已发生动摇，在工夫论上已开始倾向朱熹。如上文所述，到乾道八年，张栻所讲工夫论就同朱熹完全一致了。只不过，张栻并未完全背弃师门之教，他后来与朱熹一样，未发时涵养和已发

---

① 《胡宏集》，第 328 页。
② 以上均见（宋）朱熹《知言疑义》，《胡宏集》，第 335 页。

时察识兼重并进，并未放弃胡宏察识于已发的观点，只不过觉得朱熹批评胡氏之学缺了平时涵养一截工夫有道理，所以接受了朱熹的批评意见。与此同时，朱熹虽然主张要重视未发时的涵养，却也并未完全否定胡宏已发时察识的观点，而是纠胡氏之偏，在胡氏已发察识的基础上，补上未发涵养这一段工夫。二贤最后同持一论，都是对胡宏工夫论的继承和发展。

第四，仁说。朱熹和张栻都著有《仁说》同名文章，二人在文章定稿之前，以书信形式对仁的问题进行了辩论。二人定稿后的《仁说》，观点大部分达成一致。

朱熹和张栻关于仁之问题的辩论，始于乾道八年壬辰（1172），朱熹43岁，张栻40岁。是年朱熹作《仁说》，录寄张栻，张栻即复信对朱熹之《仁说》进行辩驳。一开始，二人意见颇为相异，张栻对朱熹《仁说》中的一些主要观点进行了质疑。根据朱熹给张栻复信《答张钦夫论仁说》①中的引述，张栻的质疑最重要者有以下三点：其一，"'天地以生物为心'此语恐未安"；其二，"不忍之心可以包四者乎"；其三，"程子之所诃，正谓以爱名仁者"。这三条引文，都是张栻的话，针对朱熹《仁说》而发。朱熹《仁说》原文太长，不便全引，下面对以上三点略作解释。

其一，朱熹《仁说》②首句即言"天地以生物为心者也，而人物之生，又各得夫天地之心以为心者也"。张栻去信不同意"天地以生物为心"一语。朱熹并不接受张栻的质疑。朱熹此语，有经典依据。《易传》说："天地之大德曰生。"《中庸》说："天地之道，可一言而尽也：其为物不贰，则其生物不测。"朱熹"天地以生物为心"一语即是根据《易传》《中庸》而说出，牟宗三这位批判朱子最激烈的人也承认"此语自可说"，而张栻却怀疑此语而"未安"。张栻何以未安，牟宗三说"其故不详"，而实际上张栻自己在写给朱熹的信中有说明："《仁说》如'天地以生物为心'之语，平看虽不妨，然恐不若只云'天地生物之心，人得之为人之心'似完全，如何？"③看来，张栻起初不但质疑朱熹"天地以生物为心"之语，而且强调"人得之为人之心"。但经过辩论，张栻后来又同意朱熹的意见了，所以朱熹在给吴翌的信中说："'天地以生物为心'，此句自无病。昨与南轩论之，近得报云亦已无

---

① 《朱熹集》卷三十二，第1391页。
② 《朱熹集》卷六十七，第3542页。
③ （宋）张栻：《答朱元晦秘书》，《张栻全集》，第847页。

疑矣。"①

其二，朱熹在《仁说》中提出"心之德"有四，曰仁、义、礼、智，而仁无不包，意即"仁包四德"，与仁德相应的恻隐之心（或曰不忍之心）包乎四端之心。张栻对此提出质疑。朱熹提出仁包四德，是根据《论语》而来。在《论语》中仁是全德，地位最为崇高，是万德之源，朱熹说仁包四德，是要肯定仁、义、礼、智四德之中仁德最重要，地位最高。与仁德相应之恻隐之心（不忍之心）也在"四心"中最为重要。对于张栻的质疑，朱熹复信辩说，认为孟子论四端，自首章至孺子入井，皆只是发明不忍之心一端，初无义、礼、智之心，至其下文乃云无四者之心非人也，由此可见不忍之心足以包乎四端。在这一点上，张栻后来完全接受了朱熹的观点，所以张栻在其定文《仁说》中说："故仁为四德之长，而又可以兼能焉。惟性之中有是四者，故其发见于情，则为恻隐、羞恶、是非、辞让之端，而所谓恻隐者亦未尝不贯通焉。"②至此，张栻已经完全放弃了先前写信给朱熹质疑"不忍之心可以包四者乎"的初衷。这里所说的仁为四德之长，恻隐之心贯通四端，就是受到朱熹的影响而说出。至于何以仁能兼包四德，张栻做出了进一步的论述："惟仁者为能推之而得其宜，是义之所存者也；惟仁者为能恭让而有节，是礼之所存者也；惟仁者为能知觉而不昧，是智之所存者也。此可见其兼能而贯通者也。"③说明只有仁兼有了义、礼、智的属性，使诸伦常通贯为一体。

其三，程颐（伊川）说仁是性，爱是情，朱熹则提出"以爱之理而名仁"的论断，即把仁定义为"爱之理"。当张栻起初对这一点表示怀疑时，朱熹非常自信地说："熹前说以爱之发对爱之理而言，正分别性、情之异处，其意最为精密。而来谕每以爱名仁见病。"④在朱熹看来，仁性爱情，性体情用，未发为性，已发为情。仁之性发于爱之情，而爱之情亦本于仁之性，性和情区分得相当精密。而张栻在信中常常以爱名仁，朱熹认为这既不符合程子（颐）之意，也与他自己的"精密"之论不类，所以指斥张栻之论为病。在这一点上，张栻后来也是完全接纳了朱熹的观点。张栻《仁说》曰："指爱以名仁则迷其体，而爱之理则仁也。"在这里，张栻已改变了先前以爱名

① （宋）朱熹：《答吴晦叔》，《朱熹集》卷四十二，第 1972 页。
② 《张栻全集》，第 803 页。
③ 《张栻全集》，第 803 页。
④ （宋）朱熹：《答张钦夫论仁说》，《朱熹集》卷三十二，第 1393 页。

仁的看法，接受了朱熹仁为爱之理的观点。张栻在给朱熹和吕祖谦二人的信中都对朱熹"爱之理"之说大加赞赏："所谓爱之理发明甚有力。"①"元晦《仁说》后来看得渠说爱之理之意却好，继而再得渠书，只拈此三字，却有精神。"②

　　总之，朱、张二人的《仁说》，起初观点差异很大，后经过反复辩论，二人在"天地以生物为心"、仁为"爱之理"、仁包四德等问题上皆取得一致。因此，朱熹在写给朋友的信中兴奋地提到张栻在仁之问题上已无疑问。如《答吕伯恭》云："仁字之说，钦夫得书云已无疑矣。"③《答胡广仲》云："仁之为说，昨两得钦夫书，诘难甚密，皆已报之。近得报云却已皆无疑矣。"④张栻的《仁说》，就是在吸纳朱熹意见之后修改而定的，所以与朱熹有诸多相同观点。

①　（宋）张栻：《答朱元晦秘书》，《张栻全集》，第840页。
②　（宋）张栻：《寄吕伯恭》，《张栻全集》，第893页。
③　《朱熹集》卷三十三，第1425页。
④　《朱熹集》卷四十二，第1956页。

朱子道统论及其他

经典诠释与道统建构

——朱熹《四书章句集注》序说的道统论[*]

朱汉民[**]

摘　要：孔子及早期儒家在整理六经的同时为之作传、记、序而建构了从尧舜到周公的道统脉络。同样，朱熹也是通过结集四书并分别为之作序，重新建构从孔孟到程朱的道统谱系，最终完成了宋学道统论的建构。在《四书章句集注》诸序中，朱熹集中表达了他结集、诠释四书而重建道统的思想追求，推动了宋代道统论思想的成形。朱熹在《四书章句集注》的诸序中，从经典文本、人物谱系、思想内涵三个方面，全面而系统地完成了新儒家道统论的重建。

关键词：朱熹；《四书章句集注》；道统论；道学

孔子及早期儒家通过整理六经，为六经作传、记、序而建构了伏羲、神农、尧、舜、禹、文、武、周公的道统脉络，确立了早期儒家的道统思想。同样，朱熹也是通过结集四书，分别为《大学章句》《中庸章句》《孟子集注》《论语集注》作序，重新建构从孔孟到程朱的道统脉络，重建了宋儒的道统论思想体系。在《四书章句集注》诸篇序说中，朱熹集中表达了他希望继承孔子整理、诠释六经而确立儒家道统的思想传统，而他主要是通过结集、诠释四书而建构理学，同时推动儒家道统论思想的成形。

朱熹不仅继承北宋儒家传统，从人物谱系、思想内涵方面探讨道统传承，而且能够从经典文本方面全面确立道统论。四书之所以能够塑造新经典体系，是因为它们被纳入数千年圣圣相传的儒家经典体系的道统脉络之中。可见，朱熹通过确立儒家新经典体系的四书学，同时将孔子、曾子、子思、孟子纳

---

[*] 本文原载于《北京大学学报》2018年第4期，收入本书时有修改。

[**] 朱汉民，湖南大学岳麓书院教授，博士生导师，主要研究方向为宋明理学。

人数千年圣圣相传的儒家传道脉络之中，实现对儒家道统论的重建。儒家道统论必须体现在经典文本、人物谱系、思想内涵之中，朱熹在《四书章句集注》的序言中，也就是从经典文本、人物谱系、思想内涵三个方面，全面而系统地重建新儒家的道统论。

一　道统论与四书经典体系

考察儒学历史，道统思想总是与载道的经典体系紧密联系在一起的。如果要真正实现道统论的重建，就必须把新的道统论与经典体系的诠释和建构结合起来。从中唐韩愈重提道统论到宋初儒家学者倡导不同的道统谱系，道统问题成为宋学学者普遍关注的重要问题。但是，从中唐到宋初，他们的道统谱系没有相应经典体系结合起来，其道统论就显得没有学术根基。

朱熹道统论的最大特点，是将儒家道统人物谱系与新经典体系的诠释和建构统一起来。朱熹一生做学问甚勤，然而他用力最多的却是四书学研究。他在与友人的信中说，"熹于《论》、《孟》、《大学》、《中庸》一生用功"①。朱熹一生如此用功于四书，确实因为他认为，五经记载的先圣道统是由四书传承下来的，而他以及理学家群体注解四书就是在传承孔孟道统。朱熹在《四书章句集注》的几篇重要序言中，将道统论与新经典体系即他集注的四书联系起来。

儒学文献分为经典、诸子与传记等不同类型，在儒学史上，"经""传""子"的区分十分明确，但彼此也可以转换。为了推动儒学发展和思想更新，一些儒家的"子学"著作，可以转变为六经的"传"与"记"，"传"与"记"又可能转变为独立"经典"。儒家"经""传""子"的文献转换，往往是根据儒学学术史、思想史演变的需求。为了推动儒学史的发展，汉儒确立和尊崇五经体系，同时将《论语》《大学》《中庸》《孟子》等儒家子学著作先后提升为传记著作；同样为了儒学史的发展，朱熹将汉代作为传记的《论语》《大学》《中庸》《孟子》提升为独立经典。但是，这不仅仅是文献形式的变换，中间蕴含着一个重要的思想史变化：前轴心时代先王政典的地

---

① （宋）朱熹：《答胡季随》，《晦庵先生朱文公文集》卷五十三，《朱子全书》第22册，上海古籍出版社、安徽教育出版社2002年版，第2506页。

位在下降，而轴心时代儒家诸子的著作与思想越来越居于儒家文献与儒家思想体系的主导地位。

《中庸》《大学》作为先秦儒家的子学著作，在汉代已经被编入《礼记》，尽管以后《礼记》也逐渐由传记之学演变为《礼》经，但唐以前《中庸》《大学》均不是独立经典，其思想的内涵、意义与四书学区别很大。宋儒之所以开始重建经典的行动，是由于儒家道统授受脉络必须通过"载道之文"的经典体系才能够确立；反过来说，要将《论语》《大学》《中庸》《孟子》等子学著作提升为独立经典，需要一个儒家道统脉络的依据。于是，《论语》《大学》《中庸》《孟子》这四书，开始由儒家子学和五经传记逐渐演变、发展为独立经典，并组合成为一个新的四书学经典体系。

所以，朱熹要将《论语》《大学》《中庸》《孟子》确立为经典体系，必须阐释清楚这四部书是如何承接三代先王之道的。朱熹在《四书章句集注》的序说中，说明了每一部书在传承三代先王之道方面的道统论意义。

孔子是儒学的创建者，六经的整理者，也是先王之道的自觉传承者，他的道统地位是儒家的基本共识。《论语》是孔门弟子记载孔子讲学情况的记录，是反映孔子思想最重要的著作。所以，我们在《论语集注》书前的《论语序说》《读论语孟子法》中可以看到，朱熹并没有对《论语》这一部书作更多道统论的说明，而是主要将精力放到对其他三部著作的阐述上。朱熹在《论语序说》《读论语孟子法》中，主要是通过引述司马迁《史记·孔子世家》对孔子的态度及二程对《论语》的看法，进一步说明《论语》在传承道统上的重要性。朱熹在《读论语孟子法》中引述程子的说法："学者当以《论语》、《孟子》为本。《论语》、《孟子》既治，则《六经》可不治而明矣。……句句而求之，昼诵而味之，中夜而思之，平其心，易其气，阙其疑，则圣人之意可见矣。"[1] 这是二程、朱熹的一个重要主张，即《论语》《孟子》是儒家经典之本，这与汉儒以六经为儒家经典之本、《论语》只是所谓"小经"有很大区别。特别是他们强调"《论语》、《孟子》既治，则《六经》可不治而明矣"，就强调了《论语》的重要地位，甚至可以代替六经，这就更加强化了《论语》的道统论意义。另外，在《语孟集义序》中，朱熹即称是书"明圣传之统，成众说之长，折流俗之谬，则窃亦妄意其庶几焉"[2]，也是进

---

① （宋）朱熹：《读论语孟子法》，《四书章句集注·论语集注》，《朱子全书》第6册，第61页。
② （宋）朱熹：《语孟集义序》，《朱文公文集》卷七十五，《朱子全书》第24册，第3631页。

一步说明《论语》一书在道统史上的重要性。

《大学》是《礼记》中的一篇，朱熹对这一篇文献的道统价值作了不一般的处理和论证。朱熹《大学章句序》一文，对《大学》文献在道统谱系上的地位作了特别的强调。一方面，朱熹强调"教治"合一在道统史上的意义。他肯定从伏羲、神农、黄帝到尧、舜等先王有一个共同特点，就是"君师"一体、"教治"合一，这体现出"继天立极"的道脉传承。儒家学说就是继承了上古圣王"教治"合一的传统。朱熹强调"《大学》之书，古之大学所以教人之法也"①，就是强调《大学》是记载三代"教治"合一的传道之文。另一方面，朱熹强调《大学》一书是孔子传道于曾子的重要典籍，他说："及周之衰，贤圣之君不作，学校之政不修，教化陵夷，风俗颓败，时则有若孔子之圣，而不得君师之位以行其政教，于是独取先王之法，诵而传之，以诏后世。……而曾氏之传独得其宗，于是作为传义，以发其意。"② 朱熹引用程子的说法，认为"《大学》，孔氏之遗书"③，故而他将《大学》分成经一章、传十章，认为"经一章，盖孔子之言，而曾子叙之"，"其传十章，则曾子之意而门人记之也"④。所以，朱熹从上述两个方面，充分肯定这一部"古之大学所以教人之法"的书，既保留了远古以来"君师"一体、"教治"合一的圣王之道，又体现了孔子、曾子二人的传道精神。应该说，朱熹对整理、诠释《大学》一书下工夫最多，包括将《大学》文本分成经、传，为"格物致知"章补传，其实均是为了强调《大学》在道统谱系上的重要地位。

《中庸》原本也是《礼记》中的一篇，朱熹对这一篇文献的道统价值同样作了不一般的论证。在儒家典籍中，一直就有尧、舜、禹在传位的同时也传道的记载。《论语·尧曰》有尧帝语于舜帝之言："咨！尔舜！天之历数在尔躬，允执其中。四海困穷，天禄永终。"舜亦以命禹。《尚书·大禹谟》也载有"允执厥中"。应该说，以中道作为儒家道统授受的思想核心，是儒家一贯的思想传统，也是《中庸》这一部著作的核心思想。所以，朱熹通过《中庸章句序》系统阐述儒家道统思想。一方面，朱熹强调"中道"在儒家道统史上的意义，他肯定道统史上中庸之道是一脉相承的，即尧传之舜，舜

---

① （宋）朱熹：《大学章句序》，《四书章句集注·大学章句》，《朱子全书》第 6 册，第 13 页。
② （宋）朱熹：《大学章句序》，《四书章句集注·大学章句》，《朱子全书》第 6 册，第 14 页。
③ （宋）朱熹：《四书章句集注·大学章句》，《朱子全书》第 6 册，第 16 页。
④ （宋）朱熹：《四书章句集注·大学章句》，《朱子全书》第 6 册，第 17 页。

传之禹，"自是以来，圣圣相承，若成汤、文、武之为君，皋陶、伊、傅、周、召之为臣，既皆以此而接夫道统之传"①；另一方面，则是孔子、颜子、曾子、子思在"不得其位"的情况下承接了中庸之道统，"若吾夫子，则虽不得其位，而所以继往圣、开来学，其功反而有贤于尧、舜者"。孔子是"继往圣、开来学"的重要道统人物，再经过颜子、曾子之传，道统传到了子思，"子思惧夫愈久而愈失其真也，于是推本尧、舜以来相传之意，质以平日所闻父师之言，更互演绎，作为此书，以诏后之学者"②。由此可见，《中庸》一书在道统史上十分重要，它既是代表尧、舜、禹、汤、文、武等圣王的"允执厥中"道统之传，又是体现孔子、颜子、曾子、子思传承道统的文本。而且，《中庸》一书也分为两个部分：第二章至第十一章是"子思引夫子之言"③，其余各章则是"子思述所传之意以立言"④。因此，朱熹也是从两个方面肯定《中庸》一书是"子思子忧道学之失其传而作也"⑤ 的书，是记载孔子、子思传道的重要文献，在道统谱系上具有重要地位。

《孟子》原来是子学著作，但是唐宋以来，越来越多的儒家学者认为孟子继承了孔子之道，所以，《孟子》一书就成为道统谱系上的重要文献，继而上升为经典。像《论语序说》一样，朱熹在《孟子序说》中，也是通过引述司马迁《史记·孟子荀卿列传》对孟子的评价以及韩愈对《孟子》的看法，说明《孟子》在传承道统上的重要性。在《孟子序说》中，朱熹摘录韩愈有关儒家道统传授谱系的论述，突出了《孟子》的道统意义。《孟子》终篇《尽心下》末章载有孟子的一段感慨，历数由尧、舜至于汤，由汤至于文王，由文王至于孔子，他们或见而知之，或闻而知之，但是不断有后圣继起，他显然是关注孔子之后是否有继之者的重要现实问题。朱熹《孟子集注》即从道统论的立场出发作了解说，他说："此言虽若不敢自谓已得其传，而忧后世遂失其传，然乃所以自见其有不得辞者，而又以见夫天理民彝不可泯灭，百世之下，必将有神会而心得之者耳。故于篇终，历序群圣之统，而终之以此，所以明其传之有在，而又以俟后圣于无穷也，其指深哉！"⑥

① （宋）朱熹：《中庸章句序》，《四书章句集注·中庸章句》，《朱子全书》第6册，第30页。
② （宋）朱熹：《中庸章句序》，《四书章句集注·中庸章句》，《朱子全书》第6册，第30页。
③ （宋）朱熹：《四书章句集注·中庸章句》，《朱子全书》第6册，第34页。
④ （宋）朱熹：《四书章句集注·中庸章句》，《朱子全书》第6册，第33页。
⑤ （宋）朱熹：《中庸章句序》，《四书章句集注·中庸章句》，《朱子全书》第6册，第29页。
⑥ （宋）朱熹：《尽心章句下》，《四书章句集注·孟子集注》，《朱子全书》第6册，第459页。

朱熹因孟子而发的"故于篇终,历序群圣之统"的感慨,显然是对孟子千年之后的道统是否有继之者的现实问题的追问。而他本人之所以会以毕生精力从事四书学的诠释与建构,就是传承孔子、曾子、子思、孟子以来的道统。事实上,朱熹对孔子以来的士人传道经典的重视程度,显然已经超过三代先王传道经典。

二 四书学与道统人物谱系

本来,所谓的"道统"就是指传道的人物统绪。但是,在传道的人物统绪问题上,儒家内部向来存在一些歧见,这些歧见既包括孔子以前的道统谱系,也包括孔子以后的道统谱系。孔子是六经的整理者,孔子以前的道统谱系与儒家六经有关。儒家道统谱系依据六经中两部不同的经典:一部是《尚书》,作为"人君辞诰之典"①,《尚书》文献的作者,代表了儒家"祖述尧舜,宪章文武"的人物谱系;另一个是《周易》,《易传》载有伏羲氏画八卦,周文王演为六十四卦并作经文上下篇,而孔子则作传文以解经,故而早有"人更三圣,世历三古"之说。这两套系统既有相同点,又有重要的差别,尤其孔子以后的道统谱系更是存在很大差别。一则孔子之后,儒分为八,诸多不同思想倾向的儒家学者中哪些能够列入道统谱系?二则儒学创建以后,历经先秦、两汉、魏晋、隋唐等不同阶段,儒学学术思潮不同,儒家学者旨趣各异,究竟谁才是儒学道统的代表?这些向来是见仁见智的问题。

唐宋时期儒家士大夫面临复兴儒学、重建儒学的问题,故而他们特别需要建构一个合乎时代需要的道统论。唐代韩愈的《原道》是关于道统论的重要文献,观点十分明确:道统上溯至尧舜,下传至孟子。但是,韩愈在另外的文章中又肯定荀子在道统史上的重要地位。其实,不仅仅是韩愈,唐代有许多儒家学者,包括长孙无忌、魏征、杨倞、卢照邻、裴度等均认同"周孔荀孟"的道统人物谱系。② 及至北宋初年的儒学复兴运动,道统谱系仍然十分多元化,他们不但对三代先王的道统谱系有互不相同的看法,而且对孔子以后能够列入道统人物谱系的儒家学者也有大相径庭的见解。譬如,宋初理

① (唐)孔颖达:《尚书正义序》,《尚书正义》,(清)阮元校刻《十三经注疏》第2册,北京大学出版社1999年版,第2页。
② 周炽成:《唐宋道统新探》,《哲学研究》2016年第3期。

学先驱孙复、石介的道统说，就是在韩愈之说的基础之上，在尧之前加上伏羲、神农、黄帝、少昊、颛顼、高辛六位传说中的圣人，在孟子之后加进了荀子、扬雄、王通、韩愈四位贤人。而苏轼则提出了由孔孟、韩愈而欧阳修的一脉相承的新道统人物谱系。他认为，孔孟之后，"五百余年而后得韩愈，学者以愈配孟子，盖庶几焉。愈之后三百有余年，而后得欧阳子，其学推韩愈、孟子，以达于孔氏"①。其实，道统人物谱系的观念，反映了那一个时代儒家学者的儒学思想状况。宋初道统人物谱系的多元化，体现出这一时期儒学复兴要求的强烈，也反映了新儒学思想建设尚处于初级阶段。

但是，随着宋学的不断发展，宋学不同学派争鸣的同时道学思想体系成形，道学派的道统论逐渐成熟并日益占据主导地位。在程颢逝世之后，程颐作《明道先生墓表》称："周公没，圣人之道不行；孟轲死，圣人之学不传。……先生生千四百年之后，得不传之学于遗经，志将以斯道觉斯民。"② 这样，程颐就以程颢直承孔孟之名义，将其推为圣人之道在宋代的继承者，正式确立了道学派的道统论。在程门弟子的推动下，特别是在南宋朱熹、张栻的倡导下，一种新的道统论确立并成为思想主流。

如前所述，程朱学派道统论的最大特点，是将儒家道统人物谱系与新确立的经典体系的确立统一起来。朱熹在《四书章句集注》的几篇重要序言中，对四书中每一本书的作者作了介绍和论述。但是，这不是一般的学术推介，因为他的序言是为了确立一套新经典体系，而确立新经典体系的前提条件，就是要将这些书的作者纳入上古时期的道统谱系。六经之所以成为经典，就在于它们是由三代圣王的道统人物而"作"，朱熹在四书诸序中，对每一位作者作出说明时，势必会将他与道的授受脉络联系起来。"道统"这个词在朱熹以前已经有人提出，但是，真正赋予这一个概念完整的道统论意义，特别是将道统的授受谱系与经典系统结合起来的，还是朱熹的四书诸序。朱熹于淳熙十六年（1189）在《中庸章句序》中使用了"道统"，并且从几个不同方面对其作了详细论证，因此朱熹被学界看作是宋学道统论的真正确立者。

我们进一步考察朱熹《四书章句集注》的几篇序言，看他如何建立起孔子以后的道统谱系。为了强化这一道统人物谱系，朱熹在《大学章句序》中

---

① （宋）苏轼：《居士集叙》，《苏东坡全集·前集》卷二十四，中国书店1986年版，第316页。
② （宋）程颐：《明道先生墓表》，《二程集》上册，中华书局2004年版，第640页。

将道统授受谱系分为三个阶段。

第一个阶段，道统人物是"君师"合一的上古圣王，他们创造了"教治"合一的道统。朱熹提出："此伏羲、神农、黄帝、尧、舜所以继天立极，而司徒之职、典乐之官所由设也。"① 这既是为了对抗佛教的法统，同时也是为了强调儒学在中华文明史上的地位。朱熹显然吸收了《易传》的思想，将伏羲、神农、黄帝列入尧、舜之前的道统人物谱系。另外在《中庸章句序》中，朱熹追溯《中庸》的思想渊源，对儒家道统的先王传授作了详尽的阐述。他认为，自上古以来道统便圣圣相传，尧传之舜，舜传之禹。在《尚书·洪范》《论语》中，均记载有尧、舜、禹授受"允执厥中"的事实，故而朱熹主要以《尚书》为依据，列出了一个尧、舜、禹、汤、文、武的道统人物谱系。另外，朱熹在《孟子序说》中，也特别引证了韩愈《原道》的观点，即将尧、舜、禹、汤、文、武、周公、孔子、孟子作为儒家一脉相承的道统人物。

第二个阶段，在春秋战国时期的孔子及其诸弟子的道统授受谱系中，他们均无"君师之位"却能够兴道统之教，故而是重要的道统人物。朱熹在《论语序说》中引述司马迁的看法，肯定孔子在道统史上具有重要地位。朱熹还在《论语集注》的终篇《尧曰第二十》中进一步阐发了关于孔子在道统谱系中的地位的看法，他引述杨时的言论说："《论语》之书，皆圣人微言，而其徒传守之，以明斯道者也。故于终篇，具载尧、舜咨命之言，汤、武誓师之意，与夫施诸政事者，以明圣学之所传者，一于是而已，所以著明二十篇之大旨也。"② 显然，朱熹在这里引述杨时之言，就是以道统论解说孔子及其《论语》"明圣学之所传者"，即应该从道统的角度"著明二十篇之大旨"。关于《大学》的作者历史上说法不一，这不利于道统谱系的确立。朱熹以《大学》包括孔子的经一章、曾子所作传十章为据，进一步确立《大学》的道统谱系。朱熹肯定曾子是《大学》的作者，主要是从道统论建构方面考虑的。在《中庸章句序》中，朱熹特别强调"子思子忧道学失其传而作"的道统意义，他说："若吾夫子，则虽不得其位，而所以继往圣、开来学，其功反有贤于尧、舜者。然当是时，见而知之者，惟颜氏、曾氏之传得其宗。及曾氏之再传，而复得夫子之孙子思。"③ 朱子在道统人物谱系上，特

---

① （宋）朱熹：《大学章句序》，《四书章句集注·大学章句》，《朱子全书》第6册，第13页。
② （宋）朱熹：《尧曰第二十》，《四书章句集注·论语集注》，《朱子全书》第6册，第240页。
③ （宋）朱熹：《中庸章句序》，《四书章句集注·中庸章句》，《朱子全书》第6册，第30页。

别强调孟子的重要地位，在《孟子序说》中，朱熹引《史记·孟子荀卿列传》介绍孟子生平，重点阐释孟子的道统地位。他说："而孟轲乃述唐、虞、三代之德，是以所如者不合。退而与万章之徒序《诗》、《书》，述仲尼之意，作《孟子》七篇。"① 然后，朱熹又通过引用韩愈、二程、杨时之言，进一步对孟子的道统地位作出充分肯定。朱熹在《孟子序说》中，特别引证了韩愈《原道》的观点，即"自孔子没，独孟轲氏之传得其宗。故求观圣人之道者，必自《孟子》始"②。可见，在朱熹心目中他们所继承的儒家之道，是由孔子、曾子、子思、孟子而上承先王之道。

最关键的是第三个阶段，就是强调宋学人物在道统史上的重要地位，这也是朱熹的《四书章句集注》诸序讨论的重点。在《大学章句序》中，朱熹将宋代道学学派列入孔孟之道的道统脉络中来，他说："于是河南程氏两夫子出，而有以接乎孟氏之传，……虽以熹之不敏，亦幸私淑而与有闻焉。"③ 在同样讲义理之学的宋学学派中，程朱道学派特别重视《大学》，他们通过诠释《大学》而建构道学就具有重要的道统谱系意义。另外，朱熹在《中庸章句序》中也特别强调程朱道学派在传授《中庸》学的道统意义。所以，《中庸章句序》和《大学章句序》一样，均凸显了程朱道学在道统谱系中的独特地位。这一点，尤其体现在《四书章句集注》所选的注文上。朱熹的《四书章句集注》集中了汉宋诸儒的注释，但是，朱熹最为重视的是程门诸子的思想。在《语孟集义序》中，朱熹曾经阐明《语孟集义》（初名《论孟精义》）的原则，就是将二程之说"搜辑条流，以附本章之次，既又取夫学之有同于先生者，若横渠张公、范氏、二吕氏、谢氏、游氏、杨氏、侯氏、尹氏，凡九家之说，以附益之"④。而朱熹在《四书章句集注》中，更是将程门道学之说作为其最基本的思想主张，其引述特别集中。《四书章句集注》共引用了32个学者的语录731条，其中居前三位的为二程、尹焞、杨时，占引用总数的一半以上。朱熹四书学以二程一派为依归的特点，恰恰体现出朱熹的四书学其实就是为了确立程朱理学在道统史上的重要地位。

从朱熹所述的道统论来看，道统授受分为三个阶段，代表人物分别为上古圣王、春秋战国的孔孟、宋代的程朱。这是朱熹在《四书章句集注》诸序

① （宋）朱熹：《孟子序说》，《四书章句集注·孟子集注》，《朱子全书》第6册，第243页。
② （宋）朱熹：《孟子序说》，《四书章句集注·孟子集注》，《朱子全书》第6册，第243页。
③ （宋）朱熹：《大学章句序》，《四书章句集注·大学章句》，《朱子全书》第6册，第14页。
④ （宋）朱熹：《语孟集义序》，《朱文公文集》卷七十五，《朱子全书》第24册，第3630页。

中论述道统人物谱系的特点。但是，如果从性质上看，朱熹所述的道统论只可以看作是两个阶段，即有"君师之位"的圣王道统与无"君师之位"的士人道统，这两种道统虽然有联系，但是其中的区别要特别关注。朱熹及其他宋儒将代表士人道统的四书提升为儒家核心经典，就是为了突出士人群体承续道统的重要意义。

三　四书学与道统核心思想

"道统"不仅仅要有传道的经典文献、人物谱系，更关键的是要有"道"的核心思想。唐中叶韩愈在面对佛教、道教的盛行而作《原道》时，特别强调儒家之道的核心思想是"仁义"。到了宋代，无论是面对儒学外部的不同思想信仰，还是儒学内部的不同学术流派，这都是在努力重建新儒学过程中士大夫必须解答的问题。

程朱确立四书的新经典体系，就是认同四书体系里儒家之道的核心价值观。朱熹在《四书章句集注》的几篇重要序言中，对四书体系中每一本书的基本宗旨与核心思想作了论述。早期儒家孔子、曾子、子思、孟子的共同思想特点，就是在继承三代礼乐文明的基础上，作出一系列创造性的思想提升和理论建构，其思想成果体现为三个重要的核心价值：仁义、中庸、教化。

三代先王留给儒家学者的文化遗产就是礼乐文明，这包括一整套宗教化的政治制度、社会准则、思想观念，早期儒家继承和改造了这一套礼仪规范，并且对这一套礼仪规范作出理性化的思想诠释和价值提升，凝练出了"以礼归仁""以礼制中""以礼为教"的思想，形成了以仁义、中庸、教化为儒家之道的核心思想。所谓"以礼归仁"，就是将"礼"的外在规范制度提升为"仁"的内在情感情操，以"仁"的道德情操、道德理想去衡量、评价"礼"的规范制度。所谓"以礼制中"，也是将"礼"的外在规范制度提升为"中"的普遍性的价值原则和思维方式，以"中"的价值原则和思维方式衡量、评价"礼"的规范制度和治理方法。所谓"以礼为教"，就是通过道德教化，将"礼"的强制规范制度变为个体道德自觉与社会优良风俗，通过"教"的道德自觉与优良风俗实现"礼"的规范秩序和国家治理。

所以，宋儒所确立的四书学，其核心价值是仁义、中庸、教化。他们选择、结集、诠释四书的目的，就是传承、弘扬、发展仁义、中庸、教化的价值体系。四书的每一本书既有对某一价值理念的特别关注与论述，又有对仁义、中庸、教化的价值体系的整体追求。

《论语》准确而全面地记载了孔子的思想和言行。孔子"祖述尧舜，宪章文武"，通过对三代礼乐的先王之道的深刻思考，推动了"礼—仁""礼—中""礼—教"的思想体系的建立，从而确立了儒家的核心价值：仁义、中庸、教化。这些核心思想也就是道统的思想理念和核心价值。在《论语》一书中，孔子对仁义、中庸、教化均有全面而深入的论述，所以，孔子是早期儒家仁义、中庸、教化的价值体系的奠基人。但是，如何深化儒家仁义、中庸、教化的思想理念和核心价值？孔门诸弟子各有自己不同的发展方向和思想创造。唐宋以来的儒家士大夫特别重视《大学》《中庸》《孟子》，恰恰在于这些早期儒家文献对儒家的核心价值仁义、中庸、教化作出了重要的理论创新。

《孟子》成为儒家道统典籍，其核心价值是"仁义"。从唐中叶韩愈的《原道》开始，孟子就被推举为孔子道统的继承者，后世始有"孔孟之道"的说法。而且，韩愈《原道》的观点十分明确，他们传承的道统内容就是"仁义"。宋儒继承了这一观点，朱熹在《孟子序说》中引证了韩愈《原道》以"仁义"为儒家道统核心思想的观点。同时，朱熹又引证程子的观点说："孟子有功于圣门，不可胜言。仲尼只说一个'仁'字，孟子开口便说'仁义'。"① 由此可见，从韩愈到二程、朱熹，均认可一个相通的观点，就是孔子与孟子传递的道统内容就是"仁"和"仁义"。但是，宋儒也发展了这一观点，韩愈仅仅是肯定孔孟之道的内容是仁义，而程朱认为孟子"有大功于世"，不仅包括性善、恻隐等心性论，还包括养气、存心等修身工夫论，这恰恰是孟子对孔子仁学思想的拓展，也是宋儒需要进一步诠释和发展的思想。孟子拓展了孔子的仁学，他以人的道德情感为经验基础，通过性善、恻隐等心性论思想，从人的内在的、情感的方面确立了儒家关于仁的核心价值；孟子又以义理之天为超验依据，将仁义与超越性的天道结合起来。另外，孟子还关注君子仁人如何自我修养，故而提出养气、存心等实践仁义的修身工夫论。程朱确立了孟子的道统地位，就是希望以孟子的仁学理论为基础，进一步拓展仁学的不同思想维度。朱熹在《孟子序说》中重点引证道学宗师二程、杨时对《孟子》一书的见解，因为朱熹就是继承了二程、杨时关于《孟子》一书的核心价值的见解及其对仁学的理论化、实践化拓展。

《中庸》能够成为儒家道统典籍，其核心价值是"中庸"。《中庸》是由

---

① （宋）朱熹：《孟子序说》，《四书章句集注·孟子集注》，《朱子全书》第6册，第244页。

子学、传记之学的文献提升为宋代核心经典的，这样一部普通诸子学文献，如何能够在唐宋以来上升为核心经典？其中有两个重要原因：其一，这一本书集中讨论了儒家文化的核心思想，即中道；其二，这一本书对中道作了多维度的探讨，有利于中庸之道的哲学提升。可见，《中庸》潜在的思想文化价值决定了其后来地位的提升。朱熹的《中庸章句序》，是他关于道统论的最重要文献，也是研究宋儒道统论必引的论著。这一篇文章通篇论述道统问题，将"中"认定为上古以来圣圣相传的道统内容，从而确立了中道在儒家道统授受过程中的特别价值。在《中庸章句序》中，朱熹说："盖自上古圣神继天立极，而道统之传有自来矣。其见于经，则'允执厥中'者，尧之所以授舜也；'人心惟危，道心惟微，惟精惟一，允执厥中'者，舜之所以授禹也。尧之一言，至矣，尽矣！而舜复益之以三言者，则所以明夫尧之一言，必如是而后可庶几也。"① 在这里，朱熹明确提出"人心惟危，道心惟微，惟精惟一，允执厥中"这十六字乃尧舜禹三圣传授心法，亦即自尧、舜、禹、汤、文、武、周公、孔子一脉相承的道统的精神核心。"中"作为一种核心价值和思维方式，有两个思想来源。一个是近的思想来源，"中"是西周"礼"的价值提升和哲学提升；一个是远的思想渊源，"中"是全面涉及传统中国的社会生活、科学技术、宗教信仰、艺术创造、思维方式的价值提升和哲学提升。而儒家思想，恰恰是既继承了西周礼乐文明的传统，也继承了华夏中道思想文化的传统。所以，儒家将以"中道"为核心的道统追溯到三代时期，并不是没有依据的想象，而是有着久远的文化渊源的。特别在儒家的六经及诸子、传记中，"中道"思想均有着十分重要的地位，朱熹为弘扬儒家思想体系中的"中道"思想，将其作为儒家道统的内容。特别是朱熹提升了《中庸》的核心价值，将儒家中道与心性、天理统一起来。

《大学》能够成为儒家道统典籍，其核心价值是"教化"。《大学》也是由子学、传记之学的文献提升为宋代核心经典的，它之所以能够上升为核心经典，原因在于它强调了"君师"合一、"教治"合一的儒家崇教传统，彰显了儒家核心价值理念的"教化"。在《大学章句序》中，朱熹强调《大学》之教其实就是体现了三代时期"教治"合一的思想传统，这也是儒家推崇的道统。但是，这一种将德性教化与政治治理合一的思想传统在不同历史阶段有不同的体现。朱熹在《大学章句序》中首先就提出："《大学》之书，古之

---

① （宋）朱熹：《中庸章句序》，《四书章句集注·中庸章句》，《朱子全书》第6册，第29页。

大学所以教人之法也。"① 这一个"教人之法"的《大学》之教，源于"君师"合一、"教治"合一的儒家道统。从上古的伏羲、神农、黄帝到尧、舜等道统脉络的人物，其实均是"继天立极"的"君师"。到了春秋战国时期，孔子虽然无"君师"之位，但是他继承先王道统而推行"先王之法"，故而有《大学》留下来。然后通过曾子之传，而将此先王之道传递下去。《大学》只是古代先王的"教人之法"，教的其实就是《论语》《孟子》《中庸》的相关内容，就是仁义礼智信的核心价值。所以，《论语》《孟子》《中庸》倡导的价值理念其实均可以纳入《大学》的大框架之中。《大学》是被朱熹列为四书之首的经典，就其理由他曾多次强调："是以是书（指《大学》）之规模虽大，然其首尾该备，而纲领可寻，节目分明，而工夫有序，无非切于学者之日用。"②《大学》之所以被列为学问之先，被视为修身治人之方，是因为它提出了为学（也是为教）工夫的八目，即格物、致知、正心、诚意、修身、齐家、治国、平天下，朱熹在《大学章句序》中将其称为"教人之法""教之之术""修己治人之方"。可见，《大学》被列为四书之首是因为它完整、系统地展示了儒家为学纲目，属于儒家教化论的序列与体系。至于其他儒家经典所列的教化论，均可分别纳入这个序列、体系之中，朱熹明确说："《大学》是为学纲目。先通《大学》，立定纲领，其他经皆杂说在里许。通得《大学》了，去看他经，方见得此是格物致知事，此是正心诚意事，此是修身事，此是齐家治国平天下事。"③《大学》作为儒家为学纲目，将"修己治人之方"统统纳入其中。

---

① （宋）朱熹：《大学章句序》，《四书章句集注·大学章句》，《朱子全书》第 6 册，第 13 页。
② （宋）朱熹：《大学或问》，《朱子全书》第 6 册，第 515 页。
③ （宋）黎靖德编《朱子语类》卷十四，《朱子全书》第 14 册，第 422 页。

张力与融合

——朱子道统说的形成与发展[*]

丁四新[**]

摘 要：朱子道统说的提出和建构、产生和发展，有其历史前提和来自道学运动上的思想张力。它是在不断融合理学思想特别是北宋五子思想及儒家经学观念的基础上产生出来并不断发展的。二程的道统意识非常强烈，形成了以四书为基本经典及其所涵盖的圣贤为谱系的道统说。相比之下，周子、张子和邵子的道统意识则较为淡薄，他们更重视本体宇宙论的阐发和《周易》一经。朱子继承了二程的道统说，肯定二程得道统之传，并以此为基础开展了自己之道统论的建构：他首先肯定并强化了周程授受一致的说法，阐明了周子的本体宇宙论即二程的理气论，初步建立了自己的新道统说；进而在《近思录》等书中正式编织了由二程、周、张四子所构成的理学道统；最后，在重视《周易》经学、贯通四书六经、重返孔子之思想世界的过程中，朱子建立了融贯古今、彼此关涉的新经学体系，一方面将邵雍纳入理学道统之中，另一方面将伏羲、神农、黄帝列为道统之祖，建立了一个更为完备、更为博大的新道统体系。朱子道统说的形成和发展，归根结蒂是由理学、经学在宋代所遭逢的道学运动及其思想张力和朱子个人集大成的思想性格所决定的。

关键词：朱熹；道统说；四书；六经；《周易》

建构"道统"，是近世儒学的一个重要议题，它贯穿于整个宋代儒学的发展过程之中。何谓"道"（道体）、孰能传道（谱系）以及如何传道（方式），这是道统建构中的三个基本问题，其中第一个问题最为关键。在提出

---

[*] 本文系国家社会科学基金重大项目"出土简帛四古本《老子》综合研究"（编号：15ZDB006）的阶段性成果，原载于《中州学刊》2019年第2期，收入本书时有修改。
[**] 丁四新，清华大学人文学院哲学系教授，教育部长江学者特聘教授，主要从事中国哲学与儒家经学研究。

之初，儒家道统说即肩负着批判外道、维护儒学正统和圣贤自任以传道的重大任务。大抵说来，从韩愈到二程，儒家道统说以孟子其人其书为建构中心。但与此同时，北宋五子在道统内涵的认识上存在较大的差异和分别，这特别表现在《孟子》与《周易》两经以及二程与周敦颐、邵雍的分别上。这些差异和分别是重构道统说的必要张力和前提，朱子（1130—1200）道统说的建构即是如此。朱子是如何面对和建构其道统说的？这是本文要追问和回答的根本问题。简单说来，朱子一方面以二程的道统说为基础和前提，另一方面通过扩展和疏通其经典根据（从四书到六经），特别是通过对于《周易》一经的充分肯定和重视，完成了儒家道统说在南宋的新建构。

一 道统说的提出及其在宋代的张力

（一）道统说的提出：韩愈《原道》与"道统"概念的基本含义

一般认为，儒家道统说是滥觞于孟子（见《孟子·尽心下》末章），而由韩愈（768—824）正式提出来的。[①] 韩愈之后，唐人皮日休、陆龟蒙、林慎思等多有相关论说。[②]

在"道统"[③] 一词中，"道"是"道统"的根本。什么是"道"？韩愈有

① 韩愈的道统说，见《原道》《读荀子》《进学解》《送王埙秀才序》等篇。参见（宋）魏仲举编《五百家注昌黎文集》卷十一、十二、二十，景印文渊阁《四库全书》第1074册，台湾商务印书馆1986年版，第221—224、232、236—238、347—348页。

② （唐）皮日休：《请韩文公配飨太学书》《请孟子为学科书》，见氏著《皮子文薮》卷九，萧涤非、郑庆笃整理，上海古籍出版社1981年版，第87—89页。皮氏佚文《襄州孔子庙学记》亦涉道统说，见《皮子文薮》附录二，第239页。在唐末至五代十国时期，提出道统说的还有陆龟蒙、朱阗、林慎思、司空图、牛希济等人。他们的观点，可以参看叶平《唐末五代十国时期儒学道统谱系的衍变》，《中州学刊》2017年第5期，第100—104页。

③ "道统"一词出现于唐代，但朱子是首位正式、系统地使用这一概念的学者。德人苏费翔（Christian Soffel）指出，"道统"最早见于唐初曲阜县的县令盖畅（622—697）的墓志铭。在朱子之前，宋人李若冰、刘才邵、李流谦使用过这一词。据墓志铭，盖畅撰有《道统》一书，不过已佚失。参见〔德〕苏费翔《朱子之前"道统"一词的用法》，载陈来、朱杰人编《人文与价值——朱子学国际学术研讨会暨朱子诞辰880周年纪念会论文集》，华东师范大学出版社2011年版，第82—88页；《宋人道统论——以朱熹为中心》，《厦门大学学报》（哲学社会科学版）2015年第1期，第22页。美国学者蔡涵墨（Charles Hartman）还指出秦桧使用过"道统"一词，其所撰《先圣先贤图赞》曰："曾不知文王之文，孔圣传之？所谓文在兹者，盖道统也。"转见〔美〕蔡涵墨《一个邪恶形象的塑造——秦桧与道学》，见氏著《历史的严妆——解读道学阴影下的南宋史学》，中华书局2016年版，第106页。

统言之和散言之两种说法。《原道》曰：

> 其文《诗》《书》《易》《春秋》，其法礼、乐、刑、政，其民士、
> 农、工、贾，其位君臣、父子、师友、宾主、昆弟、夫妇，其服麻、丝，
> 其居宫、室，其食粟米、果蔬、鱼肉。其为道易明，而其为教易行也。①

"道"，在韩愈看来指"道德仁义"②；落实下来，具体指那些表现在政教和人伦日用上的其文、其法、其位、其服和其食。韩愈所说之"道"，在性质上与佛老外道对立。而"道统"概念的提出，从他那里开始即带有强烈的批判外道的色彩。韩愈的立场坚定，观点鲜明，其言辞之激烈如说"人其人，火其书，庐其居"，达到了匪夷所思的程度。

"道统"的"统"，即"统系""脉络"之义。而此"统系"，实指传道的圣贤。从本质上来说，"道统"是一个连续的整体；从历史的传承来说，它又可能是断裂的、不连续的。"道统"的这种断裂性和不连续性，决定了传承或建构"道统"的必要性。《原道》曰：

> 曰："斯道也，何道也？"曰："斯吾所谓道也，非向所谓老与佛之
> 道也。尧以是传之舜，舜以是传之禹，禹以是传之汤，汤以是传之文、
> 武、周公，文、武、周公传之孔子，孔子传之孟轲，轲之死，不得其传
> 焉。荀与扬也，择焉而不精，语焉而不详。由周公而上，上而为君，故
> 其事行。由周公而下，下而为臣，故其说长。然则如之何而可也？曰：
> 不塞不流，不止不行。人其人，火其书，庐其居。明先王之道以道之，
> 鳏寡孤独废疾者有养也。其亦庶乎其可也！

在此，韩愈建立了尧→舜→禹→汤→文→武→周公→孔子→孟子的传道统系，而"道统"即落实在这个传承统系上。"道"得其人则传，不得其人则止。韩愈建构的道统起点是尧，终点是孟子。孟子被列入道统，对于韩愈来说具有双重意义：一者，孟子本人正是在批评杨朱、墨翟的过程中坚持道

---

① （唐）韩愈：《原道》，（宋）魏仲举编《五百家注昌黎文集》卷十一，景印文渊阁《四库全书》第 1074 册，第 224 页。本文凡引韩愈《原道》文，均见此书第 221—224 页，下不出注。
② 《原道》曰："博爱之谓仁，行而宜之之谓义，由是而之焉之谓道，足乎己而无待于外之谓德。仁与义为定名，道与德为虚位。"

统的，这为韩愈辟佛老树立了榜样；二者，孟子是韩愈接续道统的上位。而孟子之道统地位的确定，对于宋明儒学来说意义同样重大。进一步，韩愈追问了由尧舜开创的道统何以止于孟子而不传（"轲之死，不得其传"）的问题，他提供了两个原因：一者，后儒不足以传道，"荀与扬也，择焉而不精，语焉而不详"；二者，在汉魏隋唐之间佛老充斥天下，天下"不入于老，则归于佛"，"入者附之，出者污之。"（《原道》）由此可知，道统说从一开始即包括着儒家的自我认同及正统（嫡别）之争两个方面。这两个方面的问题，伴随儒学的发展一直延续至今。

韩愈构建道统说，有其经典依据。《原道》直接引用了《孟子》《礼记》《论语》《诗经》的文句，概括引用了《春秋》，并提及了《尚书》《周易》这两部经典。不过，《原道》所构造的道统说（传道的圣贤谱系）无疑是以《孟子》为主干的。或者说，正是根据《孟子》这部典籍，韩愈才得以提出所谓道统说。《孟子·滕文公下》曰："圣王不作，诸侯放恣，处士横议，杨朱、墨翟之言盈天下。天下之言，不归杨，则归墨。"同书《孟子·滕文公上》曰："孟子道性善，言必称尧舜。"孟子辟杨墨、拒杨墨而自比于圣人之徒；[1] 他以继承尧舜之道自居自命的精神，与韩愈辟佛老、倡道统之说正同。此其一。其二，韩愈道统说中的尧、舜、禹、汤、文、武、周公、孔子，都已出现在《孟子》一书中，他们都是孟子所推崇的圣人。《孟子·尽心下》末章曰："（孟子曰）由尧舜至于汤，五百有余岁，若禹、皋陶，则见而知之；若汤，则闻而知之。由汤至于文王，五百有余岁，若伊尹、莱朱，则见而知之；若文王，则闻而知之。由文王至于孔子，五百有余岁，若太公望、散宜生，则见而知之；若孔子，则闻而知之。由孔子而来至于今，百有余岁，去圣人之世，若此其未远也；近圣人之居，若此其甚也，然而无有乎尔，则亦无有乎尔。"孟子在此列数了从尧舜至孔子的道统谱系，学者一般认为孟子在此章提出了所谓道统说。朱子予以肯定，《孟子集注》云"历序群圣之统"[2]。

---

[1] 《孟子·滕文公下》曰："（孟子曰）杨氏为我，是无君也；墨氏兼爱，是无父也。无父无君，是禽兽也。……杨墨之道不息，孔子之道不著，是邪说诬民，充塞仁义也。仁义充塞，则率兽食人，人将相食。吾为此惧，闲先圣之道，距杨墨，放淫辞，邪说者不得作。……无父无君，是周公所膺也。我亦欲正人心，息邪说，距诐行，放淫辞，以承三圣；岂好辩哉！予不得已也。能言距杨墨者，圣人之徒也。"

[2] （宋）朱熹：《四书章句集注》，中华书局1983年版，第377页。

总之，韩愈主要是靠孟子其人其书来建构他的道统说的。而他以《孟子》为根本经典依据，则突破了汉唐经学的藩篱，大大提高了《孟子》在中国文化中的地位。在汉代，除《周易》《尚书》《诗经》《仪礼》《春秋》外，《论语》《孝经》受到统治者的普遍重视①，地位仅次于五经，《汉书·艺文志》即将其列入《六艺略》。但是，在当时《孟子》的地位不高②，《汉书·艺文志》将其列入《诸子略》"儒家类"，跟《荀子》等书无异。而且，这种状况一直持续到唐代，而没有什么大的改变，《旧唐书·经籍志下》《新唐书·艺文志三》即将《孟子》列入丙部子录"儒家类"。因此，《孟子》在宋代最终被列入经书和科考范围，这本身即是道统运动和尊孟思潮的结果。③

韩愈在道统论上的贡献，得到了程颢（1032—1085）、程颐（1033—1107）兄弟的肯定。程子曰："韩愈亦近世豪杰之士。如《原道》中言语虽有病，然自孟子而后，能将许大见识寻求者，才见此人。至如断曰：'孟氏醇乎醇。'又曰：'荀与杨，择焉而不精，语焉而不详。'若不是它见得，岂千余年后便能断得如此分明也？"④ 伊川曰："退之晚年为文，所得处甚多。学本是修德，有德然后有言，退之却倒学了。因学文日求所未至，遂有所得。如曰：'轲之死不得其传。'似此言语，非是蹈袭前人，又非凿空撰得出，必有所见。若无所见，不知言所传者何事？《原性》等文皆少时作。"⑤ 韩愈的

---

① 《汉书》卷七《昭帝纪》诏曰："朕以眇身获保宗庙，战战栗栗，夙兴夜寐，修古帝王之事，诵《保傅传》、《孝经》、《论语》、《尚书》，未云有明。其令三辅、太常举贤良各二人，郡国文学高第各一人。赐中二千石以下至吏、民爵，各有差。"卷十二《平帝纪》曰："征天下通知逸经、古记、天文、历算、钟律、小学、《史篇》、方术、《本草》及以《五经》、《论语》、《孝经》、《尔雅》教授者，在所为驾一封轺传，遣诣京师。至者数千人。"又曰："乡曰庠，聚曰序，序、庠置《孝经》师一人。"
② 赵岐《孟子题辞》曰："汉兴，除秦虐禁，开延道德，孝文皇帝欲广游学之路，《论语》《孝经》《孟子》《尔雅》皆置博士。后罢传记博士，独立《五经》而已。"参见（清）焦循《孟子正义》卷一，中华书局1987年版，第17页。按：汉初，诸书立于学官者众多，从总体上看，朝廷对《孟子》的重视程度不够，一者博士制度不够完善，二者博士及博士弟子没有被纳入仕进之途。
③ 顾炎武《日知录》卷七"九经"条曰："唐、宋取士，皆用《九经》。"参见（清）顾炎武撰、黄汝成集释《日知录集释》，上海古籍出版社2006年版，第452页。"九经"是在唐初形成的，指《周易》《古文尚书》《毛诗》《礼记》《春秋左传》《周礼》《仪礼》《春秋穀梁传》《春秋公羊传》（《新唐书·选举志上》）。在北宋庆历前后，士林兴起了尊孟思潮，《孟子》由此得到了朝廷的重视，奠定其在道学中的重要地位。
④ （宋）程颢、程颐：《河南程氏遗书》（以下简称《遗书》）卷一，《二程集》，王孝鱼点校，中华书局2004年版，第5页。
⑤ （宋）程颢、程颐：《遗书》卷十八，《二程集》，第232页。

道统说，不仅得到了二程兄弟的肯定，而且是程朱道统说的直接来源。对于韩愈的儒学影响，何俊是这样说的："宋儒在接受韩愈之后，分别从不同的方向对儒学作了推进，其一是从社会经济改造入手，其一是从个体价值挺立入手，前者的代表是王安石、叶适，后者的代表即是后来的正统理学。"① 更准确地说，韩愈是通过其道统说来影响程朱理学的。

（二）北宋道统说的张力：二程的道统说及其与周敦颐、邵雍的差异

宋儒的道统说既是在历史中形成的，也是在学者的努力建构中形成的。其中，从二程到朱子，是宋代道统说发展的主线，《宋史·道统论》即以朱子的道统说为基础。朱子集宋代道统说之大成，而此前或同时代的学说差异和分歧，即构成了朱子本人构造道统的前提和必要张力。具体说来，朱子重构道统说，首先必须面对"北宋五子"的思想张力。

在"北宋五子"中，二程的道统意识最为强烈，其道统说也最为重要。他们的道统说包括四个要点。其一，二程提出了"圣人与道无异""圣人无优劣""经所以载道"的观点②，完成了对道统说之逻辑前提的论证。这是韩

---

① 何俊：《论韩愈的道统观及宋儒对他的超越》，《孔子研究》2000 年第 2 期，第 57 页。

② 《遗书》卷十八曰："问：'圣人与天道何异？'曰：'无异。'"（《伊川先生语四》，《二程集》第 209 页）《遗书》卷二十三曰："圣人与理为一，故无过、无不及，中而已矣。"（《伊川先生语四》，《二程集》第 307 页）此论"圣人与天道无异"。《遗书》卷二十四曰："圣人无优劣，有则非圣人也。"（《伊川先生语十》，《二程集》第 315 页）《遗书》卷二十五曰："圣人无优劣。尧舜之让，禹之功，汤武之征伐，伯夷之清，柳下惠之和，伊尹之任，周公在上而道行，孔子在下而道不行，其道一也。"（《伊川先生语十一》，《二程集》第 324 页）此论"圣人无优劣"。《遗书》卷六曰："经所以载道也，器所以适用也。学经而不知道，治器而不适用，奚益哉？"（《二先生语六》，《二程集》第 95 页）《遗书》卷二上曰："如圣人作经，本欲明道。今人若不先明义理，不可治经。"（《二先生语二上》，《二程集》第 13 页）《河南程氏文集》卷二曰："道之大原在于经，经为道，其发明天地之秘，形容圣人之心，一也。"（《明道先生文二·南庙试九叙惟歌论》，《二程集》第 463 页）《遗书》卷十八曰："且如《六经》，则各自有个蹊辙，及其造道，一也。"（《伊川先生语四》，《二程集》第 193 页）此论"经所以载道"。不但如此，二程将六经之学转变为四书之学，并推崇《孟子》和《中庸》，由此重构了道统之传。对于四书，二程有如下一些说法。《遗书》卷二十二上曰："入德之门，无如《大学》。"（《伊川先生语八上》，《二程集》第 277 页）《遗书》卷二十五曰："学者当以《论》《孟》为本。《论语》《孟子》既治，则《六经》可不治而明矣。"（《伊川先生语十一》，《二程集》第 322 页）《遗书》卷十五曰："然则《中庸》之书，决是传圣人之学不杂，子思恐传授渐失，故著此一卷书。"（《明道先生语四》，《二程集》第 153 页）《遗书》卷二十五曰："《中庸》之书，学者之至也。"（《伊川先生语十一》，《二程集》第 325 页）范祖禹曰："盖自孟子而《中庸》之学不传，后世之士不循其本而用心于末，故不可与入尧、舜之道先生以独智自得，去圣人千有余岁，发其（转下页注）

愈没有做到的。对于"道""圣人""经"这三个要素的关系，二程作出了合乎逻辑的阐明。其二，二程都肯定韩愈提出的道统观，肯定其所谓"轲之死，不得其传焉"之说。韩愈的道统说是宋人道统说的正宗来源，而二程的道统说又是宋人道统说的主干。其三，二程虽然肯定和继承了韩愈的道统说，但又不承认韩愈本人在道统中的地位。程颢过世，"公卿大夫议以明道先生号之"，伊川在《明道先生墓表》中说："周公死，圣人之道不行；孟轲死，圣人之学不传。……先生生千四百年之后，得不传之学于遗经，志将以斯道觉斯民。……圣人之道得先生而后明，为功大矣。于是帝师采众议而为之称以表其墓。学者之于道知所向，然后见斯人之为功；知所至，然后见斯名之称情。山可夷，谷可湮，明道之名亘万世而长存。"①程颐肯定程颢（号明道）得圣道和圣学之传，是孟子之后的传道者。伊川亦以此自任。②综合多种资料，二程的道统谱系是这样的：尧、舜→禹、汤、文、武、周公→孔子→（曾子、子思）→孟子→程子。其四，二程以四书为经，且在四书中又以《中庸》和《孟子》为核心来构造自己的道统观。③这一点，与周子、邵子的差别较大。

　　进一步，二程的道统意识明显强于周敦颐（1017—1073）、张载（1020—1077）、邵雍（1011—1077）三人。二程兄弟都非常重视韩愈的道统说，而周、张、邵三氏则不够重视，甚至忽视了韩愈之说。这反映出周、张、邵三人在道统观上的自觉性远不及二程。在经典依据上，二程更重视《中庸》《孟子》，以思孟一系为道统建构的基础；而周、张、邵三氏更重视《周易》一经，以远绍羲皇始祖。具体说来，周子重视所谓本体宇宙论，重视太极图所包含的本体宇宙论思想，重视《周易》《中庸》之学的融合和再诠；

（接上页注②）关键，直睹堂奥，一天地之理，尽事物之变。"（《门人朋友叙述并序》，《二程集》第334页）胡安国《奏状》曰："然《中庸》之义，不明久矣。自颐兄弟始发明之，然后其义可思而得。"（《二程集》第348页）朱子说《中庸》"乃孔门传授心法"（《四书章句集注》第17页），又说："盖子思之功于是为大，而微程夫子，则亦莫能因其语而得其心也。"（《四书章句集注》第15页）《宋史·道学传》曰："仁宗明道初年，程颢及弟颐实生，及长，受业周氏，已乃扩大其所闻，表章《大学》《中庸》二篇，与《论》《孟》并行，于是上自帝王传心之奥，下至初学入德之门，融合贯通，无复余蕴。"参见（元）脱脱等撰《宋史》卷四百二十七，中华书局1977年版，第12710页。

① 这段文字，又见《二程粹言·圣贤篇》，《二程集》，第640、1242页。

② 这一点，在二程弟子刘立之那里得到了印证。刘立之曰："自孟轲没，圣学失传，学者穿凿妄作，不知入德。先生杰然自立于千载之后，芟辟榛秽，开示本原，圣人之庭户晓然可入，学士大夫始知所。"参见《二程集》，第329页。

③ 以上论述，可参看蔡方鹿《程颢、程颐的道统思想》，《开封大学学报》1997年第1期，第31—33页。

张子重视以《周易》来阐述自己的气论思想；而邵子则重视象数、自然世界和历史世界之理的推演，伏羲先天图义和元会运世、皇帝王伯的历史哲学是其最为卓著的两个思想成果。对于《周易》一经，二程虽然没有轻视，程颐甚至撰述了《程氏易传》一书，但其解释原则是"体用一源，显微无间"，解释的重点落实在卦爻辞（"予所传者辞也"①）和人伦物理的安顿上。二程的核心概念是"理"或"天理"。

朱子建构其道统说所依据的张力和前提，也体现在二程对于周、张、邵三子的批评上。对于周子，程颢是这样说的："吾学虽有所受"，但其根本（即"天理""吾与点之意"或"道学"）是"自家体贴"出来的。程颐的看法也大体相同。② 可见二程所谓道③，与周子所谓道在含义上有较大差别。对于张载，一方面，他们高度评价了《西铭》，认为它是"《原道》之宗祖"，"自《孟子》后，盖未见此书"，并说"子厚之识，孟子之后，一人而已耳"；但是另一方面，他们认为张子的思想跟邵雍一样未免于流弊，而这个流弊是"以清虚一大名天道，是以器言，非形而上者"④。对于邵雍，二程的批评尤甚，这包括三点：其一，邵雍之学重在推究物理和观化，"玩心高明"，但其道"偏驳"，"大抵似杨雄"；其二，邵雍"却于儒术未见所得"，"根本不帖

---

① （宋）程颐：《程氏易传·序》，《二程集》，第689页。
② 《二程外书》卷十二曰："吾学虽有所受，'天理'二字却是自家体贴出来。"（《二程集》第424页）《遗书》卷三曰："某自再见茂叔后，吟风弄月以归，有'吾与点也'之意。"（《二先生语三》，《二程集》第59页）《二程粹言·圣贤篇》曰："明道十五六时，周茂叔论圣道之要，遂厌科举，慨然欲为道学，而未知其方也。及泛滥于诸家，出入于释老者几十年，反求诸《六经》，而后得之。"（《二程集》第1241页）《二程粹言·论书篇》曰："子谓门弟子曰：昔吾受《易》于周子，使吾求仲尼颜子之所乐。要哉！此言。二三子志之。"（《二程集》第1203页）《伊川先生年谱》曰："年十四五，与明道同受学于舂陵周茂叔先生。"（《二程集》第338页）
③ 二程所谓"道"，参见《明道先生行状》结语部分、《明道先生门人朋友叙述并序》和《明道先生墓表》三篇，《二程集》，第328—334、637—640页。
④ 《遗书》卷四曰："世之信道笃而不惑异端者，洛之尧夫、秦之子厚而已。"（《二先生语四》，《二程集》第70页）《遗书》卷二上曰："孟子而后，却只有《原道》一篇，其间语固多病，然要之，大意尽近理。若《西铭》，则是《原道》之宗祖也。《原道》却只说到'道'，元未到得《西铭》意思。据子厚之文，醇然无出此文也，自《孟子》后，盖未见此书。"（《二先生语上》，《二程集》第37页）《二程粹言·论书篇》曰："《订顽》言纯而意备。仁之体也，充而尽之。圣人之事也。子厚之识，孟子之后，一人而已耳。"（《二程集》第1203页）《二程粹言·圣贤篇》曰："子厚、尧夫之学，善自开大者也。尧夫细行或不谨，而其卷舒运用亦熟矣。"同遗又曰："世之传闻强识者众矣，其终未有不入于禅学者。特立不惑，子厚、尧夫而已。然其说之流，亦未免于有弊也。"（《二程集》第1233、1241页）《二程粹言·论道篇》曰："子厚以清虚一大名天道，是以器言，非形而上者。"（《二程集》第1174页）

帖地";其三,邵雍之学独出自李挺之,而"推数及理",且相当自负,"尧夫自是悠悠,自言须如我与李之才方得道"①。确实,二程在道学上与周、张、邵三子的差距很大。不过,这些差距却变成了朱子建构其道统说的必要前提和张力。

总之,从孟子到韩愈,从韩愈到二程,这是朱子构造道统说的基础。二程与周子、张子、邵子存在多方面的差异,其中,后三者更重视《周易》一经,他们的思想受到《周易》更为深刻的影响。朱子道统说的新建构,在一定意义上来说,正是以吸纳《周易》经学及其思想为基础的。

二 朱子道统说的建构:以四书为中心

(一) 对于疑孟思潮的批评与回应

据朱彝尊《经义考》所录,北宋时期注解和阐释《孟子》的著作甚众。②

---

① 《二程粹言·圣贤篇》"明道志康节之墓"曰:"先生少时,自雄其才,慷慨有大志。既学,力慕高远,谓先王之事为可必致。及其学益老,德益邵,玩心高明,观天地运化,阴阳消长,以达乎万物之变,然后颓然乎顺,浩然乎归。德气粹然,望之可知其贤。然不事表暴,不设防畛,正而不谅,通而不污,清明坦夷,洞彻中外。其与人言,必依于孝弟忠信。乐道人之善,而未尝及其恶,故贤者乐其德,不肖者服其化。所以厚风俗,成人材之功,亦多矣。昔七十子学于仲尼,其传可见者惟曾子,所以告子思,而子思所以授孟子者耳。其余门人,各以其才之所宜为学。虽同尊圣人,所因而入者,门户则众矣。况后此千有余岁,师道不立,学者莫知所从来。独先生之学得之于李挺之,挺之得之于穆伯长,推其渊源,远有端绪。今李穆之言及其行事概可见也。先生淳一不杂,汪洋高大,乃其所自得者多矣。然而名其学,岂所谓门户之众,各有所因而入者与语成德者?昔者难其居若先生之道,以其所至而论之,可谓安且成矣。"(《二程集》第1241—1242页)《遗书》卷二上曰:"尧夫豪杰之士,根本不帖帖地。伯淳尝戏以乱世之奸雄中道学之有所得者,然无礼不恭极甚。又尝戒以不仁,己犹不认,以为人不曾来学。伯淳言:'尧夫自是悠悠,自言须如我与李之才方得道。'"同篇又曰:"邵尧夫于物理上尽说得,亦大段漏泄它天机。"(《二先生语二上》,《二程集》第32、42页)《遗书》卷十曰:"伯淳言:'邵尧夫病革,且言试与观化一遭。'子厚言:'观化他人便观得自家,自家又如何观得化?尝观尧夫诗意,才做得识道理,却于儒术未见所得。'"(《二先生语十》,《二程集》第112页)《遗书》卷十五曰:"世人之学,博闻强识者岂少?其终无有不入禅学者。就其间特立不惑,无如子厚、尧夫,然其说之流,恐未免此敝。"又曰:"尧夫之学,大抵似杨雄,然亦不尽如之。"(《伊川先生语一》,《二程集》第171、150页)《遗书》卷七曰:"尧夫道虽偏驳,然卷舒作用极熟。"(《二先生语七》,《二程集》第97页)《遗书》卷十八曰:"邵尧夫数法出于李挺之,至尧夫推数方及理。"(《伊川先生语四》,《二程集》第197页)

② (清)朱彝尊:《经义考》卷二百三十三至二百三十四,《四库备要》第3册,中华书局、中国书店1989年影印版,第1179—1188页。

大约在宋神宗（1068—1085 年在位）年间，尊孟崇孟成为思潮，并得到了官方的正式承认。《孟子》立经和孟子配享，是孟子不断升格的两个标志性事件。① 随着崇孟尊孟思潮的发展，北宋时期也兴起了疑孟思潮，李觏（1009—1059）的《常语》和司马光（1019—1086）的《疑孟》即为疑孟思潮的代表作。② 邵伯温（1055—1134）在《邵氏闻见录》卷十一至十三列举了十家疑孟言论③，可见当时疑孟思潮之盛。当然，疑孟思潮可以看作尊孟崇孟思潮的一种映射。不但如此，疑孟思潮同样是朱子构造道统说的前提：从一方面看，朱子必须对疑孟思潮作出回应；从另一方面看，朱子必须回答孟子其人其书是否能够成为道统说之主干的问题。换一句话说，回应和批驳疑孟观点，既是朱子重构道统说的一个必要内容，又是对二程道统说的肯定和继承。二者其实为同一个问题的两个方面。

与朱子同时，胡宏、张九成和余允文等批评和回应了司马光、李觏、郑淑厚、苏轼乃至王充等人的疑孟观点④，其中余氏的《尊孟辨》最为重要。朱子即在余氏的基础上撰成了《读余隐之尊孟辨》一文，进一步点评、回应和批评了司马光、李觏等人的观点，阐明了孟子在道统谱系中的重要地位。朱子说："孔子传之孟轲，轲之死，不得其传，此非深知所传者何事，则未易言也。夫《孟子》之所传何哉？曰仁义而已矣。"又说："有《孟子》而后《六经》之用明，有王道而后天子之位定。有《六经》而无《孟子》，则杨、墨之仁义所以流也；有天子而无王道，则桀、纣之残贼所以祸也。故尝譬之《六经》如千斛之舟，而《孟子》如运舟之人；天子犹长民之吏，而王道犹吏师之法。今曰《六经》可以无《孟子》，天子可以无王道，则是舟无人，吏无法，将焉用之矣！"⑤

① 熙宁四年（1071）二月，《孟子》首次被列入科举考试。元丰七年（1084）五月，孟子首次允许被配享。参见周予同《周予同经学史论著选集》，上海人民出版社1983年版，第289页；徐洪兴：《唐宋间的孟子升格运动》，《中国社会科学》1993年第5期，第106—107页。

② （宋）司马光：《传家集》卷七十三，景印文渊阁《四库全书》第1094册，台湾商务印书馆1986年版，第663—667页；《李觏集》卷三十二至三十四，王国轩校点，中华书局1981年版，第364—377页。

③ （宋）邵伯温：《邵氏闻见录》卷十一至十三，李剑雄、刘德权点校，中华书局1983年版，第113—152页。

④ （宋）胡宏：《释疑孟》，《胡宏集》，吴华仁点校，中华书局1987年版，第318—327页；（宋）张九成：《孟子传》，景印文渊阁《四库全书》第196册，台湾商务印书馆1986年版，第229—516页；（宋）余允文：《尊孟辨》《尊孟续辨》《尊孟辨别录》，景印文渊阁《四库全书》第196册，第517—549、549—564、564—569页。

⑤ （宋）朱熹：《读余隐之尊孟辨》，《晦庵先生朱文公文集》卷七十三，《朱子全书》第24册，上海古籍出版社、安徽教育出版社2002年版，第3525、3543页。

孟子是建构儒家道统说的关键，他能否在道统中安如磐石，在程朱看来，这关系到道统说本身能否成立的问题。二程继承韩愈的观点，首先肯定孟子的重要性，并建构了以四书为中心的经典依据和以尧、舜、禹、汤、文、武、周公、孔子和孟子为核心的道统谱系。同样，为了继承二程的道统说，朱子就必须回应和批评当时的疑孟思潮，并强调孟子在道统中的重要性。不仅如此，朱子由此拓展，进一步重构了自己的道统说。

（二）以四书为基础建构的新道统说

乾道癸巳年（1173），朱子在《中庸集解序》中说："《中庸》之书，子思子之所作也。昔者曾子学于孔子，而得其传矣。孔子之孙子思又学于曾子，而得其所传于孔子者焉。既而惧夫传之久远而或失其真也，于是推本所传之意，质以所闻之言，更相反复，作为此书。孟子之徒实受其说，孟子没，而不得其传焉。汉之诸儒虽或掌诵，然既杂乎传记之间而莫之贵，又莫有能明其所传之意者。至唐李翱始知尊信其书，为之论说。然其所谓灭情以复性者，又杂乎佛老而言之，则亦异于曾子、子思、孟子之所传矣。至于本朝，濂溪周夫子始得其所传之要，以著于篇；河南二程夫子又得其遗旨而发挥之，然后其学布于天下。"[①]《中庸集解》，是与朱子同时代的儒者石敦山的著作。此篇序文以《中庸》为中心，《中庸》乃传道之书。序文除重复阐述了从孔子、曾子、子思到孟子之间的传道问题及"孟子没，而不得其传焉"之外，朱子在此将周濂溪（周敦颐）和二程构成了一个前后相继的道统次序，所谓"濂溪周夫子始得其所传之要，以著于篇"，而"河南二程夫子又得其遗旨而发挥之，然后其学布于天下"。濂溪与二程之一贯，在较大程度上实出于朱子的演绎和安排。

淳熙己酉年（1189），朱子的道统意识和道统说有了新的进展。在《中庸章句序》中，他说：

（1）《中庸》何为而作也？子思子忧道学之失其传而作也。盖自上古圣神继天立极，而道统之传有自来矣。其见于经，则"允执厥中"者，尧之所以授舜也；"人心惟危，道心惟微，惟精惟一，允执厥中"

---

① （宋）朱熹：《晦安先生朱文公文集》卷七十五，《朱子全书》第 24 册，第 3639 页。

者，舜之所以授禹也。尧之一言，至矣，尽矣！而舜复益之以三言者，则所以明夫尧之一言，必如是而后可庶几也。

（2）夫尧、舜、禹，天下之大圣也。以天下相传，天下之大事也。以天下之大圣，行天下之大事，而其授受之际，丁宁告戒，不过如此。则天下之理，岂有以加于此哉？自是以来，圣圣相承：若成汤、文、武之为君，皋陶、伊、傅、周、召之为臣，既皆以此而接夫道统之传，若吾夫子，则虽不得其位，而所以继往圣、开来学，其功反有贤于尧舜者。然当是时，见而知之者，惟颜氏、曾氏之传得其宗。及曾氏之再传，而复得夫子之孙子思，则去圣远而异端起矣。子思惧夫愈久而愈失其真也，于是推本尧舜以来相传之意，质以平日所闻父师之言，更互演绎，作为此书，以诏后之学者。

（3）然而尚幸此书之不泯，故程夫子兄弟者出，得有所考，以续夫千载不传之绪；得有所据，以斥夫二家似是之非。盖子思之功于是为大，而微程夫子，则亦莫能因其语而得其心也。

（4）熹自蚤岁即尝受读而窃疑之，沈潜反复，盖亦有年，一旦恍然似有以得其要领者，然后乃敢会众说而折其中，既为定著章句一篇，以俟后之君子。而一二同志复取石氏书，删其繁乱，名以辑略，且记所尝论辩取舍之意，别为或问，以附其后。然后此书之旨，支分节解、脉络贯通、详略相因、巨细毕举，而凡诸说之同异得失，亦得以曲畅旁通，而各极其趣。虽于道统之传，不敢妄议，然初学之士，或有取焉，则亦庶乎行远升高之一助云尔。①

比较此序与上一序，可知朱子在此展现了更为强烈的道统意识，其道统说有了大幅的拓展。这又包括三点。第一，朱子具体指明了儒家或圣贤所传之"道"为《论语·尧曰》所谓"允执其中"②，或《尚书·大禹谟》所谓"人心惟危，道心惟微，惟精惟一，允执厥中"，将四书之《中庸》与六经之《尚书》上下贯通起来。在朱子看来，"允执厥中"即孔门心法，即尧舜之道，即道统之所传，即子思作《中庸》之意。子思作《中庸》的目的，就是

---

① （宋）朱熹：《四书章句集注》，第14—16页。

② 《论语·尧曰》曰："尧曰：咨！尔舜！天之历数在尔躬，允执其中。四海困穷，天禄永终。舜亦以命禹。"对"天之历数在尔躬，允执其中"二句，古今的理解不同，有歧义。朱子在序中是以《中庸》的主旨来理解"允执厥中"一句的。

"推本尧舜以来相传之意"。第二，朱子不但建立了颇为复杂的道统谱系，而且为建立道统谱系确立了新的原则。这个复杂的道统谱系是：尧、舜、禹→汤、文、武之君/皋陶、伊、傅、周、召之臣→孔子、颜子、曾子、子思、孟子。禹以上，为圣王相传；禹以下，为圣君、圣臣共传；孔子以下，为素位的圣贤传之。自孔子以下，道统之传纯为儒门圣贤的事情。这个新的原则是"圣圣相承"，道统之传，与其人在位与不在位没有必然的联系。换一句话说，在道统传承过程中，"道"高于"势"，"德"高于"位"，这是基本原则。由此，朱子强化了孔子在道统中的重要性，《中庸章句序》曰："若吾夫子，则虽不得其位，而所以继往圣、开来学，其功反有贤于尧舜者。"第三，肯定程子得道统之传，同时表明自己亦有意传承此道。程子虽然自言传道，但他们得道统之传毕竟需要得到后人的承认。朱子肯定程子优先于其他宋儒，在宋代道统之传中居于核心地位，这对于近世儒学来说是一个很重要的判断。至于朱子本人的传道意识，既可以从他对于此前道统之传的叙述得到肯定，同时也可以从他在本序中的旨意直接反映出来。[①] 其实，传道是朱子作为一个理学家的意义所在；而他以传道自任，乃是其作为一个理学家的题中之义。

(三)《大学章句序》道统谱系之新变化

宋儒的道统说，无疑与四书经典地位的确立具有密切关系。《论语》《孟子》《大学》《中庸》，已作为一个整体而得到了二程的重视，二程即在一定程度上认为它们优先于六经。这预示着道统之传的历史境遇及其文化价值发生了变化。相比于二程，朱子更加重视四书的整体性，不但明确提出了四书的概念，而且在其道统谱系中，曾子、子思的位置更为显赫，儒门传道之意更为明确。不过，值得注意的是，与《中庸章句序》相比，作于同年（1189）的《大学章句序》在道统谱系上有明显的差异。此序曰：

---

① 朱子在《中庸集解序》中说："熹惟圣门传授之微旨见于此篇者，诸先生言之详矣。熹之浅陋，盖有行思坐诵、没世穷年而不得其所以言者，尚何敢措一辞于其间！然尝窃谓秦汉以来，圣学不传，儒者惟知章句训诂之为事，而不知复求圣人之意，以明夫性命道德之归。至于近世，先知先觉之士始发明之，则学者既有以知夫前日之为陋矣。然或乃徒诵其言以为高，而又初不知求其意……熹诚不敏，私窃惧焉，故因子重之书，特以此言题其篇首，以告夫同志之读此书者……则为有以真得其传，而无徒诵坐谈之弊矣。"参见（宋）朱熹《晦安先生朱文公文集》卷七十五，《朱子全书》第 24 册，第 3640 页。

> 此伏羲、神农、黄帝、尧、舜所以继天立极，而司徒之职、典乐之
> 官所由设也。……于是河南程氏两夫子出，而有以接乎孟氏之传。

首先需要说明的是，《中庸章句序》与《大学章句序》作于同年，因此这两篇序文所述道统说在内容上应当是互补，而不是非此即彼的关系。不过，这两篇序文在道统说上有差异，应当抉发出来。从道统谱系来看，本篇序文在尧、舜之上增加了伏羲、神农和黄帝三位。如果我们孤立地看这两篇序文，《中庸章句序》即以尧舜为继天立极、传道之端，而《大学章句序》则以伏羲、神农、黄帝三氏为道统之始。伏羲、神农、黄帝这三位上古圣王不见于《论语》《大学》《中庸》三书；对于神农，《孟子》虽然有所提及，但孟子本人不但不以之为圣人，反而对神农之术厚加批评（《滕文公上》）。不但如此，六经本亦不言伏羲、神农、黄帝，唯深受齐文化影响的《系辞》以之为圣王。不过，在朱子的时代，学者一般认为《十翼》为孔子之作，六经为孔子所述作，朱子亦以为然。根据经典自身的统一性和完美性，朱子遂不得不在道统谱系中增加伏羲、神农和黄帝三位。

总之，朱子的道统观似乎发生了一定的"位移"：从孟子转向了孔子，从四书转向了六经。或者更准确地说，朱子试图在道统的叙述中将孟子与孔子、四书与六经协同起来，欲使之达到完美无缺的地步。而朱子的道统说为何会发生此一变化？其实，这是其所依赖的思想资源和经典资源都发生了变化。而思想资源和经典资源的变化，其实又反映了朱子本身思想的深化和拓展，即在传统儒学和新儒学的不断影响下，他的思想形成了从二程扩展到五子（包括周敦颐、张载、邵雍在内）的新理学统系。而这个新理学统系的形成，不得不要求其重构当时的道统说。

三　朱子道统说的重构：以《周易》为中心

（一）道统说的新思想资源与朱子道统说的建构

理学的发展与经学的发展是同步的。朱子一方面在不断完善和强化程子建立的四书体系，但另一方面又试图突破此一体系，建立四书与六经相统一的新经学体系。在道统说上，朱子的建构亦是如此。朱子在超越二程的道统说、建立自己之新道统说的同时主要借鉴了理学和六经两大资源。在学术上

具有集大成性格的朱子，面对全部的儒学精华，既需要将周、张、邵三子的思想涵摄在内，又需要足够重视孔子所述作的六经。在《中庸章句序》中，朱子已在较大程度上意识到此一问题，通过"十六字心传"（《尚书·大禹谟》），将六经之一的《尚书》明确地作为其理学和道统说的经典依据。在《大学章句序》中，朱子又以《周易》为经典依据。《周易》一经作为理学与道统说之依据的意义重大。其一，在汉唐经学中，它一直居于群经之首，为道之原；其二，《系辞下》所述伏羲、神农、黄帝三位圣王自秦汉以来已列入"三皇五帝"的大一统民族意识的叙事结构之中。① 朱子的态度是，与其回避之，莫如重视之。这是朱子不同于程子的地方，二程则几乎没有提及这三位圣王。

实际上，在韩愈、二程之外，唐宋以来有一派儒者坚持从六经、从《周易》、从孔子的角度来观察和看待儒家的道统问题。六经，乃孔子所述作，然则建构道统，舍六经，舍《周易》，其可乎？首先，将伏羲、神农、黄帝三位圣王最先加入道统谱系的人大概是唐末的名儒林慎思（844—880）。林氏在《伸蒙子·合天》中说："顺天者存，逆天者亡。天生羲、农、黄帝、尧、舜为道之宗，又生禹、汤、文、武、周公、孔子为道之主。其言式万代，其政训百王，譬日月不可掩，山川不可迁也。"② 林氏晚于韩愈，他的道统谱系显然强调了《周易》一经的重要性。通过添加伏羲、神农和黄帝三位圣王，他将道统谱系延伸至更久远的时代。这种延伸，符合汉文化所构成的文明传统，至迟在汉初古人已经构造出了炎黄始祖和炎黄子孙的说法（参看《史记·五帝本纪》）。只讲尧舜以下，不讲尧舜以上，这不符合秦汉以来形成的新历史观和新历史传统。

其次，作为北宋"三先生"之一的石介（1005—1045），就非常强调《周易》对于道统说的重要性。石介推崇韩愈，他认为韩愈作《原道》，其功可以与箕子作《洪范》、周公作《周礼》、孔子作《春秋》和孟子作《孟子》相提并论，而他本人则愿意追随韩愈之后，他说："余不敢厕吏部于二大圣

---

① 《周易·系辞下》曰："古者包牺氏之王天下也。"又曰："包牺氏没，神农氏作。"又曰："神农氏没，黄帝、尧、舜氏作。"又曰："黄帝尧舜垂衣裳而天下治。"伏羲、神农和黄帝被孔子（人们普遍认为孔子即《系辞》的作者）肯定为创造人类文明的三位圣王。既然孔子肯定了伏羲、神农、黄帝为圣王，却将他们三位排斥在道统谱系之外，这显然是不符合经学逻辑的。

② （唐）林慎思：《伸蒙子》卷中，景印文渊阁《四库全书》第696册，台湾商务印书馆1986年版，第636页。

人之间，若箕子、孟轲，则余不敢后吏部。"① 石介为何说他"不敢后吏部（韩愈）"？这体现了他的道统意识和他个人的胆识。在孔孟之间，他更推崇孔子，将自己置身于与孟子平等的地位而欲提出新的道统观和道统谱系。石介又说：

（1）夫《易》之作，救乱而作也，圣人不得已也。乱有深浅，故文有繁省。乱萌于伏羲，故八卦已矣；渐加于文王，故六十四已矣；极于夫子，故极其辞而后能止。伏羲后有神农氏、黄帝氏、少昊氏、颛顼氏、高辛氏、唐尧氏、虞舜氏、禹、汤，皆圣人也。岂独不能系《易》之一辞？无乱以救也。文王岂独能过是九圣人？乱不可不救也。②

（2）道始于伏羲氏，而成终于孔子。道已成终矣，不生圣人可也。故自孔子来二千余年矣，不生圣人。若孟轲氏、扬雄氏、王通氏、韩愈氏，祖述孔子而师尊之，其智足以为贤。孔子后，道屡塞，辟于孟子，而大明于吏部。道已大明矣，不生贤人可也。故自吏部来三百有年矣，不生贤人。若柳仲途、孙汉公、张晦之、贾公疏，祖述吏部而师尊之，其智实降。噫！伏羲氏、神农氏、黄帝氏、少昊氏、颛顼氏、高辛氏、唐尧氏、虞舜氏、禹、汤、文、武、周公、孔子者十有四圣人，孔子为圣人之至。噫！孟轲氏、荀况氏、扬雄氏、王通氏、韩愈氏五贤人，吏部为贤人而卓。不知更几千万亿年复有孔子，不知更几千百数年复有吏部。③

（3）夫道之盛，莫盛乎黄帝，而上几千百君，独伏羲、神农、黄帝为称首，德之崇，莫崇乎少昊，而下万有余祀，独尧、舜为圣人。禹、汤、文、武、周公，犹不及其号而为王，后世能跻二帝三皇之懿者，其吾师乎？夫禹、汤、文、武、周公犹不能及，而佛，夷狄之人，乃过禹、汤、文、武、周公，与伏羲、神农、黄帝、尧、舜等，则是公欲引夷狄之人，加于二帝三王之上也；欲引夷狄之道，行于中国之内也。夫自伏羲、神农、黄帝、尧、舜、禹、汤、文、武、周公、孔子至于今，天下一君也，中国一教也，无他道也。今谓吾圣人与佛、老为三教，谓佛、

---

① （宋）石介：《读原道》，《徂徕石先生文集》卷七，陈植锷点校，中华书局1984年版，第78页。
② （宋）石介：《辨易》，《徂徕石先生文集》卷七，第78—79页。
③ （宋）石介：《尊韩》，《徂徕石先生文集》卷七，第79页。

老与伏羲、神农、黄帝、尧、舜俱为圣人，斯不亦骇矣！介不晓公之旨，何为而为是言也？①

石介的道统观和道统谱系，显然以儒家典籍六经为背景。石介所说的圣人有略有繁，略者为伏羲、神农、黄帝、尧、舜、禹、汤、文、武、周公、孔子，共十一位，繁者为伏羲氏、神农氏、黄帝氏、少昊氏、颛顼氏、高辛氏、唐尧氏、虞舜氏、禹、汤、文、武、周公、孔子，共十四位。同时，值得注意的是，石介没有使用"圣王"的概念。与圣人相对，孟轲、荀况、扬雄、王通、韩愈五位为贤人。圣与贤虽然均可传道，但有高下之别。在石介看来，道统之传，总共十九人。如果加上石介本人，则历史上传道之人共计二十人。此其一。其二，石介的道统说区分了圣人和贤人，重视孔子，并以伏羲、神农、黄帝为道统之祖。圣贤的区分，特别是以孔子为圣人、以孟子为贤人，这种做法具有较大意义。而这种划分和判断与程朱不同。其意义在于宣告道统说应当突破以孟子和韩愈所云为据的界限，而回归到孔子那儿，以孔子之述作为判断根据。进一步，在上述十四圣之中，石介最重视孔子，认为"孔子为圣人之至"，又说"道始于伏羲氏，而成终于孔子"。而"道"何以成终于孔子？以六经故也。其三，在六经中，石介突出了《周易》在构造道统说中的作用。从《系辞》到《汉书·艺文志》，易学形成了"人更三圣，世历三古"（《汉书·艺文志》）的说法，而这一经典说法的形成，使得《周易》可以将伏羲、文王、孔子三圣贯通起来。不但如此，在《辨易》一文中，石介认为三圣作《易》的目的是救乱传道，而不是播乱于世。② 石介还说，伏羲以下九氏（神农氏、黄帝氏、少昊氏、颛顼氏、高辛氏、唐尧氏、虞舜氏、禹、汤）皆为圣人，皆入道统。综合看来，以上三点是彼此贯通的：从孟子回到孔子，从《论语》《孟子》返之六经，从尧、舜上溯至高辛、颛顼、少昊、黄帝、神农和伏羲，这是石介道统说的逻辑体系。而这个逻辑体系以《周易》为中心，在整体上与韩愈、二程的道统说存在巨大的罅隙。

再次，比朱子稍前，胡宏（1102—1161）所说的道统谱系与石介很相近。《知言·大学》曰：

---

① （宋）石介：《上刘工部书》，《徂徕石先生文集》卷十三，第153—154页。
② （宋）石介：《辨易》，《徂徕石先生文集》卷七，第78—79页。

> 此伏羲、神农、黄帝、尧、舜、禹、汤、文武、周公、孔子、孟轲氏之学，立天地之经，成万物之性者也。[①]

胡宏肯定伏羲、神农、黄帝为圣人和道统之祖，这种说法源出于《系辞》，石介曾肯定在前。

另外，胡宏认为程子直接继承了周子之学，这与二程本人的说法是不同的。胡宏在《周子通书序》中说：

> 推其道学所自，或曰：传《太极图》于穆修也。修传先天图于种放，放传于陈抟。此殆其学之一师欤？非其至者也。程明道先生尝谓门弟子曰：昔受学于周子，令寻仲尼、颜子所乐者何事。而明道先生自再见周子，吟风弄月以归，道学之士皆谓程颢氏续孟子不传之学，则周子岂特为种、穆之学而止者哉？[②]

对于胡宏的以上说法，二程未必同意。二程虽然从学于周子，但仅认为自己从周子那儿习得了一些风气和话头，真正的道理其实是由"自家体贴得来"的。不仅如此，二程其实对周子略有微词。胡宏则为了表彰周子之学，在《周子通书序》中借程子以推尊之，其情可谅。当时有一种意见认为，濂溪之学出自穆修、种放、陈抟，非道学之正宗。胡宏起而辩护之，试图将濂溪之学当作道学，即二程理学之正源。反思之，可知濂溪之学其实介于两大思路之间，即气化宇宙论的老传统和理气说的新传统之间。弥缝和融合这两大思路，是南宋诸儒需要完成的思想任务。在此，胡宏以主辅来处理此二者的关系。对于胡宏来说，在尧、舜之上增加伏羲、神农、黄帝三位圣王，这是很自然的事情，他的道统观基本上没有受到四书系统的限定。而四书是由程朱确定的新经典体系。

最后，在宋代，道统的建构与理学具有非常密切的关系，那么如何梳理和认定道学统系？这是令人颇费思量的重大问题。朱子就宋代道学统系的建立做了两项工作：一项是编录了《伊洛渊源录》（初稿于1173年），一项是

---

① 《胡宏集》，第32页。

② 《胡宏集》，第160—161页。

和吕祖谦（1137—1181）一起编纂了《近思录》。前一书以梳理二程学术思想之渊源为中心，但其权威性没有得到吕祖谦等人的承认；而且，这部书的出版，朱子生前也没有正式授权。淳熙二年（1175），朱子与吕祖谦共同编纂了《近思录》一书。《近思录》的编纂，标志着道学及北宋道统体系的确立。是书不但勾勒出道学的思想体系，而且确立了二程、周、张四子的道学框架，其意义非同一般。不但如此，由于受到蔡元定（1135—1198）的影响，朱子对于《周易》和邵雍易学的兴趣与日俱增，而这最终使得其道统说进一步发展：一者，朱子强化了《周易》的重要性，提出了"四易说"；二者，在道统谱系上，他增添了邵子和伏羲、神农、黄帝四位。

总之，朱子以集大成（综合）的方式处理了道统重构中诸要素的关系及其所造成的难题：一方面，他以"孟子—韩愈—程子"一系为基础建立了尧、舜以下的道统谱系和由四书所构成的经典体系；另一方面，他在程子的基础上将北宋道学体系和六经包容进来，建立了以孔子为经学视点、从伏羲伊始的新道统谱系。需要指出，朱子对于六经的把握和统摄有所侧重，他通过"允执厥中"统摄了《尚书》一经，通过"孔子述作《六经》"又统摄了《周易》一经。前者对应理学的性情说和中和说，而后者对应理学的理气说和本体宇宙论。理学的产生与发展与道统的建构在宋代确实是相应的。

（二）朱子思想的深化、拓展及其道统说的建构

在《中庸章句序》中，朱子的道统说上接《尚书·大禹谟》的十六字诀，从逻辑上说，这是颇为自然的。但是，在《大学章句序》中，朱子又加上伏羲、神农、黄帝三圣，作为道统之祖，这是很不自然的，因为四书无涉此三圣。很显然，如果要在道统谱系中加上此三圣，那么单靠四书作为经典资源是无法胜任此一道统说之构造任务的。陈荣捷曾说："其（朱子）道统之哲学性，不止基于《书》之十六字诀，而亦基于《易》之太极。……以非有太极阴阳之说，不足以成全其理气学说也。故添入周子，上溯伏羲。其道统之贡献，皆由其理学之贡献而来，事非偶然也。"又说："朱熹于周子著作中特别表扬《图说》，并予重要地位，使之成为新儒学哲学之基石。自朱子以来，《太极图说》已为新儒学形而上学讨论之起点。"[①] 陈说是对的，这即是

---

① 陈荣捷：《新道统》，载陈荣捷《朱子新探索》，台湾学生书局 1988 年版，第 431—433 页；《朱学论集》，台湾学生书局 1982 年版，第 8 页。

朱子道学的理论基础及其道统建构的目标。朱子乃宋代道学之集大成者，其性格如是，其目标亦复如是。从"允执厥中"派生出性情中和之说，从"太极阴阳说"派生出理气天人之说，这是朱子道学贯通经学与理学的内在逻辑。故朱子在此不得不上接濂溪之学和《周易》经学，从《太极图说》和《易传》的太极阴阳说中获得理学的支持。而陈荣捷在此将周敦颐仅看作朱子通往易学和上溯伏羲的桥梁，这显然是不够周全的。实际上，一者，《周易》阴阳哲学对于中国哲学有着至深至广的影响，对于道学的影响自然不例外；二者，自唐代以来道统说即分为两大系统，一个是以《论语》《孟子》为中心的圣人说，一个是从《论语》《孟子》到六经，特别是以《周易》为中心的圣人说；三者，与二程关系紧密的周、张、邵三子都非常重视易学，且其发明各有义理。朱子对于周、张、邵三子的认同有先后，先周、张而后邵子。《伊洛渊源录》是朱子建构理学道统之始，而他和吕祖谦合编《近思录》，则标志着理学道统论的成熟。这两部书是朱子中壮年之作，都列入了周敦颐和张载，但都没有列入邵雍。① 朱子没有列入邵雍的原因，很可能是基于理学自身的思想逻辑和程子的有关评论。不过，一旦专心于易学，朱子即开始重视起邵雍来，并对道统说再次作了建构。朱子在《易学启蒙》和《周易本义》二书中正式承认了邵雍在理学体系中的位置，并依此重构了道统说。

从易学看，朱子的道统说先后主要吸纳了周敦颐和邵雍的思想。朱子所吸收的周子思想，主要见于《太极图说》。据毛奇龄等人的考证，周敦颐《太极图》"一传自陈抟，一传自僧寿涯"，首先出自隋唐之间道士所作之《真元品》一书，名为《太极先天合一之图》。② 在传授的过程中，《太极图》本身及其旁白文字都在不断发生变化。但从总体上看，它的构成以《水火匡廓图》和《三五致精图》为基础，然后上下各加一个或两个圆圈。《太极图》本是道士炼丹之作，模仿宇宙生成的过程，而周子却以本体宇宙论解说之，

---

① 《伊洛渊源录》传世各本均有《康节先生》一卷，其实这是坊间私自添加的，朱子原编纂本无此卷。《朱子语类》卷六十《孟子十》"杨子取为我"条曰："问：'渊源录中何故有康节传？'曰：'书坊自增耳。'（可学。）"见（宋）黎靖德编《朱子语类》卷六十，中华书局1986年版，第1447页。

② （清）毛奇龄：《太极图说遗议》，《毛奇龄易著四种》，郑万耕点校，中华书局2010年版，第95—101页。

性质丕变。周子的《太极图说》虽然很短，不到 250 字，但它阐明了"太极"是宇宙的本源和本体，天地万物是通过阴阳二气的交感运动和五行的交互作用产生出来的哲学理论。同时，阴阳、五行、太极存在于天地万物之中，"五行一阴阳也，阴阳一太极也，太极本无极也"（《太极图说》）。由于人有清浊愚智和善恶之分，周子遂据此认为圣人具有"立人极"的重要作用。这些论述都是对于《周易》奥义的阐明，故周子曰："大哉《易》也，斯其至矣。"（《太极图说》）

朱子十分重视《太极图说》，在乾道九年（1173），他撰定了《太极图说解》一书。首先，在此书中，朱子竭力推崇周子的《太极图说》，甚至说二程兄弟"语及性命之际，亦未尝不因其说"。在《周子太极通书后序》一文中，朱子说："盖先生之学，其妙具于《太极》一图，《通书》之言皆发此图之蕴，而程先生兄弟语及性命之际，亦未尝不因其说。"[1]《太极图说解》则曰："《易》之为书，广大悉备，然语其至极，则此《图》尽之，其指岂不深哉！抑尝闻之程子昆弟之学于周子也，周子手是《图》以授之。程子之言性与天道，多出于此，然卒未尝明以此《图》示人，是则必有微意焉。"[2] 实际上，程子兄弟生前未尝有一言及于此图，且曾多次明言其思想主旨非从外铄，故时人或有"至程子而不言，则疑其未有能受之者尔"（《太极图说解》）的说法。然而既然《太极图说》展现了理学之大纲大要，且当时已形成周子为"理学之宗"的说法，那么朱子和张栻就不得不说"观其手授之意，盖以为程子为能当之"，又说"其必有微意，是则固然"云云。[3] 其实，这一说法最早出自胡宏，然后衍及朱子、吕祖谦和张栻等人。其次，在《太极图说解》中，朱子以"太极"为核心概念疏解了《太极图说》的大意，突出了此概念的本体含义，并以"无极而太极"的命题对"理"本体作了大力阐发。相比之下，周子的《太极图说》则保留了相当浓厚的宇宙论意味。淳熙十三年（1186）官修《四朝国史》所录《太极图说》首句即作"自无极而为太极"，而朱子则断定周子原文当作"无极而太极"。其实，可以将"无极而太极"看作朱子本人对于"太极"概念的一种新理解，对于他来说，"无极"和"太极"皆就"理"而言：太极是理，无极即就此理而言之，"非太极之外，

---

[1] （宋）朱熹：《晦安先生朱文公文集》卷七十五，《朱子全书》第 24 册，第 3628 页。
[2] （宋）朱熹：《太极图说解》，《朱子全书》第 13 册，第 76 页。
[3] （宋）朱熹：《太极图说解·后记》，《朱子全书》第 13 册，第 79 页。

复有无极也"。朱子提出"无极而太极"之说，暗中即以理气说为前提。① 在是"自无极而为太极"还是"无极而太极"的问题上，朱子和陆九渊兄弟曾大起辩论。② 辩论的要害，指向周子的《太极图说》能否作为理学之大纲大要，且周子本人能否作为理学之宗源上。而朱子理学与陆九渊心学之分际，即由此可见。最后，朱子阐发了"各一其性"之说，认为性即理即太极，"自万物而观之，则万物各一其性，而万物一太极也"，"盖合而言之，万物通体一太极也；分而言之，一物各具一太极也"（《太极图说解》）。由此，道德修养的基本路线是人与太极与理与性的合一，所谓圣人即是其"太极之全体，一动一静，无适而非中正仁义之极，盖不假修为而自然也"（《太极图说解》）。总之，周敦颐将《太极图》归为易学，《太极图说》则阐发了大《易》的本体宇宙论思想，朱子进一步强化了其本体含义，并将本体宇宙论看作理学的基本框架。由此，朱子不得不重视易学传统，重视《周易》一经在道统建构中的重要作用。

邵雍的易数学与先天学，深刻地影响了朱子道学思想的发展。朱子理学从程学向周学的扩展，使得朱子本人不得不深入《周易》的"虎穴"一探究竟。北宋是传统易学的新创期和新发展期，象数和义理两派都很发达。刘牧、邵雍属于象数派，而胡瑗、周敦颐、张载、程颐、王安石等属于义理派。不仅如此，北宋易学的推展十分复杂。从师承来看，北宋易学的主体出自陈抟、种放二氏。朱震以"图"为推演线索，将北宋易学的主体分为三系，即以邵雍为代表的先天图系，以刘牧为代表的图书学系，以及以周敦颐、二程为代表的《太极图》系。③ 当然，二程是否属于《太极图》系，确实存在疑问。

---

① 《朱子语类》卷九十四曰："无极而太极，只是说无形而有理。"又曰："无极而太极，不是说有个物事，光辉辉地在那里。只是说当初皆无一物，只是此理而已。"见（宋）黎靖德编《朱子语类》卷九十四，第2365、2387页。朱子在《答杨子直》中曰："原极之所以得名，盖取枢纽之义。圣人谓之太极者，所以指夫天地万物之根也。周子因之而又谓之无极者，所以著夫无声无臭之妙也。"参见（宋）朱熹《晦安先生朱文公文集》四十五，《朱子全书》第23册，第2071页。

② 参见朱子《答陆子美》《答陆子静》和陆九渊《与朱元晦》的书信。（宋）朱熹：《晦安先生朱文公文集》卷三十六，《朱子全书》第21册，第1560—1562、1566—1575页；《陆九渊集》卷二，钟哲点校，中华书局1980年版，第21—31页。

③ 《宋史·朱震传》引朱震《汉上易解》曰："陈抟以《先天图》传种放，放传穆修，穆修传李之才，之才传邵雍。放以《河图》《洛书》传李溉，溉传许坚，许坚传范谔昌，谔昌传刘牧。穆修以《太极图》传周敦颐，敦颐传程颢、程颐。是时，张载讲学于二程、邵雍之间。故雍著《皇极经世》书，牧陈天地五十有五之数，惇颐作《通书》，程颐著《易传》，载造《太和》《参两》篇。"见（元）脱脱等撰《宋史》卷四百三十五，第12908页。

朱子在此相信朱震之说，并由此接上话头，从程学入濂溪学，从《太极图》入易学，进而荟萃整个北宋易学的思想成果，将刘牧的图书学和邵雍的先天图学都纳入自己的易学体系的建构中。《周易》为五经之原和五经之首，新经典体系的建立，使得道统说从四书的背景进入六经的背景之中。这样，朱子就不得不重构自己的道统说。

《易学启蒙》一书由朱子和蔡元定合撰。《易学启蒙》成书于淳熙十三年（1186），朱子对此书甚为满意，"（一次他）说《大学》《启蒙》毕，因言：某一生只看得这两件文字透，见得前贤所未到处"①。《易学启蒙》卷一《本图书》，论《河图》《洛书》。《河图》《洛书》本刘牧之学。朱子和蔡元定相信"《河图》授羲，《洛书》锡禹"之说，以孔安国、刘歆、关朗和邵雍的说法为据，蔡氏自注曰："古今传记，自孔安国、刘向父子、班固，皆以为《河图》授羲，《洛书》锡禹。关子明、邵康节皆以十为《河图》，九为《洛书》。"《易学启蒙》颠倒了刘牧的次序，而从关朗、邵雍说，以十数为《河图》，以九数为《洛书》。朱子和蔡元定进而认为《系辞》五十五数，即"夫子所以发明《河图》之数"，"至于《洛书》，则虽夫子之所未言，然其象其说已具于前，有以通之，则刘歆所谓经纬表里者可见矣"②。《易学启蒙》卷二《原卦画》篇，论"易有太极，是生两仪，两仪生四象，四象生八卦"，一直到六十四卦的生成。又论《伏羲八卦图》《伏羲六十四卦图》，又论《文王八卦图》。前者为所谓先天八卦图、先天六十四卦图，后者为后天八卦图。其说本于邵雍，其推演之法亦本于邵雍。朱子和蔡元定还在《周易》经传中找到了相应的理论依据。③

《周易本义》晚于《易学启蒙》成书，最终完成于庆元年间（1195—1200）。④《周易本义》后成为科举考试的教材，影响广大。是书十二卷，首载"易图"一节，包括《河图》《洛书》《伏羲八卦次序》《伏羲八卦方位》《伏羲六十四卦次序》《伏羲六十四卦方位》《文王八卦次序》《文王八卦方位》《卦变图》九图。其中《卦变图》为朱子所作，其他八图都与邵雍有关。《伏羲八卦次序》《伏羲八卦方位》《伏羲六十四卦次序》《伏羲六十四卦方

---

① 参见（宋）黎靖德编《朱子语类》卷十四，第258页。
② （宋）朱熹、蔡元定：《易学启蒙》卷一，《朱子全书》第1册，第212、213页。
③ （宋）朱熹、蔡元定：《易学启蒙》卷二，《朱子全书》第1册，第217—244页。
④ 《周易本义》的撰作，朱子起意于淳熙初年。淳熙十三年（1186）略具规模，最终完成于庆元年间。参见王铁《周易本义·校点说明》，《朱子全书》第1册，第2页。

位》《文王八卦次序》《文王八卦方位》六图,都出自邵雍之手或之意。朱子为这九图之作在《易传》中找到了经典依据,同时指出其制作者。最后朱子总结道:"右《易》之图九。有天地自然之《易》,有伏羲之《易》,有文王、周公之《易》,有孔子之《易》。自伏羲以上皆无文字,只有图画,最宜深玩,可见作《易》本原精微之意。文王以下方有文字,即今之《周易》。然读者亦宜各就本文消息,不可便以孔子之说为文王之说也。"[①] 在具体注释中,朱子又说:"(《易》)其卦本伏羲所画……《经》则伏羲之画,文王、周公之辞也。"至于伏羲如何画卦,朱子在《乾》卦名下注曰:"六画者,伏羲所画之卦也。……伏羲仰观俯察,见阴阳有奇耦之数,故画一奇以象阳,画一耦以象阴。见一阴一阳有各生一阴一阳之象,故自下而上,再倍而三,以成八卦。……三画已具,八卦已成,则又三倍其画,以成六画,而为八卦之上各加八卦,以成六十四卦也。"[②] 在《周易本义·周易五赞》中,朱子再次说明了伏羲如何画成阴阳爻、八卦和六十四卦。而画卦爻的依据即《系辞》"太极生两仪"的画卦说和重卦说,以及邵雍发明的"加一倍法"。[③]

总之,朱子不但继承了以邵雍为主的象数学,而且由此深入对《周易》经传本身的理解之中,认为阴阳爻象、八卦和六十四卦均为伏羲所画。这即是说,若没有伏羲,就不会有《周易》。在朱子看来,《周易》对于理学的本体宇宙论和太极阴阳哲学(理气论)的建构具有重大意义。由此,朱子从理学和经学两个领域扩展和深化其思想。张克宾说:"在朱熹看来,'十六字心传'之意蕴尚未直指天道性命之根本,而此根本就是《易》亦即《太极图》中的太极阴阳之道,可以说以伏羲为道统之始、易道为道统之本乃是朱熹理学建构的逻辑必然,而《易》的中道、时中的内涵自然也是题中应有之义。由此可以说,朱熹理学作为心性学其所依据的经典文本是《四书》,而作为天人之学其理论的根柢则在《易》学之中。"[④] 张氏的说法是对的。不过,还需指出,朱子道统论的最终完成是从周子转向邵子,从本体宇宙论转向《周易》"太极生两仪,两仪生四象,四象生八卦"之太极阴阳理气说的结果。

① (宋)朱熹:《周易本义》,《朱子全书》第 1 册,第 28 页。

② 上述二则引文,见(宋)朱熹《周易本义·周易上经第一》,《朱子全书》第 1 册,第 30 页。

③ (宋)朱熹:《周易本义·周易五赞》,《朱子全书》第 1 册,第 163 页。在《周易五赞·述旨篇》中,除了重复伏羲画卦之外,朱子还叙述了文王作卦辞、周公作爻辞和孔子作《十翼》,即所谓"人更四圣,世历三古"的圣人作《易》的过程,参见(宋)朱熹《周易本义·周易五赞》,《朱子全书》第 1 册,第 164 页。

④ 张克宾:《朱熹与太极图及道统》,《周易研究》2012 年第 5 期,第 26 页。

而通过纳入《尚书》《周易》，特别是《周易》一经，朱子再次重构了理学的道统论，并根据《系辞下》一段话很自然地在道统中加上了伏羲、神农和黄帝三氏；同时，加上了包括邵子在内的"北宋五子"。

四　综合、融通与道统说的重构

（一）朱子道统说的三个阶段

大体上说来，朱子的道统说经过了三个阶段。第一阶段是继承二程的思想，以四书特别是以《孟子》为中心，朱子提出了自己的道统说。其中比较突出的是，他将二程纳入道统谱系之中。另外，在一定程度上，朱子和程子一样，亦有以四书贯通或涵盖六经之意，以"允执厥中"或"人心惟危，道心惟微，惟精惟一，允执厥中"为贯通二者的津梁。[①] 第二阶段是以《太极图说》及其包含的本体宇宙论思想为基础，朱子重构了自己的道统说，从《伊洛渊源录》到《近思录》，理学的道统论（谱系及其理论基础）被构造出来，同时二程和周子、张子四子受到特别的重视。此时，朱子已在较大程度上认识到《周易》一经的重要性。第三阶段是在伏羲作《易》说或先天易学的基础上，朱子进一步认识到《周易》，特别是《易传》"太极生两仪"云云对于理学、经学及儒家道统说构造的重要性。道统说从而实现了从北宋四子到五子，从孟子到孔子，从尧舜到伏羲、神农、黄帝，从四书到六经的巨大转变。朱子集其大成，完全突破了二程所划定的藩篱。这样，道统理论演变为本体宇宙论（太极阴阳理气论）和以中和问题为核心的心性论；道统的谱系，发展为伏羲、神农、黄帝、尧、舜、禹、汤、文、武、周公、孔子、孟子，再到周敦颐、程颢、程颐、张载、邵雍和朱熹本人；道统的经典，扩展为《近思录》、四书和六经，其中《近思录》为四书的阶梯，四书为六经

[①] 《遗书》卷十一："'人心惟危'，人欲也。'道心惟微'，天理也。'惟精惟一'，所以至之。'允执厥中'，所以行之。"（《明道先生语一》，《二程集》第126页）《遗书》卷二十一上："'人心惟危，道心惟微。'心，道之所在；微，道之体也。心与道，浑然一也。对放其良心者言之，则谓之道心，放其良心则危矣。'惟精惟一'，所以行道也。"（《伊川先生语七上》，《二程集》第276页）朱子《中庸章句序》曰："《中庸》何为而作也？子思子忧道学之失其传而作也。盖自上古圣神继天立极，而道统之传有自来矣。其见于经，则'允执厥中'者，尧之所以授舜也；'人心惟危，道心惟微，惟精惟一，允执厥中'者，舜之所以授禹也。"参见（宋）朱熹《四书章句集注》，第14页。

的阶梯。六经乃王教之典籍，孔子所述作。

朱子道统论之三个阶段的演进，与宋代理学思想及朱子本人思想的发展密切相关；同时，与朱子本人集大成的学术性格密切相关。其中，理学在北宋发展的过程中所造成的思想张力和经术张力，是朱子发展理学和重构道统说的必要前提。而这个思想上的张力，具体表现为二程的心性论理学与周子、邵子的本体宇宙论理学的张力；相应地，在经术上表现为四书与六经之间的张力。朱子从四书出发，以四书为基础，最终回归六经，而实现了自身的突破和超越——理学的集大成和道统说的发展，贡献巨大。

（二）基本经典和道统谱系的构造与扩展

朱子道统说的建构和再建构，除了体现在基本思想（"道"）的改造上之外，还体现在基本经典次第的安排与厘定，以及道统谱系的构造和扩展上。如下三个方面的问题，是值得明确和重视的。

首先，在为学次第和道统逻辑的构造上，朱子对于《近思录》、四书和六经先后次序的安排是有差别的。从《近思录》到四书，从四书到六经，这首先是朱子的为学读书次第。朱子云：

（1）《近思录》好看。《四子》，《六经》之阶梯。《近思录》，《四子》之阶梯。（淳。）①

（2）圣人作经，以诏后世，将使读者诵其文，思其义，有以知事理之当然，见道义之全体而身力行之，以入圣贤之域也。……故河南程夫子之教人，必先使之用力乎《大学》、《论语》、《中庸》、《孟子》之书，然后及乎《六经》，盖其难易、远近、大小之序固如此而不可乱也。故今刻四古经（《书》、《诗》、《易》、《春秋》），而遂及乎此四书者，以先后之。且考旧闻，为之音训，以便观者。又悉著凡程子之言及于此者，附于其后，以见读之之法，学者得以览焉。抑尝妄谓《中庸》虽七篇之所自出，然读者不先于《孟子》而遽及之，则亦非所以为入道之渐也。

① （宋）黎靖德编《朱子语类》卷一百五，第 2629 页。黄榦《复李公晦书》云："先《近思》而后《四子》，却不见先生有此语。陈安卿所谓'《近思》，《四子》之阶梯'，亦不知何所据而云。"（宋）黄榦：《勉斋集》卷八，景印文渊阁《四库全书》第 1168 册，台湾商务印书馆 1986 年版，第 91 页。按：陈淳所记，与朱子《书临漳所刊四子后》所说及朱鉴编《朱文公易说》卷十八所记一致，不为无据。

因窃并记于此云。绍熙改元腊月庚寅新安朱熹书于临漳郡斋。①

（3）人自有合看底书，如《大学》、《语》、《孟》、《中庸》等书，岂可不读？读此《四书》，便知人之所以不可不学底道理，与其为学之次序。然后更看《诗》、《书》、《礼》、《乐》。某才见人说看《易》，便知他错了，未尝识那为学之序。《易》自别是一个道理，不是教人底书。②

所谓"四子"，指《大学》《论语》《孟子》《中庸》四书。上述三条引文，都是讲为学读书之次第的。概括起来说，这个次第就是：《近思录》是"四子"的阶梯，而"四子"是六经的阶梯。《近思录》为朱子、吕祖谦所编，《大学》《论语》《孟子》《中庸》为程子所定，六经为孔子所述作。"四子"与六经的关系，由程子初作说明。《二程粹言·论书》曰："或问：穷经旨，当何所先？子曰：于《语》《孟》二书，知其要约所在，则可以观《五经》矣。读《语》《孟》而不知道，所谓虽多，亦奚以为？"③程子之意在于强调《论语》《孟子》的重要，朱子继承此说，在为学读书次第上继续坚持四书的优先性。

不过，在道统的构建上，朱子起初继承程子之说，以四书特别是《孟子》为经典依据；同时，其道统说反映在《伊洛渊源录》的编纂上，程子被列为圣贤，加入道统谱系之中。与吕祖谦合编的《近思录》反映出朱子的道统观，随着其理学思想框架及其内涵的变化发生了较大的改变。朱子由重视《太极图说》所蕴含的本体宇宙论的理路，进而认识到《周易》一经的重要性；同时，他将周敦颐和张载纳入圣贤之列。后来，朱子又通过先天《易》而将邵雍加入圣贤之列。由此，《周易》在经学中的地位变得最为重要。总之，朱子的经学伴随着道统的深化和扩展，从四书走向了六经。

其次，朱子在其后半生对《周易》的认识不断加深，并意识到其与道统观的建构具有莫大的关系。一者，朱子曰："某尝谓上古之书莫尊于《易》，

① （宋）朱熹：《晦庵先生朱文公文集》卷八十二《书临漳所刊四子后》，《朱子全书》第24册，第3895—3896页。
② （宋）朱鉴编《朱文公易说》卷十八，景印文渊阁《四库全书》第18册，第787页。
③ （宋）程颢、程颐：《二程集》，第1204页。

中古后书莫大于《春秋》。"① 又曰："伏羲、神农见《易大传》,乃孔圣之言,而八卦列于《六经》,为万世文字之祖,不知史迁何故乃独遗而不录,遂使《史记》一书如人有身而无首。"② 在此,朱子不仅认识到《周易》《易传》的重要性,而且认识到"伏羲、神农见《易大传》,乃孔圣之言",肯定了伏羲、神农为道统之祖。二者,朱子曰:"伏羲作《易》,自一画以下,文王演《易》,自'乾元'以下,皆未尝言太极也,而孔子言之。孔子赞《易》,自太极以下,未尝言无极也,而周子言之。夫先圣后圣,岂不同条而共贯哉?若于此有以灼然实见太极之真体,则知不言者不为少而言之者不为多矣。"③ 这是讲伏羲、文王、孔子、周子这四位先圣后圣"同条而共贯",诠释易道,而今者即在见此易道,"实见太极之真体"。在朱子看来,儒家的道统即建立在此"实见太极之真体"和先圣后圣"同条而共贯"两条法则上。

再次,朱子的道统谱系经历了一个上加和下接的扩展过程。第一步,朱子肯定二程兄弟得道统之传。程颢过世时,程颐肯定其兄得道统之传,而他们的弟子如朱光庭、范祖禹、刘立之等亦肯定二程兄弟得道统之传。④ 在《中庸章句序》中,朱子不仅肯定了程子所拟定的道统谱系,而且将程子加入其中。《中庸章句序》曰:"夫尧、舜、禹,天下之大圣也。……自是以来,圣圣相承:若成汤、文、武之为君,皋陶、伊、傅、周、召之为臣,既皆以此而接夫道统之传,若吾夫子,则虽不得其位,而所以继往圣、开来学,其功反有贤于尧舜者。然当是时,见而知之者,惟颜氏、曾氏之传得其宗。

---

① (宋)黎靖德编《朱子语类》卷六十七,第 1659 页。

② (宋)朱熹:《答吕子约书》,《晦安先生朱文公文集》卷四十八,《朱子全书》第 22 册,第 2228 页。

③ (宋)朱熹:《答陆子静书》,《晦安先生朱文公文集》卷三十六,《朱子全书》第 21 册,第 1567 页。

④ 刘立之、朱光庭、范祖禹均为二程弟子。刘立之说:"自孟轲没,圣学失传,学者穿凿妄作,不知入德。先生杰然自立于千载之后,芟辟榛秽,开示本原,圣人之庭户晓然可入,学士大夫始知所向。"刘氏为程颢最早的弟子,可知此说当在明道生前或死后不久。游酢、吕大临和胡安国等有相同或相近看法。朱光庭说:"自孟轲以来,千有余岁,先王大道得先生而后传。其补助天地之功,可谓盛矣。虽不得高位以泽天下,然而以斯道倡于人,亦已较著,其闻见而知之,尚能似之,先生为不亡矣。"朱氏之论,当在程颢去世不久。范祖禹曰:"其教人曰:'非孔子之道,不可学也。'盖自孟子没而《中庸》之学不传,后世之士不循其本而用心于末,故不可与入尧舜之道。先生以独智自得,去圣人千有余岁,发其关键,直睹堂奥,一天地之理,尽事物之变。"参见(宋)程颢、程颐《二程集·门人朋友叙述并序》,第 328—334 页。

及曾氏之再传，而复得夫子之孙子思，则去圣远而异端起矣。……然而尚幸此书之不泯，故程夫子兄弟者出，得有所考，以续夫千载不传之绪；得有所据，以斥夫二家似是之非。盖子思之功于是为大，而微程夫子，则亦莫能因其语而得其心也。"① 此为明证。第二步，朱子先扩展了理学道统，从二程兄弟扩展为二程、周敦颐、张载四人，这见于《伊洛渊源录》和《近思录》二书。其中，周程道统关系的确立，是朱子道统说新建构的核心元素。后来，朱子又添加了邵雍，这见于《易学启蒙》《周易本义》二书。与此同时，朱子在尧、舜之上更添加了伏羲、神农、黄帝三圣，作为道统之祖。《大学章句序》曰："此伏羲、神农、黄帝、尧、舜所以继天立极，而司徒之职、典乐之官所由设也。"②《答黄商伯书》曰："《启蒙》改本未成，后便寄去。近塑得伏羲象，欲奉之武夷精舍，恨贤者不能一来观之耳。"③ 陈淳将朱子此意作了进一步的推展，曰："粤自羲皇作《易》，首辟浑沦，神农、黄帝相与继天立极，而宗统之传有自来矣。尧、舜、禹、汤、文、武更相授受，中天地为三纲五常之主。皋陶、伊、傅、周、召又相与辅相，跻天下文明之治。孔子不得行道之位，乃集群圣之法作《六经》，为万世师，而回、参、伋、轲实得之。上下数千年，无二说也。"④ 第三步，朱子在晚年形成了更为综合、完整的道统次序，将司马光也纳入其中。绍熙五年（1194），朱子辞官归乡，建沧洲精舍，作《沧洲精舍告先圣文》之祝文，其中一段话是这样说的："恭维道统，远自羲、轩。集厥大成，允属元圣。述古垂训，万世作程。三千其徒，化若时雨。维颜曾氏，传得其宗。逮思及舆，益以光大。自时厥后，口耳失真。千有余年，乃曰有继。周程授受，万理一原。曰邵曰张，爰及司马。学虽殊辙，道则同归。俾我后人，如夜复旦。"⑤ 朱子在此将道统谱系赫然分为三节：从伏羲到周公为第一节，从孔子到孟子为第二节，"北宋六子"（周、二程、邵、张、司马）为第三节。第一节除了伏羲以外，余皆在祝文中略去，可能朱子晚年特重孔子以下儒门圣贤传道之义。需要指出，朱子对于司马光的态度有宽严之分：从宽大言，司马光可以计入道统；从严格言，

① （宋）朱熹：《四书章句集注》，第14—15页。
② （宋）朱熹：《四书章句集注》，第1页。
③ （宋）朱熹：《晦安先生朱文公别集》卷六，《朱子全书》第25册，第4963页。
④ （宋）陈淳：《师友渊源》，《北溪大全集》卷十五，景印文渊阁《四库全书》第1168册，第615页。
⑤ （宋）朱熹：《晦安先生朱文公文集》卷八十六，《朱子全书》第24册，第4050页。

则司马光不应当列入。①

最后，朱子本人亦有意于道统之传，他的学生黄榦将其正式加入道统之中。朱子在《中庸章句序》中说："虽于道统之传，不敢妄议，然初学之士或有取焉，则亦庶乎行远升高之一助云耳。"此即朱子表露有意于传承道统之一证。嘉定十四年（1221），即朱子逝世后21年后，黄榦在《朝奉大夫文华阁待制赠宝谟阁直学士通议大夫谥文朱先生行状》中说："窃闻道之正统，待人而后传。自周以来，任道统之责，得道统之正者不过数人，而能使斯道章、章较著者，一二人而止耳。由孔子而后，周程张子继其绝，至先生而始著。……先生出，而自周以来圣贤相传之道，一旦豁然，如大明中天，昭晰呈露。"② 这不但肯定了朱子得道统之传，而且肯定了道统之传在当时有赖于朱子。

总之，朱子道统说的提出和建构、产生和发展，有其历史前提和来自道学运动上的思想张力。它是在不断融合理学思想特别是北宋五子思想及儒家经学观念的基础上产生出来并不断发展的。在北宋五子中，二程的道统意识非常强烈，形成了以四书为基本经典及以其所涵盖的圣贤人物为谱系的道统说。相比之下，周子、张子和邵子的道统意识则较为淡薄，他们更重视本体宇宙论的建构和宇宙数理的推演，以及对《周易》一经的诠释。朱子直接继承了二程的道统说，肯定二程得道统之传，并以此为基础开展了自己之新道统论的建构：他首先肯定并强化了周程授受一致的说法，阐明了周子"无极而太极"的本体宇宙论即二程的理气论，初步建立了自己的新道统说，这是朱子铺设的打上自己印记的第一块奠基石；进而在《伊洛渊源录》《近思录》二书中，朱子正式编织了由二程和周、张四子所构成的理学道统，并在一定程度上开始意识到了《周易》的重要性；最后，在重视和解释《周易》、贯通四书六经、重返孔子之思想世界的过程中，朱子建立了一个融贯古今、彼此关涉的新经学体系，并在此基础上一方面将邵雍纳入理学道统之中，另一

---

① 《晦安先生朱文公文集》卷八十五有《六先生画像赞》一文，六先生的顺序是濂溪先生、明道先生、伊川先生、康节先生、横渠先生和涑水先生，与《沧洲精舍告先圣文》所谓"周程授受，万理一原。曰邵曰张，爰及司马"的顺序是一致的。不过，《六先生画像赞》没有出现"道统"的概念，不一定表示理学道统的次序。据束景南考证，《六先生画像赞》作于乾道九年（1173）十一月。参见束景南《朱熹年谱长编》，华东师范大学出版社2001年版，第501页。

② （宋）黄榦：《勉斋集》卷三十六，景印文渊阁《四库全书》第1168册，第428页。

方面将伏羲、神农、黄帝列为道统之祖，从而构造了一个更为完备、更为包容、更为博大的新道统体系。追问其原因，归根结蒂，朱子道统说的形成和发展，是由理学、经学在宋代所遭遇的道学运动及其思想张力和朱子个人集大成的思想性格所决定的。

朱子的道统世界[*]

许家星^{**}

摘　要：朱子的道统世界广大精微，目前研究多集中于"十六字心传"，而有惑于周程授受，故尚未能尽朱子道统思想之底蕴。作为贯穿朱子经典诠释和理论建构的一条主线，朱子的道统世界蕴含着人物、经典、范畴三个主干，由两条并行路线构成：以二程为传人、四书为文本、工夫范畴为主的道德教化之路，以及以濂溪为传人、《太极图说》为文本、本体范畴为主的形上超越之路。此两条进路具有内在沟通性，朱门后学黄榦等明确将太极本体与四书工夫贯通为一。朱子通过诠释四书旧典和树《太极图说》新典的方式，推尊了以周程道学为正统的道学脉络，围绕道统建构了一套贯通形而上下的理论体系，实现了经学与道学相融合，展现了思想建构与经典诠释的内在一体，体现出思想的历史继承性和时代创新性的统一。其理论创作思路对于推动当前中国哲学的创新发展颇具启示意义。

关键词：朱子；道统；四书；《太极图说》

宋儒通过对儒家经典的亲切体贴与创造诠释，形成了一套新的思想话语，朱子道统论是其中最具创见、意义深远的枢纽话语之一，亦是近来朱子学研究的热门话题。^① 本文拟在已有研究基础上进一步探讨以下问题：朱子道统

---

* 本文原载于《江汉论坛》2019 年第 7 期，收入本书时有修改。

** 许家星，北京师范大学哲学学院教授，博士生导师，主要从事宋明理学、朱子四书学、江右四书学研究。

① 学界近年对道统研究颇多，主要集中于以下方面：一是对整个道统史的研究，如蔡方鹿《中华道统思想发展史》（四川人民出版社 2003 年版），〔德〕苏费翔、〔美〕田浩著，肖永明译的《文化权力与政治文化——宋金元时期的〈中庸〉与道统问题》（中华书局 2018 年版）；二是对朱子之前重要人物道统思想的研究，如孟子、韩愈等道统思想；三是对朱子之后心学道统的研究，如陈畅《理学道统的思想世界》（上海书店出版社 2017 年版），吴震《心学道统论——以"颜子没而圣学亡"为中心》（《浙江大学学报》2017 年第 3 期）；（转下页注）

世界究竟是如何构成的？朱子如何使道统思想的建构、四书新经典的诠释、理学思想的推崇三者相统一？如何看待周敦颐的道统地位？诠释"太极"概念的《太极图说》与四书在朱子道统世界中究竟居于何等地位？显然，朱子在一种看似保守的注重文本诠释的注述工作中，寄托了极其新颖的理论创作活动，成功实现了中国经学范式从五经学向四书学的转移，并将宋学的精华——理学思想注入新经典体系中，从而既实现了经典再造，又做到了思想重构。用他的话讲，就是"刻意经学，推见实理"。朱子所成功开辟的这条经学再造与理学新思相统一的路线，真正实现了有学术的思想与有思想的学术的一致，挖掘其中的思想内涵，无疑对思考当下儒学经典诠释与思想创新具有不可或缺的启示意义。

窃以为，朱子道统是由人物谱系、经典文本、核心范畴构成的精密系统，非止于《中庸章句序》"执中"之传。① 它内蕴两条并行之路向：一可谓二程四书学工夫路线，其特点是认可二程传孟子之学，赋予四书以理学这一时代精神，突出格物等范畴的工夫教化意义；二可谓濂溪太极说路线，认可濂溪直传孟子之学。树立《太极图说》（含《通书》）为道学新经典，赋予太极范畴以形上本体意义。此"周程之学"体现了朱子道统中濂溪与二程、易学与四书学、本体与工夫的差异性和互通性，朱子有意强调了二者的独立性，其后学黄榦、程复心等则贯太极与四书为一，突出二者的一体性。朱子道统说正是通过对四书旧典的诠释与对《太极图说》新典的推崇，树立了以周程道学精神为主导的道统谱系，形成了以四书和《太极图说》为主干的新经典范式，提出了一套涵盖工夫与本体的新话语系统，在继承之中实现了对儒学的更新和转化。

（接上页注①）四是对儒家道统提出新说，如牟宗三先生的理学三系，判朱子"别子为宗"说，近来论著有梁涛先生《儒家道统说新探》（华东师范大学出版社2013年版）纳荀子于道统说；五是关于朱子道统的研究，各类著作都会涉及，影响较大的是陈荣捷等。另外专论朱子道统的论文有数十篇之多，较侧重从《中庸章句》《尚书》"十六字心传"入手，亦有少量从易学角度论证者。而对于朱子道统中让人困惑的周、程关系，迄今仍无较合理的解释出现。

① 班固《汉书·艺文志》卷三十对儒学的概述亦是依据经典（六经）、概念（仁义）、人物（尧、舜、文、武、仲尼）三个方面，言儒家者流"游文于六经之中，留意于仁义之际。祖述尧舜，宪章文武，宗师仲尼"。本文侧重从学统、道学的角度论述道统，亦可谓狭义的道统观，近乎陈荣捷先生；而不同于通贯学统、政统的道统观，如陈畅等。

一　二程四书工夫道统论

（一）宗二程为统

朱子道统论具有树立道学正统、维护道学纯洁的目的。其道统谱系从立正统与判异学两面展开，立正统主要从以下四方面展开。一是尊孟退荀。二是摆落汉唐。三是宗主二程。需要说明的是，朱子虽对张载、邵雍、司马光之学亦有认可与吸收，然亦不乏否定，较之二程，他们终是偏颇。朱子道统的"正统性与纯洁性"见诸其强烈的推崇洛学的学派意识，仅据《六先生画像赞》《近思录》《伊洛渊源录》等，并不能表明朱子认可张载、邵雍、司马光接续道统。此三种文字并未论及道统，且皆作于朱子道统思想尚未形成的癸巳前后。除《六先生画像赞》外，余二者皆受吕祖谦很大影响，并非纯为朱子意。① 四是排斥程门而自任道统。朱子不仅对汉唐诸儒未能传道不满，而且明确表达了对二程之后百余年间道统传承的失望。尽管二程弟子众多，但朱子认为"多流入释氏"，未能接续二程之道，"其不流而为老子、释氏者几希矣"②。朱子当仁不让地认为自己虽私淑二程，却能接续其学，故《大学章句序》丝毫不提二程后学，直接自任接续二程之传。"于是河南程氏两夫子出，而有以接乎孟氏之传。……虽以熹之不敏，亦幸私淑而与有闻焉。"③《中庸章句序》直斥程门"倍其师说而淫于老佛"。朱子道统论极其注重门户清理，即便理学内部，亦严加甄别，其"道学"所指含义甚窄。与朱子同时学者，《宋史·道学传》仅列南轩，而置陆九渊、吕祖谦于《儒林传》，实据朱学立场。

在树立正统的同时，排斥"异学"亦是朱子道统说的根本使命所在。《大学章句序》《中庸章句序》二序皆特重判教，此判教当分三层。最要者是"弥近理而大乱真"的佛老之学。第二层则是与儒学有各种关联的流行之说，如俗儒记诵词章之习，权谋术数功名之说，百家众技之流。凡非仁义之学，

---

① 方旭东对此有详细论述，认为"在评价朱熹道学观时，我们对《近思录》的史料价值应有清醒的估计"。见方旭东《〈近思录〉新论》，《哲学研究》2008 年第 3 期。

② 绍熙癸丑（1193）《邵州州学濂溪先生祠记》，《晦庵先生朱文公文集》卷八十，《朱子全书》第 24 册，上海古籍出版社、安徽教育出版社 2002 年版，第 3803 页。

③ （宋）朱熹：《四书章句集注》，中华书局 1983 年版，第 2 页。

皆在批评之列。朱子一生与人发生多次学术辩论，即与此有关。第三层则是渗入儒学内部的不纯洁思想。朱子对此尤为关注，早年所撰《杂学辨》即批判吕本中、张九成等前辈学者溺于佛老，陷入异端。丁酉《四书或问》对程门诸子严加辨析。于同时代学者，朱子尤为痛斥陆九渊之学流入佛老异端，实为"告子之学"。但朱子通过判教所树立的"道学"引起时人不满，陆九渊即对朱学树立门户、张大"道学"之名深表忧虑，言"然此道本日用常行，近日学者却把作一事，张大虚声，名过于实。起人不平之心，是以为道学之说者，必为人深排力诋"①。道学之外的周必大亦对此严加批评。②

（二）推四书为经

朱子在继承二程表彰、阐发四书的基础上，首次视《大学》《论语》《孟子》《中庸》为一有机整体而加以全面注释，最终使"四书学"取代"五经学"，成为宋末以来新的经典范式。朱子对《大学》《中庸》《论语》《孟子》的特点有清晰把握，指出《大学》通论纲领，阐明为学次第，亲切易懂，切实可行，在四书系统中具有奠定为学规模的首要意义。《论语》多为对日用工夫的即兴阐发，可树立为学根本，但文字松散，义理不一，故初学不易把握。《孟子》则注重对义理的阐发，易于感动激发人心；《中庸》工夫细密、规模广大、义理深奥，多言形上之理，最为难懂，故作为四书的殿军。"某要人先读《大学》，以定其规模；次读《论语》，以立其根本；次读《孟子》，以观其发越；次读《中庸》，以求古人之微妙处。"③ 朱子自认为用功最多、成就最大者为《大学章句》一书："我平生精力尽在此书。先须通此，方可读书。"④ 他将《大学》视为四书枢纽，认为实质上起到对其他三书的贯穿作用，常以"行程历""地盘""田契"等形象说法强调《大学》在四书系统中的纲领地位，《论语》《孟子》《中庸》可以说皆是《大学》的填补与展开，但从义理言，四书各书无有高下之分，他批评了《论语》不如《中庸》的观点。

就四书与五经的关系，朱子多次从工夫简易、义理亲切的角度肯定四书

---

① 《陆九渊集》卷三十五《语录下》，中华书局 1980 年版，第 437 页。
② 邓庆平：《周必大对道学学派的批评》，《孔子研究》2014 年第 6 期。
③ （宋）黎靖德编《朱子语类》卷十四，《朱子全书》第 14 册，第 419 页。
④ （宋）黎靖德编《朱子语类》卷十四，《朱子全书》第 14 册，第 430 页。

在为学次第上先于五经。由四书把握为学次第规模、义理根源、体用纲领，进而学习六经，方能有得。他以"禾饭""阶梯""隔一二三四重"的形象譬喻表达了二者在教法、效用上存在难易、远近、大小关系。"《语》、《孟》、《中庸》、《大学》是熟饭，看其它经，是打禾为饭。"① "四子，六经之阶梯。"② 朱子以自身为学实践为例，甚至将经学所得比作"鸡肋"，以此告诫学者，不应重蹈其覆辙，而应直接就四书现成道理探究。朱子继承、发展了程子"《论语》、《孟子》既治，则六经可不知而明"的思想，认为四书作为阐明义理之书，对其他著作的学习具有标尺意义。掌握了四书这个义理中心，就等于掌握了根本，由此理解其他一切著作，皆甚为容易。故他对四书穷尽毕生精力，每一用语皆费尽心力，称量轻重适中，方敢写出，生怕误解圣贤本意。连无关紧要的虚词，亦反复掂量，以达到丝毫不差的精细地步。

（三）以工夫传道统

朱子注释四书的目的之一，就是落实道统观念，以道学思想规定道统内容。《四书章句集注》始于道统，终于道统，《大学章句序》论伏羲、神农、黄帝、尧、舜之道统，《孟子集注》终于明道接孟子千年不传之学。从道统传道人物来看，孔子、曾子、子思、孟子与《论语》《大学》《中庸》《孟子》这四部传承四子思想的经典相对应。学界对朱子道统的认识通常局限于《中庸章句序》之"十六字心传"，此"执中"之传仅为四书道统之一部分，仅以精一执中之传无法限定、解释朱子宏大精密的道统系统。我们将视野拓展至全部《四书章句集注》时，发现其中充满了朱子的道统观。《中庸章句》开篇序引程子说："此篇乃孔门传授心法。"强调子思传孔子之道于孟子，其要在理事、一多范畴。《中庸》实以道之体用为中心，"费隐"章、"诚明"章作为管束全篇之枢纽性章节，皆阐明此意。《论语》亦多处论及道统之传。《论语集注》点出颜子、曾子对夫子之道的领悟与承当，"忠恕一贯"是"圣门末后亲传密旨"，是曾子传道工夫根本所在。"克己复礼"被称为"传授心法切要之言"，体现了儒家道统之孔颜授受，朱子数次将之与精一之传相提并论。此外，朱子对"斯之未能信""曾点气象""逝者如斯夫"等章皆是从见道、体道角度阐发，指出此皆关乎道之体认与传承。《论语集注》"允执

---

① （宋）黎靖德编《朱子语类》卷十九，《朱子全书》第14册，第645页。
② （宋）黎靖德编《朱子语类》卷一百五，《朱子全书》第17册，第3450页。

其中"章引杨时之说，言《论语》《孟子》皆是发明儒家道统之书，指出圣学所传，乃在中道。《大学章句序》以性气之别为理论基础，逐层阐明以复性之教为中心的儒学道统论，建构了由政教合一至政教分离的道统演变史，批判了道学之外佛老、词章、功名等诸说流弊，突出了二程及朱子传道地位。其强调《大学》格物、诚意直接贯通道体，是传承道统的工夫要领。朱子将《孟子》列于四书，决定性地结束了孟子地位之争，确定了孟子的道统地位。《孟子集注》称赞孟子仁义论、性善论、养气论皆是发前圣所未发之论，把"尧舜性者"章上升到传道高度，称赞明道对尧、舜与汤、文、武性之、反之的二重判定极为有功，显示明道学达圣域，否则不足以言此。末章点明孟子依次序列群圣之统绪，表明先圣道统将传诸后圣而永不坠落。

朱子尤重以工夫论四书，正如学者所论，朱熹的四书学"建立了一套工夫论形态的《四书》学"①。故对工夫范畴的阐明，既是朱子理学思想要领所在，亦是其道统论根基所在。在朱子看来，工夫实践是第一义的，无体道工夫，则不可能领悟道，更无法传承道统。《四书章句集注》创造性地诠释了四书系列工夫范畴，与道统最密切者有主敬、格物、诚意、慎独、忠恕、克己等。

朱子对"十六字心传"的阐发围绕存理灭欲的存养省察工夫展开。不仅尧、舜、禹、汤、孔子等以精一执中工夫传道，颜、曾、思、孟亦皆以各自入道工夫传承道统，无工夫则无法传道。其《答陈同甫》先阐发"十六字心传"精一工夫，紧接着指出夫子于颜、曾、思、孟之传亦是如此，四子分别以各自工夫传道，颜子以克己、曾子以忠恕、子思以戒惧、孟子以养气，鲜明体现了儒家工夫道统相传之妙。主敬是朱子的工夫要旨。朱子视敬为成就圣学必备工夫，始终深浅，致知躬行，无时无处不在，称敬为圣门第一义，为工夫纲领和要法，"敬字工夫，乃圣门第一义"②。他多次从工夫道统的角度论"敬"，指出尧舜以敬相传，敬贯穿圣人所有言行，为其为圣根本。"圣人相传，只是一个字。……莫不本于敬。"程子以敬接续道统。"至程先生又专一发明一个'敬'字。"③强调程子对敬的发明远超前人，盖圣人只是论说"敬目"，而未曾聚焦于"敬"的自身意义，程子将"敬"脱离具体语境，突出独立的具有本体意义的修身工夫，"程先生所以有功于后学者，最是

---

① 朱汉民、肖永明：《宋代〈四书〉学与理学》第九章"朱熹的四书学与儒家工夫论"，中华书局 2009 年版。
② （宋）黎靖德编《朱子语类》卷十二，《朱子全书》第 14 册，第 371 页。
③ （宋）黎靖德编《朱子语类》卷十二，《朱子全书》第 14 册，第 366—367 页。

'敬'之一字有力"①。朱子认为可由敬而入道、传道,尽管颜回克己与仲弓敬恕工夫存在高下之分,但敬恕亦能达到无己可克的入道境界。

　　格物是朱子工夫论的核心概念。朱子从道统高度来认定格物的意义,言:"这个道理,自孔、孟既没,便无人理会得。只有韩文公曾说来,又只说到正心、诚意,而遗了格物、致知。及至程子,始推广其说,工夫精密,无复遗虑。然程子既没,诸门人说得便差,都说从别处去,与致知、格物都不相干。"②朱子对韩愈道统地位予以排斥的一个重要根据,即是基于其对格物的忽视,格物是入道必经之门,无格物者,其所有工夫只是一"无头"工夫。在朱子看来,忽视格物工夫的学者没有资格被纳入道统谱系,这极大强化了道统的道学属性。朱子推崇程子的格物说,批评程门亲传弟子未能传承发挥其格物工夫,故未能接续道统,而自身则上接二程格物,故得承道统。朱子的格物之学乃围绕成就圣贤展开,只有为圣贤之学服务,格物才可能"是(朱子)他全部哲学的一个最终归宿"③。《四书章句集注》据格物以阐述孔、曾、思、孟圣贤地位,充分显示了格物贯穿全书的枢纽地位。朱子对"诚意"之重视与开拓,绝不亚于"格物",提出"诚意"是"自修之首",是衡量修养境界的根本标准,是人鬼、善恶、君子小人、凡圣的分界点,"更是《大学》次序,诚意最要"④。"诚意是善恶关。……诚意是转关处。……诚意是人鬼关。"⑤"知至、意诚,是凡圣界分关隘。"⑥朱子释诚意为:"诚,实也。意者,心之所发也。实其心之所发,欲其一于善而无自欺也。"⑦此有两层含义,第一层是"一于善",意有善恶之分,故需要诚之实之工夫来贞定意念的价值指向,使所发意念皆归于善。用"一",强调了意念归于善的纯粹性、彻底性、连续性。"善"则指明了意念的性质。诚意之学于朱子学术、人生、政治皆具有某种全体意义。它不仅是朱子诠释的对象,更是一生道德修养之追求。朱子以"格君心之非"为治国之纲领,将"诚意毋自欺"视为治国平天下的王道根本,多次向帝王上书强调诚意正心之学的重要性。第二层是诚意蕴含慎独,《大学》《中庸》皆言及慎独工夫,慎独是谨慎于人所不

① (宋)黎靖德编《朱子语类》卷十二,《朱子全书》第14册,第371页。
② (宋)黎靖德编《朱子语类》卷十八,《朱子全书》第14册,第634页。
③ 陈来:《朱子哲学研究》,华东师范大学出版社2000年版,第284页。
④ (宋)黎靖德编《朱子语类》卷十五,《朱子全书》第14册,第490页。
⑤ (宋)黎靖德编《朱子语类》卷十五,《朱子全书》第14册,第480—481页。
⑥ (宋)黎靖德编《朱子语类》卷十五,《朱子全书》第14册,第481页。
⑦ (宋)朱熹:《四书章句集注》,第3页。

知而己所独知之地而审其几。《中庸章句》指出慎独是在心之未发已发之际的工夫，在隐秘幽暗的状态下，审视事物之几，以遏制人欲于萌芽状态。能否实现诚意，做到中道，皆取决于能否做到慎独。如上所述，关于颜子"克复心法"、曾子忠恕之传，皆是突出了二子修身工夫之重要，故可视为"十六字心传"之重要补充。

二　濂溪《太极图说》形上道统论

（一）以濂溪为统

濂溪在朱子道统中的地位，是一个让人颇感困惑的老问题。陈荣捷指出，朱子道统论最要者在此，最困难者亦在此，《新道统》言："乃孟子与二程之间，加上周子，此为道统传授最重要之改变。"① "朱子此一抉择，至为艰难。"② 最具争议者依然在此，"此为理学史上一大公案，争论未已"，"所谓两程受其学于周子，殊难自圆其说"③。他认为朱子将濂溪列入道统纯粹出于哲学（处理理气关系）而非历史原因。然朱子对濂溪的态度亦令人无所适从。④ 朱子明确二程直接孟子之传，如阐发道统说至要的《大学章句序》和《中庸章句序》丝毫未提及周敦颐，但癸巳《中庸集解序》曾明确濂溪上接孟子而下传二程，"至于本朝濂溪周夫子，始得其所传之要，以著于篇。河南二程夫子又得其遗旨而发挥之"。为何后来反而删除之？或许，如于四书中确认濂溪上接孟子，则很难在四书系统内解释濂溪对孟子的继承和对二程的开启，亦将与二程不由濂溪而上接孟子的说法相冲突，盖在二程道统谱系中其实并无濂溪位置。程颐为明道所作墓表言："先生生乎千四百年之后，得不传之学于遗经……盖自孟子之后，一人而已。"明确宣称自悟"天理"而非"太极"本体，"吾学虽有所受，天理二字却是自家体贴出来"⑤。此或四书道

---

① 陈荣捷：《新道统》，载陈荣捷《朱子新探索》，华东师范大学出版社2007年版，第289页。
② 陈荣捷：《朱学论集》，华东师范大学出版社2007年版，第15页。
③ 陈荣捷：《朱学论集》，第17页。
④ 有学者视朱子此不同说法为"文体差异"或说法无定，如苏费翔认为这说明"朱熹道统的用词终身还没有定下来"（〔德〕苏费翔：《宋人道统论——以朱熹为中心》，《厦门大学学报》2015年第1期）。
⑤ 程颢、程颐：《二程外书》卷十二，《二程集》，中华书局1981年版，第424页。

统添入濂溪困难所在，故朱子干脆删除之。① 朱子将濂溪从四书工夫道统剔除并不意味着置濂溪于道统之外，其他相关文字反复推尊濂溪得孔孟道统之传而开启二程，具有如夫子般"继往开来"之地位。在淳熙四年至十年所撰五处濂溪祠堂记中，朱子皆阐明濂溪的传道枢纽地位。如淳熙四年《江州重建濂溪先生书堂记》言："若濂溪先生者，其天之所畀，而得乎斯道之传者与。"② 五年《袁州州学三先生祠记》言："濂溪周公先生奋乎百世之下，乃始深探圣贤之奥……河南两程先生既亲见之而得其传。"③ 六年《隆兴府学濂溪先生祠记》则将濂溪太极之说与四书联系起来，认为太极之说实是对四书五经的内在传承，完全合乎圣人之言，以称颂孔子的"继往开来"称赞濂溪，视其为旧儒学之接续者，新儒学之开创者，在道统史上具有独特的贡献。"盖尝窃谓先生之言，其高极乎无极太极之妙，而其实不离乎日用之间；其幽探乎阴阳五行造化之赜，而其实不离乎仁义礼智……而其实则不外乎六经、《论语》、《中庸》、《大学》、七篇之所传也。……此先生之教，所以继往圣，开来学，而大有功于斯世也。"④ 八年《徽州婺源县学三先生祠记》则进一步将濂溪太极之学与四书工夫道统相贯通，指出濂溪学主旨是格物穷理，克己复礼，实与四书内在一体。"诸君独不观诸濂溪之图与其书乎！……然其大指，则不过语诸学者讲学致思，以穷天地万物之理，而胜其私以复焉。"⑤ 十年《韶州州学濂溪先生祠记》更进一步，从明天理、传道学的角度称颂濂溪，概述其阐明天理本体、揭示克复作圣之功的本体与工夫两面贡献，孟子以下，一人而已，开创儒学复兴新局面之功无人可比，评价无比之高。"濂溪先生者作，然后天理明而道学之传复续。……盖自孟氏既没，而历选诸儒受授之次，以论其兴复开创、汛扫平一之功，信未有高焉者也。"⑥ 可以看出，朱子数篇祠记对濂溪的评价，时间愈后，评价愈高，定位于继孔孟而开二程，并有意将

---

① 元儒胡炳文据孟子见而知之与闻而知之之分，认为《四书章句集注》仅提及二程传道与《晦庵先生朱文公文集》赞濂溪觉道说并不矛盾，濂溪对道之体悟是闻而知之，二程乃是见而知之。孟子强调闻知、见知意在突出明道的重要性。"今言明道而不言濂溪者，二程夫子受学于濂溪先生，见而知之者也。且孟子所述列圣之相传者，非徒为其行道而言，实为其闻知、见知有以明斯道而言也。"（元）胡炳文撰《孟子通》卷十四，吉林出版集团股份有限公司2005年版，第588页。

② 《晦庵先生朱文公文集》卷七十八，《朱子全书》第24册，第3740页。

③ 《晦庵先生朱文公文集》卷七十八，《朱子全书》第24册，第3743页。

④ 《晦庵先生朱文公文集》卷七十八，《朱子全书》第24册，第3748页。

⑤ 《晦庵先生朱文公文集》卷七十九，《朱子全书》第24册，第3760—3761页。

⑥ 《晦庵先生朱文公文集》卷七十九，《朱子全书》第24册，第3768—3769页。

其太极本体理论与四书工夫理论相关联。与四书道统不提甚至撇开周程关系不同，朱子晚年两篇文章中特别提出"周程"说，强化二者授受传承关系。绍熙癸丑（1193）《邵州州学濂溪先生祠记》直接提出周程接续孟子之道，"自孟氏以至于周、程"①。绍熙五年（1194）《沧洲精舍告先圣文》强调周、程"万理一原"的道统传承，祭祀圣贤的释菜之礼，亦以濂溪、明道配。"周程授受，万理一原。"但朱子强化周程授受关系的看法曾遭到好友南轩、汪应辰等质疑。他们认可二程早年受学于濂溪这一事实，但并不认同二程传濂溪之道，最根本的是二程不认可这一点，且对濂溪似有不敬。② 二程与濂溪的理论路线、经典取向并不一致，二程更重视四书的工夫教化论，由工夫而领悟天理本体。即便伊川重视《易》，其路向与濂溪亦迥然不同。为此，朱子坚持论证濂溪传道于二程，认为当从不受重视的《通书》入手，方可看出二程得濂溪之传而广大之。朱子提出二程阴阳之说、性命之论等皆受周子《太极图说》《通书》影响，根据是《颜子所好何学论》《定性书》《李仲通铭》《程邵公志》，后两者论述实不足为据。至于《颜子所好何学论》《定性书》是否在精神实质上与濂溪一致，亦可商讨。朱子己丑（1169）《太极图说》建安本序认为，二程性命之说来自《太极图说》《通书》，具体证据是《通书》诚、动静、理性命三章与二程的一志、一铭、一论关联密切。淳熙己亥（1179）南康本《再定太极通书后序》进一步主张二程论述乃是继濂溪《太极图说》《通书》之意，一志、一铭、一论尤其明显，不仅师其意，且采其辞，更外在化。有学者认为二程只是"'祖述'了《太极图说》'二五之精'以下的内容，而起始的'无极而太极'至'两仪立焉'是二程所要回避的"③。淳熙丁未（1187）《通书后记》强调二程因受学于濂溪而得孔孟之传，且传其《太极图说》《通书》，突出了周程授受对于二程道统地位确立具有决定性意义。可谓无濂溪之传，则二程不可能得传道统。二程之外，亦无人能窥濂溪之意，故二程殁而其传鲜。此既突出了濂溪悟道之高，又点出周程授受之唯一性。朱子解答南轩二程未道及《太极图》的原因是"未有能受

---

① 《晦庵先生朱文公文集》卷八十，《朱子全书》第 24 册，第 3803 页。
② 这是一个老大难问题，认可与否定周程关系的双方各有证据。但总体来看，反方证据来自二程，更直接可靠，个人以为，濂溪思想中较为浓重的道家归隐无为思想与二程思想旨趣颇为不类。尽管普遍认为濂溪开启了二程"寻孔颜乐处"，但二程对此命题的理解与濂溪或许存在不少差异。
③ 李存山：《〈太极图说〉与朱子理学》，《中共宁波市委党校学报》2016 年第 1 期。

之者"，骤然传之，反致不良影响。

朱子以濂溪《太极图说》为主的道统论①，在人物谱系上突出了伏羲和濂溪，在经典文本上以《太极图说》为中心，在范畴诠释上彰显了"太极"的形上意义，为朱子理学本体论建构奠定了根基。朱子以"同条而共贯"说阐明以太极为中心的道统论，指出伏羲作《易》始于一画、文王演《易》开端于乾元，太极概念始于夫子，无极、《太极图》则濂溪言之。四说虽异，其实则同，关键在实见太极真体。《答陆子静》言："伏羲作《易》，自一画以下，文王演《易》，自'乾元'以下，皆未尝言太极也，而孔子言之。孔子赞《易》自太极以下，未尝言无极也，而周子言之。夫先圣后圣，岂不同条而共贯哉？若于此有以灼然实见太极之真体，则知不言者不为少而言之者不为多矣。"② 朱子比较了伏羲与濂溪之学，判定濂溪之《太极图》是自作。就阐发易学大纲领而言，其义理精约超过了先天图，但规模不如其宏大详尽，故仍处先天范围内，而无先天图之自然纯朴。《答黄直卿》言："太极却是濂溪自作，发明《易》中大概纲领意思而已。故论其格局，则太极不如先天之大而详；论其义理，则先天不如太极之精而约。"③

（二）《太极图说》的本体论

朱子哲学体系主要通过诠释濂溪《太极图说》形成。前辈学者冯友兰、钱穆、陈荣捷等早已指出朱子哲学与《太极图说》的密切关系。陈来先生指出："朱熹以太极为理，利用《太极图说》构造理学的本体——人性——修养体系，这是理学自身发展的一个重要步骤。"④ 以下讨论朱子对太极、诚、圣人三个相应概念的阐释。朱子是理太极的代表，把太极解释为理，视为理之极致，"（太极）只是一个理而已。因其极至，故名曰太极"⑤。又认为太极只是指示万善总会的表德词。"周子所谓太极，是天地人物万善至好底表德。"⑥ 太极还是生生无穷之理，是万物产生之本根，"造化之枢纽，品汇之

---

① 有学者提出"大易道统论"。如张克宾：《朱熹与〈太极图〉及道统》，《周易研究》2012 年第 5 期；王风：《朱熹新道统说之形成及与易学之关系》，《哲学研究》2004 年第 11 期。

② 《晦庵先生朱文公文集》卷三十六，《朱子全书》第 21 册，第 1567 页。

③ 《晦庵先生朱文公文集》卷四十六，《朱子全书》第 22 册，第 2155 页。

④ 陈来：《朱子哲学研究》，第 100 页。

⑤ （宋）黎靖德编《朱子语类》卷九十四，《朱子全书》第 17 册，第 3122 页。

⑥ （宋）黎靖德编《朱子语类》卷九十四，《朱子全书》第 17 册，第 3122 页。

根柢"。《太极图解》认为太极作为阴阳动静根源之本体，并不脱离阴阳而孤立，是即阴阳而在之本体，突出了二者的不离不杂。朱子分析了太极本体与分殊之理的关系。《太极图说解》的"统体太极"和"各具太极"阐明了作为万理之源的太极与无数分理的关系。自男女、万物分而观之，各具一太极，全体合观，则是统体太极。此两种太极在理上并无不同。朱子人性论以太极阴阳的理气同异说为理论基础。人物禀太极之理而为性，禀阴阳之气而为形，此理气凝聚构成人之性形。人物性同气异的原因在于：人物皆具同一太极之理，在气化过程中，只有人禀赋阴阳五行之灵秀，故人心最灵妙而能保有性之全。在人性论上，朱子主张天命之性与气质之性。所谓气质之性，乃是作为太极全体的性落入气质之中，它并非天命之性的另外一种，而是天命之性的一种现实形态。朱子追溯此论之源头，认为孔孟虽有此说，然程、张因濂溪方才发明此说，程子性气之论来自濂溪，若无濂溪太极阴阳说，程子无法提出此说。"盖自濂溪太极言阴阳、五行有不齐处，二程因其说推出气质之性来。使程子生在周子之前，未必能发明到此。"① 总之，朱子对濂溪《太极图说》太极本体论思想的挖掘，构成其道统论的本体面向。

《太极图说》下半部分论述了太极的人格化——圣人，这是太极思想在人道领域的落实。② 圣人是太极的人格化，全体太极之道而无所亏，保全天命之性而无所失，定其性而不受气禀物欲影响，故能树立为人之标准。朱子认为只有圣人才能做到"全体太极"以定性，以立人极。圣人在德性上具有如太极般的全体性（全具五常之德）、极致性（中正仁义之极）、自然性（不假修为）。"圣人太极之全体，一动一静，无适而非中正仁义之极，盖不假修为而自然也。"《通书》对圣人特点发明详尽透彻，认为圣人具有诚的实理性、太极的浑然全体性，"孔子其太极乎！"通变无碍性，"无不通，圣也"。"大而化之"的"化"性，"圣者，大而化之之称"。朱子《四书章句集注》对"人极"亦有论述，《中庸章句序》和《大学章句序》皆以"继天立极"开篇，其"立极"当指"立人极"。"继天立极"指圣人继承天道以挺立人

---

① （宋）黎靖德编《朱子语类》卷五十九，《朱子全书》第 16 册，第 1888 页。

② 朱子对君王的要求，则提"皇极"，并将"大中"解为"此是圣人正身以作民之准则"，见（宋）黎靖德编《朱子语类》卷七十九，《朱子全书》第 17 册，第 2710 页。吴震先生从政治的角度解释朱子"皇极"说，陈来先生则认为朱子仍然主要就经典解释而论"皇极"，其时事意味只是连带论及而已。参见吴震《宋代政治思想史上的"皇极"解释——以朱熹〈皇极辨〉为中心》，《复旦学报》（社会科学版）2012 年第 6 期。陈来：《"一破千古之惑"——朱子对〈洪范〉皇极说的解释》，《北京大学学报》（哲学社会科学版）2013 年第 2 期。

道，此立人极者亦即尽性者，故天命为君师教化民众以复其性。《四书章句集注》亦多次以"太极"解释夫子之圣，圣人是天理、天道之化身，如太极一体浑然而备阴阳正气，动静行止，皆如太极动静之显发。其外在容貌间所呈中和气象，显与天合一之境界。"子温而厉"章注："惟圣人全体浑然，阴阳合德，故其中和之气见于容貌之间者如此。"

"诚，即太极，圣人之本。"诚被朱子视为与太极、圣人对应的本体概念，诚是"实理"。圣之为圣的根据就在于诚。诚具有太极、圣人所共同具备的特点：全体、内在、超越、自然、通化等。《通书》乃发明《太极图》的表里之作，首章"诚"完全对应于《太极图》，"诚即所谓太极也"。诚之源为"图之'阳动'"；诚斯立为"图之'阴静'"；诚之通、复为"图之五行之性"。诚是圣人的独特属性，只有圣人能保全此诚。"圣人之所以圣，无他焉，不过全此实理而已。"诚的本来意义是真实无妄，其形上意义则是天命之性（理），是事物内在禀有之理。朱子强调了诚的实理性，万物资始是"实理流出"，各正性命是"实理于是而各为一物之主"，纯粹至善是"实理之本然"①。他认为《通书》"诚神几曰圣人"的诚、神、几分别指实理之体、实理之用、实理之发见。他指出，诚具有自然、简易的特点，"诚则众理自然"。但诚与太极、圣人的一个根本不同在于它还有工夫意义，是贯通天道与人道的连接者。朱子明确区分了诚的这两层意义：《中庸》的至诚指"实有此理"，诚意则是工夫之诚、不欺之诚。汉唐学者皆以忠信笃实之德言诚，朱子称赞二程以实理言诚实为创见，并提醒要兼顾诚的这两层含义。"诚，实理也，亦诚悫也。由汉以来，专以诚悫言诚。至程子乃以实理言。"②

（三）推《太极图说》为经

朱子通过精心诠释和大力推崇，将《太极图说》树立为道学首要经典，指出《太极图说》是言道体之书，穷究天理根源、万物终始，自然而成，并非有意为之。《与汪尚书》言："夫《通书》、《太极》之说，所以明天理之根源、究万物之终始，岂用意而为之？"③ 朱子认为该书对工夫问题论述甚少，仅限于修吉、主静，遂将主静转化为主敬，他高度评价《太极图说》《通

---

① 以上引文均见（宋）朱熹《通书注》，《朱子全书》第 13 册，第 97—98 页。
② （宋）黎靖德编《朱子语类》卷六，《朱子全书》第 14 册，第 240 页。
③ 《晦庵先生朱文公文集》卷三十，《朱子全书》第 21 册，第 1306 页。

书》，认为所论如秤上称过，轻重合宜而精密无差。"大率周子之言，秤等得轻重极是合宜。"① 朱子视《太极图说》《西铭》为孟子之后儒家最好著作，甚至认为，《通书》"比《语》、《孟》较分晓精深，结构得密"②。淳熙丁未（1187）《通书后记》强调濂溪之书远超秦汉以下诸儒，条理精密、意味深刻，非潜心用力，不能明其要领，并认为《太极图说》具有首尾相连、脉络贯通的特点：《太极图说》上半部五段对应五图阐发了太极阴阳生化过程；下半部分论人所禀赋的太极阴阳之道，与上半部相应，体现了天道人道一体的观念。首句——对应上半部分，"人之秀灵"即是太极，"人之形神"则是阴阳动静，"五性"则是五行，"善恶分"则是乾道成男、坤道成女，"万事出"为万物化生。自此而下的"圣人定之"句，体现圣人得太极全体，而与天地浑融为一，实现了天人相合。故《太极图说》与《中庸》皆阐明天人合一、贯通形而上下这一主题。

朱子强调《通书》围绕太极这一核心概念来发明《太极图》之精蕴，透过《通书》方能清楚把握《太极图》的主旨，若无《通书》，则《太极图》实不可懂。"《太极图》得《通书》而始明。"③《通书后记》指出《通书》和《太极图说》是表里关系，前者是对《太极图说》太极阴阳五行说的阐发，实为道体精微之纲领，并强调了义利文道之取舍，以圣人之学激发学人走出功名富贵、文辞卑陋之俗学，对为学工夫、治国之方皆有简要、切实可行的阐述。朱子早在己丑《太极通书后序》中就指出《太极图》是濂溪之学妙处所在，《通书》用以阐发《太极图》之精蕴。淳熙己亥《再定太极通书后序》进一步指出《通书》诚、动静、理性命三章尤其阐发《太极图》之奥妙。他还以"诚无为"章具体论证与太极阴阳五行说的对应关系。《近思录》开篇所选周子说，亦是《太极图说》与该章，可见朱子对此章之重视。④ 朱子对《太极图解》极其满意，认为恰到好处地阐发了濂溪之意，达到了"一字不可易处"⑤。朱子可谓对濂溪《太极图》用力最深、最有创见者，采用章句分解形式，以注经的严谨态度疏解此书，最终使得该书层次分明，粲然可

---

① （宋）黎靖德编《朱子语类》卷九十四，《朱子全书》第 17 册，第 3153 页。
② （宋）黎靖德编《朱子语类》卷九十四，《朱子全书》第 17 册，第 3144 页。
③ （宋）黎靖德编《朱子语类》卷九十四，《朱子全书》第 17 册，第 3144 页。
④ 此二条为吕祖谦主张选入，朱子初虽反对，后亦觉得可存。《答吕伯恭》言："但向时嫌其太高，去却数段（如太极、明道论性之类者），今看得似不可无。"《晦庵先生朱文公文集》卷三十三，《朱子全书》第 21 册，第 1460 页。
⑤ 《答张元德》，《晦庵先生朱文公文集》卷六十二，《朱子全书》第 23 册，第 2981 页。

读。经由朱子的大力推崇，周敦颐之道学宗主地位及《太极图说》之道学经典地位得以确立。

三　工夫与本体：四书与《太极图说》的贯通

（一）四书与《太极图说》的贯通

朱子宏大的道统体系由四书和《太极图说》所代表的工夫、本体双主线构成，二者相互贯通，体用一源，工夫是通向本体之理的手段，本体是分殊工夫的最终实现，工夫不离本体指引、范导，本体端赖工夫真积力久，可谓工夫所至，即是本体。朱子阐明了四书与《太极图说》的密切关联。四书虽以日用工夫为主，然工夫以太极本体为理论基础，指向道体之领悟。如朱子的格物穷理就是通过不断穷究事理，积累贯通，达到豁然开悟、物理明澈、心与理一的心体光明状态。《大学或问》以《太极图说》无极二五的理气说解释人物之性形。天道流行发育，以阴阳五行作为造化之动力，而阴阳五行的出现又在天道之后，盖先有理而后有气，故得理为健顺五常之性，得气为五脏百骸之身。《中庸章句》多言形上之道，其性、体用、诚论，皆与《太极图说》息息相通，不离理气先后、理气离杂、理一分殊、理气同异、天人一体等命题。如首章指出性专言理、道兼言气，在道的意义上是理在气中而理气不杂，正如太极阴阳之不离不杂。朱子采用太极阴阳五行说解释健顺与五常，性即太极，健、顺分指阳、阴，仁义礼智信对应五行，将人性健顺五常与太极阴阳五行严密对应，体现了天人一体性。他以理一分殊、理同气异解释《中庸》性、命之说。凡涉及人物之性，皆以性同气异、理一分殊解之。他从本体论、价值论的角度解释"不诚无物"，强调理在物先，理内在包含了物。朱子同样以理一分殊、理同气异解释"论孟"重要章节，如提出忠、恕分指理一分殊、体用、天道人道，忠是理一，恕是分殊，忠为恕体，恕为忠用，忠指天道流行，恕则各正性命。朱子以理一分殊说阐发"见牛未见羊"章、"君子之于物"章所体现的儒家之爱的差等性与普遍性，以理气先后阐发"浩然之气"章、"性命"章、"异于禽兽"章、"生之谓性"章等，特别提出儒家人性思想直到周子太极阴阳五行说出方能阐明性同气异，程、张人性论皆是受濂溪太极阴阳五行说影响，突出了濂溪的开启之功。"及周子出，始复推太极阴阳五行之说，以明人物之生，其性则同，而气质之所从来，其变化错揉有如此之不齐者。……此其有功于圣门，而惠于后学也厚矣。"① "使程子生在周子之前，未必能发明到此。"② "尽心知性"章引张载之说，并将之与《太极图》相对应，太虚即《太极图》最上圆圈无极而太极，气化之道即阴阳动静。

（二）朱子后学绾合《太极图说》与四书

朱子后学基于朱子对《太极图说》与四书内在关系的阐发，进一步绾合二者，树立了《太极图说》与四书为源与流、本体与工夫关系的认识。黄榦是朱子道统论最有力阐发者，对此亦多有阐发。他在《圣贤道统传授总叙说》中指出：

> 有太极而阴阳分，有阴阳而五行具，太极二五妙合而人物生。赋于人者秀而灵。精气凝而为形，魂魄交而为神，五常具而为性。感于物而为情，措诸用而为事。物之生也，虽偏且塞，而亦莫非太极二五之所为。此道原之出于天者然也。圣人者，又得人中之秀而最灵者焉。于是继天立极而得道统之传。……尧之命舜，则曰"允执厥中"者……则合乎太极矣。③

此处以《太极图说》的太极阴阳五行论儒学道统，太极二五理气之合而生人物，人得其精气而秀灵，虽物之偏塞亦皆不离太极。圣人则是人中最秀灵者，故能继承天道以确立人极，而获道统之传。此一论述完全将儒学道统置于太极本体的天道基础上，与《尚书》"十六字心传"置于圣人之传不同，突出了道乃是合乎太极本体，因应万物生成而来。勉斋（黄榦）对尧、舜、禹、汤、文、武、周公，孔（颜）、曾、思、孟，周、程、朱子道统之传，多以四书一二核心工夫词概括之，且皆与太极相合，体现了勉斋以工夫为重的道统特色。显然，勉斋所建构的工夫道统，确有些"武断"，然此"武断"把握了道学重视下学上达的道统特色。勉斋另一鸿文《朱先生行状》则有意区别了朱子的为学与为道，指出其为道是以太极阴阳五行论天命性心五常之

---

① （宋）朱熹：《四书或问》，《朱子全书》第6册，第982页。
② （宋）黎靖德编《朱子语类》卷五十九，《朱子全书》第16册，第1888页。
③ （宋）黄榦：《勉斋集》卷二十六，书目文献出版社1988年版，第584—585页。

德："其为道也，有太极而阴阳分，有阴阳而五行具，禀阴阳五行之气以生，则太极之理各具于其中。天所赋为命，人所受为性，感于物为情。统性情为心。"① 可见勉斋始终置太极之学于道统之首，此亦正合乎陈荣捷先生朱子道统观念以补入周子太极说为最具哲学性之改变的论断。

元代朱子后学程复心《四书章图纂释》亦将《太极图说》与四书、太极与道统作了非常有特色的结合。他在全书开篇处即采用十节图文依次论述从伏羲到朱子的传道系统，尤以《太极图说》为中心，突出了周敦颐与朱熹在道统中的地位。他指出，程子去世后，周程二人所接续的以太极为核心的儒家道统面临中断危险，幸得朱子重新对周程易学作了深入阐发，学者如能反求诸心，以主敬为工夫，则能体悟太极内在于人，实为心之妙用，故以太极为代表的儒家道统实皆本之于心。"又幸有朱夫子以发其精蕴，学者苟能求之于心，主之以敬，则知夫太极者，此心之妙用；《通书》者，又太极之妙用。"② 此处把主敬工夫与太极本体相贯通。程复心通过横渠、朱子之说以证明二程在太极阴阳这一传道核心上与濂溪所接续伏羲之传一致，并以此作为列《太极图说》于《四书章图纂释》之首的原因。特别表明此书将《太极图说》置于编首的意图，乃为了显示周子《太极图说》作为四书道统之传、性命道德之学的本原所在。"故特举先生《太极图说》于编首，以见夫《四书》传授之奥，性命道德之原，无一不本于此《太极图说》。"③ 既然周子是通过对作为四书源头的"太极"的图说来阐发、接续儒学之道，那么对作为"太极"之实质传承的四书自然亦可以"图说"了，此即其图解四书，"立图本始"依据所在。

在《太极图说》、四书与朱子道统关系上，我们要注意两种倾向。一是过分夸大《太极图说》代表的道统对于四书道统的"纲领性"和"涵摄性"作用。如有观点认为，"朱熹本于易道，起自伏羲的道统可以含摄本于《尚书》起自尧舜的道统"④。其实《太极图说》与四书道统分别侧重道统本体向度和工夫向度，二者可谓源流关系与理一分殊关系，不可偏废。如就朱子终生奉为圭臬的"理不患其不一，所难者分殊耳"之教而言，他当更重视下学一面的四书道统。盖朱子哲学"非以本体论宇宙论为归宿，而重点在乎人

---

① （宋）黄榦：《勉斋集》卷三十四，第 701 页。
② 程复心：《四书章图纂释》，日本内阁文库本，至元丁丑德新堂印，第 8 页。
③ 程复心：《四书章图纂释》，日本内阁文库本，至元丁丑德新堂印，第 8 页。
④ 张克宾：《朱熹与〈太极图〉及道统》，《周易研究》2012 年第 5 期。

生，即在乎《四书》之教"①。二是日本学者山井涌教授因《四书章句集注》未见"太极"而得出太极于朱子哲学并不重要的结论，陈荣捷先生作《太极果非重要乎》驳之，认为"太极乃本体论与宇宙论之观念，而《四书》则勿论上学下学，皆针对人生而言"②。其实，太极概念未见《四书章句集注》极为正常，此符合朱子不以难解易、不牵扯他书的解释原则。如朱子批评南轩《孟子解》的重大失误在于以太极解性，"盖其间有大段害事者，如论性善处，却着一片说入太极来，此类颇多"③。太极在朱子看来，其实为理，故朱子虽论太极不多，然处处论理，善观者当就朱子论理处观其太极说，而非必紧盯是否出现"太极"之名。盖一则太极经朱子之诠释、辩论而得以形成理学之最高概念，它本不如理、仁等概念易知；二则太极为形上抽象概念，属于儒者罕言的"性与天道"范畴，朱子虽以太极为其哲学基石，然其教之重心，仍在四书的分殊工夫一面。故朱子罕言"太极"之名不等于朱子罕言"太极"之实，亦不等同太极于朱子并不重要。

总之，朱子不仅使道统成为一个新范畴，而且使之成为一个工夫与本体兼具、天道人道并贯的宏大精密系统，它涵摄了朱子理学形上建构和形下实践的核心范畴。朱子的道统世界实现了思想建构与经典诠释、历史性与当代性相统一。一方面，他以极具时代感的道学精神诠释四书原典，使先秦四书与作为时代精神的道学融为一体。随着四书成为新的经典范式，道学亦实现了其经典化，成为儒学新发展之主干。另一方面，他极力推尊周、程，精心诠释道学著作，使《太极图说》成为足与四书相当的道学必读经典，构成了以《太极图说》《通书》《西铭》为主的道学新经典体系。道学文本的经典化极大树立了道学的权威地位，强化了道统的道学特色。朱子的思想建构依托于对道学范畴的创造性诠释，他的道统世界奠基于对道统、太极、格物等系列范畴的开创性诠释。这些范畴与其经典诠释浑然一体，影响了其身后数百年儒学的发展，是贯穿后朱子时代理学发展的主线，直至今日仍为当代中国哲学创新转化不可或缺的资源。

---

① 陈荣捷：《朱子新探索》，第 154 页。
② 陈荣捷：《朱子新探索》，第 148—154 页。
③ （宋）黎靖德编《朱子语类》卷一百三，《朱子全书》第 17 册，第 3421 页。

顾炎武对宋学的取舍[*]

何　俊^{**}

摘　要： 宋明理学延异为清代考据学是近世中国哲学的重大转型。清代考据学取汉学舍宋学，顾炎武为开山祖，但顾炎武对于宋学的取舍，实有待分疏。《五经同异》是顾炎武辑录宋、元、明以及清初诸儒对经学相关问题之论述的纂辑体著述，反映了顾炎武在论学旨趣、内容、方法上对宋学的取舍，以及他为清代考据学所奠定的哲学基础。

关键词： 顾炎武；宋学；《五经同异》

从宋明理学到清代考据学，这是近世中国哲学的重大转型，清儒自己称之为宋学与汉学的区别。清代考据学取汉学舍宋学，以顾炎武为开山祖。但是，力挺汉学的江藩认为顾炎武骨子里是宋学，汉学只是工具，说他"深入宋儒之室，但以汉学为不可废耳。多骑墙之见，依违之言"①；而与江藩针锋相对，专撰《汉学商兑》为宋学辩解的方东树，却大不以为然，视顾炎武为"得汉学之精，而宋学之粗者也"②。此外，对于近世中国哲学的这一重大转型的性质，学界或以为是基于宋学之反动的学术断裂，或以为是基于宋学之内在理路的学术延异，解释与论证都具有合理性。因此，要认识顾炎武的学术思想，如顾炎武究竟是深入宋学堂奥还是得其粗鄙，并搞清楚清代考据学与宋学究竟是怎样的关系，清代考据学的哲学基础是什么，顾炎武对宋学的取舍就是一个关键问题。前贤时彦虽多涉论此问题，但限于顾炎武的零散论述，往往流于宏大叙述。本文聚焦于顾炎武的《五经同异》，以求细致阐明。

---

* 本文系国家社科基金重大研究项目"'群经统类'的文献整理与宋明儒学研究"（13&ZD061）的阶段性成果，原载于《哲学研究》2017年第10期，收入本书时有修改。

** 何俊，杭州师范大学国学院院长、教授。

① （清）江藩：《汉学师承记（外二种）》卷八，三联书店1998年版，第158页。

② （清）江藩：《汉学师承记（外二种）》卷上，第260页。

一 《五经同异》及其性质与价值

顾炎武尝谓少年时即"独好《五经》及宋人性理书"①，宋学实际上构成他的学术思想的重要哲学基础。在宋学中，顾炎武笃信朱熹，摈斥陆、王，强调"繹朱子之言以达夫圣人下学之旨"②，而"心、学二字，《六经》、孔、孟所不道"③。同时，他又指出，"今之所谓理学，禅学也。不取之《五经》，而但资之《语录》，校诸帖括之文而尤易也"④，将朱熹与后世理学作了切割。上述材料及其呈现出来的顾炎武对宋学的认识，为学界耳熟能详。但如进一步追问顾炎武是否完全认同与传承朱学，答案自然是否定的，否则顾炎武就不能被论定为清代考据学的开山祖，无论清代学术是宋学的反动，还是宋学的延异。

按照顾炎武对其学术思想的自我界定，"凡文之不关于《六经》之指、当世之务者，一切不为"⑤。其中，"当世之务"与时代相随，清代有清代的问题，不必由此论定顾炎武对宋学的取舍；然"《六经》之指"却属于学术思想的哲学基础。宋学构成顾炎武学术思想的重要基础，而顾炎武又以后世理学为禅学，视经学为真正的理学，故顾炎武对"《六经》之指"的理解与诠释，适足以反映他对宋学具体的取舍。难得的是，《五经同异》恰恰是存其取舍的直接文献。

《五经同异》3 卷，是顾炎武辑录宋、元、明以及清初诸儒对经学相关问题之论述的纂辑体著述，共 95 条，其中上卷《易》7 条、《书》30 条，中卷《诗》5 条、《春秋》12 条，下卷《礼》27 条，附《大学》1 条、《中庸》1 条、《论语》12 条。此书纯系诸儒成说辑录，顾炎武没有任何申说论断，与《日知录》论说经学的部分不仅体例不同，而且观点也不完全一样，因此自来即有人怀疑此书托名于顾炎武。但如果比较《五经同异》与《日知录》论说经学的部分，可以明确《五经同异》属于《日知录》论说经学部分的前期

---

① （清）顾炎武：《亭林余集·三朝纪事阙文序》，《顾炎武全集》第 21 册，上海古籍出版社 2011 年版，第 216 页。
② （清）顾炎武：《亭林文集》卷六《下学指南序》，《顾炎武全集》第 21 册，第 195 页。
③ （清）顾炎武：《日知录》卷十八《心学》，《顾炎武全集》第 19 册，第 718 页。
④ （清）顾炎武：《亭林文集》卷三《与施愚山书》，《顾炎武全集》第 21 册，第 109 页。
⑤ （清）顾炎武：《亭林文集》卷四《与人书三》，《顾炎武全集》第 21 册，第 139 页。

研究成果。具体地说，《五经同异》辑录的 95 条宋学诸儒关于经学的论说，是顾炎武所认同的观点，这些辑录的资料，一方面表达了顾炎武对宋学肯定的内容，另一方面它们为《日知录》的论述提供了前期依据。这里举两条材料略为佐证。第一条是《五经同异》上卷的"卦变"，该条分别辑录苏轼《东坡易传》与王炎《卦变论》，校之《日知录》卷一"卦变"条，顾炎武于自己的论断后，自注"苏轼、王炎皆同此说"，表明顾炎武接受苏轼与王炎的观点。第二条是《五经同异》上卷的"西伯戡黎"条，该条详录金履祥的长段考证，重心全在辨明史实，因为有了《五经同异》的工作，顾炎武在《日知录》卷二的同条中关注的重心就有所不同，完全转到了对地理与军事关系的论述上，他讲：

> 以关中并天下者，必先于得河东。秦取三晋而后灭燕、齐，符氏取晋阳而后灭燕，宇文氏取晋阳而后灭齐。故"西伯戡黎"，而殷人恐矣。①

因此，徐德明认为，《五经同异》"说经诸条与《日知录》不同，从反面证明了此书是顾氏所撰"②，洵为的见。

在顾炎武的宏富著述中，关于宋学以及具体人物的评论散见各处，这些评论虽然同样具有价值，如前文所广为引用的数条，但它们往往因具体人事而发，系统性欠缺是显见的。相形之下，《五经同异》是直接围绕着儒学的整个经典系统的论说辑录，在材料上涉及整个五经，单列《大学》《中庸》，并包括《论语》，材料的完整性毋庸置疑。另外，如果统观《五经同异》诸条，顾炎武辑录的论说虽然因其纂辑体而没有附加他自己的论断，但他辑录的倾向性是非常明白的。由下文的具体分析，可以精晰地看到顾炎武辑录的经说，围绕着论学旨趣、论学内容、论学方法展开，三者不仅在形态上构成了完整的系统，更重要的是在立场、观念与方法上呈现高度的统一性。因此，联系到前文所指出的"《六经》之指"是顾炎武学术思想的哲学基础，可以断言，作为顾炎武系统研究宋代以来诸儒的经学著作，《五经同异》在材料上是充分的，在理论上涵摄了基本的思想要素，是顾炎武系统地由宋学进入六经，

---

① 《顾炎武全集》第 18 册，第 101 页。
② （清）顾炎武：《〈五经同异〉校点说明》，《顾炎武全集》第 1 册，第 125 页。

以及取舍宋学的见证。

宋学的兴起与发展，经历了一个从疑传、疑经到说经，甚至拟经的过程，在诠释儒家经典方面可谓思想解放，论说纷呈。顾炎武系统地由宋学进入六经，意味着《五经同异》辑录的范围是很广的。从时段上看，如前所述，宋、元、明以及清初同时代诸儒，都入视野；从史源上看，经解、史论、文集等，都被涵盖。但是，顾炎武仍然是有选择的，而其选择也是有明确目的的。具体来看，《五经同异》所辑经说共出自 29 位学者，分别是苏轼、王炎、杨时、黄震、王廷相、归有光、朱熹、吴澄、罗泌、熊朋来、杨慎、金履祥、方回、程大昌、王祎、陈栎、洪迈、吕大圭、唐顺之、吕祖谦、吴莱、赵汸、林态和、何孟春、万斯大、汪琬、王柏、方孝孺、王应麟，考虑到黄震《黄氏日抄》又涉及其他学者，因此《五经同异》所涉学者是超出 30 位的。这些儒者见录于各种史料，此不必一一说明，只需举其基本特征。首先，陆王心学系统的学者一概不见，此足以证明前引，顾炎武在宋学中是摒弃心学的；其次，虽然 95 条辑录中，朱熹的论说仅录 2 条，但朱子后学与尊朱者及其论说占多数，此亦证明顾炎武的学术思想的哲学基础是倾向朱学的；最后，也是最重要的，顾炎武辑录了不属于朱学学者，甚至为朱熹所否定的前辈学者的论说，如苏轼，或与朱熹虽同调但学有分歧的同辈学者的论说，如吕祖谦，以及在学术思想上与朱学多少有所异同的后辈与后世学者的论见，这充分证明顾炎武的学术思想基础不自限于朱学。这一现象以及《五经同异》这本著作表明，顾炎武无论对宋学怎样取舍，在他的思想中，六经构成儒学的根本，宋学各家只是他返归六经以阐明思想的借鉴，他对宋学的整体认识是置于六经的系统中加以衡定的。

二 论学旨趣上的取舍

《论语·先进》"子路、曾晳、冉有、公西华侍坐"章因孔子有"吾与点也"的喟然感叹，遂成为宋明理学讨论为学旨趣与境界的重要篇章。炎武于"吾与点也"条，分别摘录宋儒黄震与明儒杨慎之言，反映了炎武论学的基本立场。黄震曰：

> 夫子以行道救世为心，而时不我与，方与二三子私相讲明于寂寞之滨，乃忽闻曾晳浴沂咏归之言，若有得其浮海居夷之意，故不觉喟然而

叹。盖其所感者深矣，所与虽点，而所以欢者岂惟与点哉！继答曾皙之问，则力道三子之美，夫子岂以忘世自乐为贤，独与点而不与三子者哉！后世谈虚好高之习胜，不原夫子喟叹之本旨，不详本章所载之始末，单摭与点数语而张皇之。遗落世事，指为道妙。甚至谢上蔡以曾皙想像之言，为实有莫春浴沂之事，云三子为曾皙独对春风冷眼看破，但欲推之使高，而不知陷于谈禅，是盖学于程子而失之者也。①

黄震的解读是否符合《论语》本旨，自然是可以讨论的。就文本的表层而言，含义是清楚的：三子之志在功名事业，一使有勇求生存，二使足民求发展，三使愿学求文明；曾点（曾皙）只要与好友于良辰美景行乐，于俗雅不屑。对于曾点，孟子尝谓之狂。当然，狂也是气象广大，故朱子称其胸次悠然，与万物同流，所以得孔子肯定。后来王阳明更是欣赏这样的狂者胸次。但黄震所言，亦足以说明宋学中确有遗落世事、陷于谈禅的显相。顾炎武显然认同黄震的判识，认为这是宋学中的根本性问题，其要害在于偏离了儒学立场。

黄震所言，尚替程颐回护，仅斥谢良佐，而杨慎则直指程颐之非。杨慎曰：

> 程子曰"夫子与点，盖与圣人之志向，便是尧、舜气象"。又曰"上下与天地同流"。且天地同流，惟尧、舜可以当之。曾点何如人，而与天地同流，有尧、舜气象乎？且圣人之志，老安少怀，安老必有养老之政，怀幼必有慈幼之政，非隐居放言者比也。②

这就把宋学偏离了的儒家淑世立场又彰显了。儒家的立场在养老慈幼之政，而不在一己之优游林下、隐居放言。前引顾炎武自况，"凡文之不关于《六经》之指、当世之务者，一切不为"，"《六经》之指"在哪里？正在当世之务。这是炎武对儒学的界定，也是他取舍宋学的根本依据。

平实而论，宋学标榜"为天地立心，为生民立命，为往圣继绝学，为万世开太平"，落脚点终究还是在最后的"为万世开太平"上。只是"立心"

---

① 《顾炎武全集》第1册，第300—301页。
② 《顾炎武全集》第1册，第301页。

"立命"讲多了，虚理竞言，"开太平"的实学被遮蔽了。炎武于宋学，正是要舍虚理而取实学，如他于"性与天道"条中所引黄震语：

> 子贡明言不可得而闻，诸儒反谓其得闻而叹美之。岂本朝专言性与天道，故自主其说如此邪？要之，子贡之言，正今日学者所当退而自省也。[1]

由此取舍，可以推知炎武对宋学中理学有关性理的讨论，即便不否定，也必是有取有舍。取的是平实一路，舍的是玄远之说。所谓平实，就是以性理问题为践行问题，重在日常生活的经验积累，而非主体精神的自我体会。在"论语吾日三省吾身"条，炎武引黄震曰：

> 《集注》载尹氏曰"曾子守约，故动必求诸身"，语意已足矣。又载谢氏曰"诸子之学，皆出于圣人，其后愈远而愈失其真。独曾子之学，专用心于内，故传之无弊"。夫心所以具众理而应万事，正其心者，正欲施之治国平天下。孔门未有专用心于内之说也，用心于内，近世禅学之说耳。[2]

他不仅作此取舍，而且直接将以谢良佐为代表的性理论说归入禅学，并指明其与道家的内在关系。在"安仁利仁"条，炎武引黄震曰：

> 谢氏谓"仁者，心无内外远近精粗之间，非有所存而自不亡"，窃疑此佛氏心学之说。……又谓知者未能无意，窃疑此亦佛氏绝意念之说。……异端之说，皆从《庄子·寓言》"死灰其心"一语来。[3]

后来心学的泛滥，亦由此而来：

> 后有象山，因谓曾子之学从里面出来，其学不传；诸子是外面入去，

---

① 《顾炎武全集》第1册，第299页。
② 《顾炎武全集》第1册，第296页。
③ 《顾炎武全集》第1册，第298页。

今传于世者，皆外入之学，非孔子之真。遂于论语之外，自谓得不传之学。凡皆源于谢氏之说也。①

由于立场在世俗生活的践行，炎武否定宋儒对引为性命天道经典的《中庸》作抽象的诠释，强调还原为阐明平常道理的著作。炎武引杨慎曰：

> 《中庸》一书，本是平常之理，而引之高深虚无，又岂子思作书之旨乎？……故朱子引程、张二气良能、造化之迹诸说，移以解《易》之鬼神则可，解《中庸》之鬼神则不可。②

朱熹在《中庸章句序》中通过对《尚书》"人心惟危，道心惟微，惟精惟一，允执厥中"的阐发，将人心—道心的紧张标举为儒学的核心问题。顾炎武对此同样不能接受，将人心—道心问题从经典上剥离。炎武同意黄震的看法，所谓"十六字心诀"的核心就在"允执厥中"的治政理念，危、微、精、一只是对这一治政理念作反复强调的训诫之词，并非专为心设的玄远之语。黄震曰：

> 盖舜以始初所得于尧之训戒，并平日所尝用力于尧之训戒而自得之者，尽以授禹，使知所以执中而不至于永终耳，岂为言心设哉？近世喜言心学，舍全章本旨而独论人心道心。甚者单摭"道心"二字，而直谓即心即道。盖陷于禅学，而不自知其去尧、舜、禹授受天下之本旨远矣。③

可见，炎武对朱熹取程颐之意补《大学》"格物致知传"章，也持否定态度。④

否定《中庸》性命天道的关怀，否定《大学》"格物致知传"章，可以说抽去了宋学关于本体与工夫全部论说的理论框架，儒学被从形而上的论说还原为日常生活的经验道理。不能够说宋学不关注日常生活，整个宋学追求

---

① 《顾炎武全集》第 1 册，第 296 页。
② 《顾炎武全集》第 1 册，第 296 页。
③ 《顾炎武全集》第 1 册，第 164 页。
④ 《顾炎武全集》第 1 册，第 292—295 页。

下学而上达的儒学精神是毫无疑问的，但宋学的特别贡献在于为儒学注入了形而上的理论框架，上达呈现醒目的成就，也是宋学的理论标志。炎武显然是舍弃这样的形而上追求，而专注于生活本身的践行，下学即是上达。因此，在形而上的理论取向上，炎武对于宋学可以说是舍弃了的。

三　论学内容上的取舍

舍弃宋学中的性命天道问题后，制度问题作为治政的核心得以凸显，而六经本质上被认为是制度的完备载体。顾炎武引王炎曰：

> 夫天下之治不可无法，犹之为圆必以规，为方必以矩，为平直必以准绳，六典之书备焉。①

这可以视为顾炎武论学以六经为本，跳出宋学义理话语的认识根据。但是，顾炎武并不是一个掉书袋的教条主义者，他对记载制度的六经、制度、实际的治政三者关系有动态的理性认识，他引王炎的话：

> 治法至太平而大备，而所以致太平者，不专系于法之详也。……吾以是知六典之法，至太平而后备，非用六典能致太平也。夫为治有定法，天下无定时，时异则法异，虽尧、舜、禹相受一道法，亦不能无损益也。……圣人察人情，观世变，立法经制，虽不可变古，亦不可泥古，此周公之意也。②

因此，治经者面对疑处，应当将其置于历史中进行合理的考察，不必动辄归罪于前儒：

> 读《周礼》者，至今不能无疑。……或者见其可疑，则曰《周礼》非周公之全书，盖汉儒以意易之者多矣。汉儒之言《周礼》诚不能无失，然亦不敢遽变其意也。考之于经，见其可疑，举而归罪于汉儒，岂

---

① 《顾炎武全集》第 1 册，第 286 页。
② 《顾炎武全集》第 1 册，第 288—289 页。

得为至论哉。①

由此可见顾炎武对于制度的重视，也足以看到他与宋学强调性命天道的区别，但是并不足以证明他在治学内容上与宋学完全相离。朱熹固然在性命天道的形上哲学建构上倾注巨大心力，但同样对制度作出大量研究。事实上，关于制度的重要性，顾炎武可以说完全接受朱熹的看法，他在"三礼"条中，引朱熹《乞修三礼札子》语，"《六经》之道同归，而《礼》《乐》之用为急"；而在关于《礼》的认识上，炎武亦完全接受朱熹的做法，"以《仪礼》为经，而取《礼记》及诸经史杂书所载有及于礼者，皆以附于本经之下，具列注疏诸儒之说，略有端绪"，实际上，就是以具体的制度认识为根本，不以各种论说为重，着眼点在践行，以免"一有大议，率用耳学臆断而已"②。

在此基础上，顾炎武将他对六经中的制度关怀聚焦在家—国两个层面上，分别以《礼》与《春秋》为本。针对后儒认为《春秋》意在褒贬问题，炎武所摘录诸条重在辨明《春秋》宗旨在王道制度。在"唐顺之读春秋"条中，炎武摘录：

> 《春秋》，王道也。天下无二尊，是正道也。礼乐征伐、会盟朝聘、生杀之权一出于天子，而无有一人之敢衡行，无有一人之敢好恶作威福也，是王道也。③

如果不着眼于此，而是纠缠于褒贬，不仅偏离了对制度重要性的认识，逆推臆想千百年以前孔子之意，而且会造成穿凿附会的学风。炎武摘引朱熹曰：

> 《春秋》大旨：诛乱臣，讨贼子，内中国，外夷狄，贵王贱霸而已。圣人光明正大，不应以一二字加褒贬于人，不过直书其事，善者恶者了然自见。目前朝报尚不知朝廷之意，况千百载之下而逆推千百载上圣人

① 《顾炎武全集》第 1 册，第 288—289 页。
② 《顾炎武全集》第 1 册，第 240—241 页。
③ 《顾炎武全集》第 1 册，第 214 页。

之意？①

因此，炎武认同"以《春秋》为褒贬者，乱《春秋》者也"的看法。他引吕大圭的议论：

> 《六经》之不明，诸儒穿凿害之也，而《春秋》为尤甚。《春秋》穿凿之患，其原起于《三传》，而后之诸儒又从而羽翼之，横生意见，巧出义理，有一事而或以为褒或以为贬，彼此互相矛盾者矣。②

基于这样的认识，炎武在《春秋》中所关注的问题，无论纪年、名称、史实，围绕的都是制度。宋学中对于王道制度的讨论，由此得以彰显。

在《礼》的研究中，顾炎武除了接受朱熹强调的《仪礼》为经、《礼记》为传的观点外，着重于家庭宗法的研究，因为他认为宗法构成了家庭的制度。炎武引王炎《宗子论》曰：

> 仁义，人道之大端也。仁莫重于亲亲，义莫严于尊尊。下治子孙，旁治族属，亲亲之道也。上正祖祢，尊尊之道也。祖远而易忘，族散而易疏，先王于是因仁义而为之节文。③

整个宋学在成仁取义的探索方面，可谓殚精竭虑。只是，虽然对于家礼的研究与传播有朱熹《家礼》这样的典范，但整个宋学的理论成就，却似乎在性命理气的形上建构上。相形之下，顾炎武显然是取家礼建设而舍性命讨论。由所引王炎的观点，亦知炎武重视宗法不完全是认识偏好，而完全是基于他对制度功能的坚定认识。他认定人的品质不是凭空悬思或蹈高虚论足以培植的，而是在亲亲尊尊的宗法制度中习养而成的。

制度具有习养人的品质的功能，故宗法就不能不认真甄别清楚。比如，在宗祧继承中具有根本意义的宗祖认定上，世子、适子、庶子的身份如何确认？别子为祖，继别为宗，究竟是怎么回事，是否具有正当性？对于诸如此

---

① 《顾炎武全集》第 1 册，第 213 页。
② 《顾炎武全集》第 1 册，第 205—206 页。
③ 《顾炎武全集》第 1 册，第 248 页。

类问题，炎武甚为关切。在"万斯大宗法论"条下，炎武便不厌其烦，不仅分七条细摘，而且在大宗与小宗的问题上，进一步细分详录。又比如在丧祭问题方面，对于服制的形式与实质、对待继父继母，乃至父卒未殡而祖亡适孙如何为祖服丧，炎武都很认真对待，他广摘吴澄、熊朋来、汪琬诸家论述，以明所以。

总之，在制度层面，顾炎武表现出巨大的兴趣，他对宋学在此领域的成就予以关注与吸取。而且，炎武之重视制度，并不是静态地理解制度，而是接受宋儒关于制度存在变迁的观点。在"隐公"条下，炎武引吕祖谦《讲义》中所述诸条史实，以及最后的结论：

> 盖隐公之元距平王之东迁四十九年矣，弛废失坠，日销月铄，历五十载可见者犹若是，况东迁之初乎？①

记载国家制度的兴与废都不是一日之事。关于这样的观念，朱熹同样有过相似的表达：

> 祖宗之所以为法，盖亦因事制宜，以趋一时之便。而其仰循前代，俯徇流俗者，尚多有之。未必皆其竭心思、法圣智，以遗子孙，而欲其万世守之者也。是以行之既久，而不能无弊，则变而通之，是乃后人之责。②

我们看到制度变迁的长时段特征，意味着认识到制度一旦确立，就获得了某种自主性，对历史中的人的思想与行为具有一定限制作用；同时，人在制度的变迁中又有能动性，足以去影响制度的变迁。这也许正是顾炎武重视制度的认识根源，而这一认识与宋学是有关的。

四 论学方法上的取舍

宋学的兴起肇始于疑传疑经，思辨式的义理分疏又多呈以论说，加之多

---

① 《顾炎武全集》第 1 册，第 229 页。
② （宋）朱熹：《读两陈谏议遗墨》，《朱子文集》卷七十，文渊阁《四库全书》本。

系语录体，使得宋学相比于重考据的汉学，彰显出极为显著的自由特征，后人亦多直接讥为空疏。清学由宋学返汉学，作为开山祖的顾炎武在治学方法上似乎自然是舍宋学而取汉学，但细审《五经同异》，这样的判定不仅过于简单，而且更是不可靠的。毫无疑问，对于宋学中的心学一脉，顾炎武是完全舍弃的，前文已有述及。但是，对于心学以外的宋学路径，顾炎武多有认同与肯定，而且往往相应地指出汉学的问题，从而呈现他所重视的治学方法。

在"易象"条中，炎武引王炎《读易笔记序》曰：

> 自汉以来，《易》道不明，焦延寿、京房、孟喜之徒，遁入于小数曲学，无足深诮；而郑玄、虞翻之流，穿凿附会，象既支离，理滋晦蚀。[1]

穿凿附会，这是顾炎武对汉学的治学方法最重要的批评，而后人偏迷信于汉学，"事有出于圣经，明白可信，而后世弗之信，而顾信汉儒傅会之说"[2]。汉学以考据求其古，但事实上古今变异，许多情况并不能一一考据清楚，强求自不免穿凿附会。宋学以义理为依归，虽然论说为重，但合乎情理是一个重要的方法原则，故穿凿附会之病反而受到克制，至少是注意这个问题的。比如朱熹在处理《书经》（《尚书》）时，其治学态度与方法非常清楚地呈现出来，而这正为炎武所认同，他在"朱文公书临漳所刊书经后"一条中引录：

> 汉儒以伏生之《书》为今文，而谓安国之《书》为古文，以今考之，则今文多艰涩，而古文反平易。或者以为今文自伏生女子口授晁错时失之，则先秦古书所引之文皆已如此。或者以为记录之实语难工，而润色之雅词易好，则暗诵者不应偏得所难，而考文者反专得其所易，是皆有不可知者。至诸序之文，或颇与经不合，如《康诰》、《酒诰》、《梓材》之类，而安国之序又绝不类西京文字，亦皆可疑。独诸序之本不先经，则赖安国之序而可见。故今别定此本，一以诸篇本文为经，而复合序篇于后，使览者得见圣经之旧，而不乱乎诸儒之说。又论其所以不可

---

① 《顾炎武全集》第 1 册，第 147—148 页。
② 《顾炎武全集》第 1 册，第 191 页。

知者如此，使读者姑务沈潜反复乎其所易，而不必穿凿傅会于其所难者云。①

顾炎武不仅对历史文献《书经》如此研治，即便对卜筮之书《易经》也是取此态度与方法。宋学研究《易经》有义理与象数之分，从炎武有关《易经》的数条所引可知他取义理而舍象数，究其根由，亦是象数之学在方法上容易穿凿附会，在效用上偏离日用常行。在"康节先天之学"条，在先摘引杨时的两则长论后，他继引黄震的观点而申明：

> 主理学者宗伊川，言数学者宗康节，同名为《易》而莫能相一。至晦庵朱先生作《易本义》，作《易启蒙》，乃兼二说。……晦庵虽为之训释，他日晦庵《答王子合》书，亦自有康节说伏羲八卦近于附会穿凿之疑，则学者亦当两酌其说而审所当务矣。伊川言理，而理者人心之所同，今读其传，挚然即与妙合。康节言数，而数者康节之所独，今得其图，若何而可推验？此宜审所当务者也。明理者虽不知数，自能避凶而从吉；学数者傥不明理，必至舍人而言天，此宜审所当务者也。穷理而精，则可修己治人，有补当世；言数而精，不过寻流逐末，流为技术，此宜审所当务者也。……汉世纳甲、飞伏、卦气，凡推步之术，无一不倚《易》为说，而《易》皆实无之。康节大儒，以《易》言数，虽超出汉人之上，然学者亦未易躐等。若以《易》言理，则日用常行无往非《易》，此宜审所当务者也。②

此番长引，可谓将炎武所认同与肯定的宋学中的治学态度与方法和盘托出，如能进一步体会连续四个"此宜审所当务者也"，则炎武的治学旨趣与宋学的吻合处亦清晰透明。

顾氏摒弃穿凿附会，以义理为依归，在具体的治学方法上，取于宋学而显见者有二。其一是注重基于观察的推理。炎武在"禹贡"条中曾引金履祥讲的一则故事：

---

① 《顾炎武全集》第1册，第150—151页。
② 《顾炎武全集》第1册，第135—137页。

昔沈存中奉使河北，边太行而北。山崖之间，往往衔螺蚌之壳及石子，横亘石壁如带，谓必昔之海滨，今东距海已千里。以愚观之，此即昔之河滨也，所谓自东河至东海千里而遥者也。夫以昔之河滨，而今在山崖石壁之间，即河日迁，山日长，石日凝，盖可知也。①

朱熹也曾经对山崖蚌壳化石作有解释，无论是金履祥，还是顾炎武，对此无疑都是知晓的。此条以沈括为例指出错误，显然不是否定观物推理的方法，而是为了说明基于观察的推理需要审慎、合理。比如"禹贡"同条炎武引金履祥论地理：

或者又曰：古今有变更，山川无消长，而《禹贡》地理有与今日不同者，何也？曰：是固不同也。有人力之变者……有名号之变者……夫天地常形，固相为句连贯通，然其条理亦各有脉络。②

又如引熊朋来论历法：

月有闰，天无闰，欲知月之有闰，以闰月定四时成岁是也。欲知天之无闰，期三百有六旬有六日是也。期者，如上年冬至起至下年冬至，上年立春起至下年立春，其间相去皆是三百六十五日四分日之一，与周天度数相合。曰六旬有六日，举成数也。天虽无闰，而月则有闰，合气盈朔虚而闰生焉。③

甚至在解释《易经》之数的问题上，顾氏仍然运用基于观察的推理，其引苏轼《易论》曰：

九为老阳而七为少阳，六为老阴而八为少阴，此四数者天下莫知其所为如此者也。……夫阴阳之有老少，此未尝见于他书也，而见于《易》。《易》之所以或为老或为少者，为夫揲蓍之故也。……阴阳之所

---

① 《顾炎武全集》第1册，第167页。
② 《顾炎武全集》第1册，第167页。
③ 《顾炎武全集》第1册，第159页。

以为老少者，不在乎七八九六也，七八九六徒以为识焉耳。……若夫七八九六，此乃取以为识，而非其义之所在，不可以强为之说也。①

基于观察的推理，同样可以称为考据，但炎武取宋学的重实证、重理证，如上述数条，足以佐证其已超出狭义的文献考订而富具更深广的内涵。

其二是诠释的多样性。在"易解"一条，炎武摘引杨时《语录》曰：

某尝观圣人言《易》，便觉措辞不得。只如《乾》、《坤》两卦，圣人尝释其义于后，是则解《易》之法也。《乾》之初九潜九勿用，释云阳在下也，又曰龙德而隐者也，又曰下也，又曰阳气潜藏，又曰隐而未见，行而未成。此一爻耳，反覆推明至五变其说然后已。今之释者，其于他卦能如是推明乎？若不能尔，则一爻之义只可用之一事。《易》三百八十四爻，爻指一事，则是其用止于三百八十四事而已。如《易》所该，其果极于此乎？若三百八十四事不足以尽之，则一爻之用不止于一事明矣。观圣人于《系辞》发明卦义尚多，其说果如今之解《易》者乎？故某尝谓，说《易》须仿佛圣人之意，然后可以下笔，此其所以未敢苟也。②

考据之学以证据为重，而诠释之学以合乎情理为本，以三百八十四爻为案例来帮助理解复杂的日常生活，其方法显然已非狭义的知识考证，而属于广义的知识应用。如果说基于观察的推理是知识的获得，那么强调诠释的多样性表明顾炎武是从经世致用的立场来吸取宋学的方法的。

---

① 《顾炎武全集》第 1 册，第 146—147 页。
② 《顾炎武全集》第 1 册，第 149 页。

"思潮"与"知识"在思想理解中的交互作用[*]

丁为祥[**]

摘　要：时代性的"思潮"与历史性的"知识"是解读思想史不可或缺的两大条件，而二者的一致或统一也就代表着思想史研究之一种较为完备的范型。但在实际研究中，二者的差异、背反几乎是一种常态，即要么由于历史知识的匮乏从而形成某种不到位的错会，如郭象、成玄英之注庄与朱子之注孟，要么又因为思潮与价值观的不同从而形成某种背反性的误解，如南北朝儒生对佛教的理解；而这种背反性的误解不仅可以存在于不同时代之不同的解读之中，而且可以存在于同一时代之相互对立的思想流派之间，如范缜、梁武帝之于佛教的"神识"与"功德"之说、明代心学与气学之于理学精神的不同落实；至于戴震对孟子的疏证，则既表现了其在知识理解上的准确一面，同时又表现了其在思潮或精神走向上的背反一面。但是，戴震之孟子研究与孟子本人认知方法的比较，却为二者的统一提供了一个经典案例，这就是既要坚持"由字以通其词，由词以通其道"的由微观到宏观之路，也要坚持"以意逆志"与"知人论世"之由宏观到微观之路；而两者的统一与循环，才是思想史研究的一条积极互补之路。

关键词：思潮；知识；背反性解读；诠释学循环

对于思想史而言，最好的研究当然应当是全面把握思想在历史中的确切含义。但这起码要受到两个方面条件的限制：其一是时代思潮的限制；其二则是历史知识的限制。完整的理解当然应当是两个方面的有机统一，但实际上却存在太多的交错现象，即要么在历史知识方面的理解基本正确，但在对

---

　　*　本文系国家社会科学重大项目"宋明道学核心价值研究"（15ZDB008）的前期成果，原载于《哲学动态》2018 年第 6 期，收入本书时有修改。
　　**　丁为祥，陕西师范大学哲学系教授。

时代思潮的把握上却往往会表现出某种南辕北辙的走向;要么虽然在对思潮走向的理解上大体到位,但又由于历史知识的匮乏从而在具体理解上形成某种望文生义的错会。因此,诠释不仅会陷于郢书燕说的格局,甚至还会表现出各种强扭古人以就范的毛病。不过,如果我们能够自觉二者的这种关系,那么也就可以从一者的准确性出发去寻绎另一者的确切含义,从而使双方在思想史的研究中呈现积极的交互作用。

上述认识是笔者对思想史研究长期观察所得出的结论。所以,这里先从思想史研究中的错会现象说起。

一 由于历史知识匮乏所形成的错会

在中国思想史研究中,孟子与庄子两位也许是最具有吸引力的。他们不仅是儒道两家的二代巨子,同时也是中国思想史中的两位巨擘;而他们所开创的世界或塑造的人生,也是中国思想史中最聚人气的——往往超越了儒道两家的思想樊篱本身。不过,虽然人们感兴趣于孟庄笔下的人生,但又往往会通过各自不同的历史知识来加以理解,这就会形成各种不谛、不当甚或根本不到位的错会性理解。比如对庄子一段名言的理解就是如此。庄子在《齐物论》的开篇写道:

> 南郭子綦隐机而坐,仰天而嘘,荅焉似丧其耦。颜成子游立侍乎前,曰:"何居乎?形固可使如槁木,而心固可使如死灰乎?今之隐机者,非昔之隐机者也。"
>
> 子綦曰:"偃,不亦善乎,而问之也!今者吾丧我,汝知之乎?……"
> (《庄子·齐物论》)

这就是庄子《齐物论》的开篇,并以所谓"吾丧我"来表达其形若槁木、心如死灰之"齐物"追求。仅从子綦对子游"吾丧我"("今之隐机者,非昔之隐机者也")之"不亦善乎,而问之也"的感慨来看,就不难体会其喜悦并自我欣赏的心态,但其所谓"吾丧我"毕竟是以"我"之某种丧失为特征的,因而也就激起了人们各种各样的索解与说明。

在历代的解释中,以郭象之注、成玄英之疏最为人们所公认。对于《齐物论》的开篇,二人曾先后注、疏说:

> 吾丧我，我自忘矣；我自忘矣，天下有何物足识哉！故都忘外内，然后超然俱得。
>
> ……丧，犹忘也。许其所问，故言不亦善乎。而子綦境智两忘，物我双绝，子游不悟，而以惊疑，故示隐几之能，汝颇知不。[①]

实际上，郭象以"都忘外内"、成玄英以"境智两忘，物我双绝"来诠释庄子的"丧我"大概意思并不算错，但确实存在某些不对应之处，起码存在不同历史知识方面的问题，所以他们都是以"忘"来说明庄子之"丧"的。而对今人来说，"吾"与"我"这同一的主体指谓却能够以所谓"丧"在二者有所区别的基础上加以联系本身也就构成了一个很大的疑问。对于这一问题，罗安宪在其《庄子"吾丧我"义解》一文中，从殷商甲骨文、西周铭文以及十三经中"吾"与"我"之不同用法的比较入手，明确揭示出"吾"与"我"不仅存在可否用作宾语的区别（即"我"可以作宾语而"吾"只能做主语），而且也由此凸显出"吾"之"真己"性质与"我"之此在主体包括所谓感性的、躯体的以及种种外在表现，这就不仅区别了"吾"与"我"，而且也颠倒了从郭象到成玄英以"忘"释"丧"的不对应性；因而也可以说，庄子这里的"丧"，实际上是包含着某种超越与扬弃之意的。[②] 这样一来，庄子所谓的"吾丧我"也就恰恰成为其"逍遥""神游"的一个基本前提了，这也就是庄子（子綦）能够以喜悦与欣赏的心态来表达其"吾丧我"——"荅焉似丧其耦"的根本缘由。

同样的情形也表现在孟子研究中。众所周知，孟子是儒家性善论的确立者，但在《孟子》一书中，却很难见到其关于性善论的正面表达。唯一与性善论相关的说法，则是孟子与其弟子公都子在一段对话中所提到的"乃若其情，则可以为善矣，乃所谓善也"（《孟子·告子上》）一说。由于从字面上看，这就是《孟子》一书中唯一一处关于性善的表达，于是人们纷纷聚焦于"乃若其情"章，并试图以此诠释孟子性善论的基本意涵。在这方面，集汉宋之学之大成的朱子的相关诠释最具有代表性。对于"乃若其情"一句，朱子注释说：

---

① （清）郭庆藩：《庄子集释·齐物论》，万卷楼图书公司 2007 年版，第 51 页。
② 罗安宪：《庄子"吾丧我"义解》，《哲学研究》2013 年第 6 期。

> 乃若，发语词。情者，性之动也。人之情，本但可以为善而不可以
> 为恶，则性之本善可知矣。①

在朱子这一诠释中，"情"不但成为实体字，而且也是镶嵌在宋代理学性情体用结构中来诠释"情"之作用的，于是也就有了"性之动也"的规定以及"人之情，本但可以为善而不可以为恶"一说。朱子的这一诠释方向无疑是正确的，也是比较符合孟子本人之基本方向的，就是说，在对性善论的理解上，朱子是坚持着儒家学理的一贯性的。但问题在于，朱子这一诠释在具体字义的理解上却根本未能紧扣孟子原意，从而也就陷入了一种所谓不谛、不当之解；至于其影响，也就在于数百年后，从程瑶田的《通艺录·论学小记》到焦循的《孟子正义》，实际上也都仍然在理学的性情体用结构中转圈子。②

那么，孟子"乃若其情"之"情"的具体所指究竟是什么呢？这就涉及具体的历史知识问题了。在先秦的语境中，所谓"情"主要是一个作为形容词的虚字，一如荀子在说明其性恶主张时所举例分析的"今人之性，饥而欲饱，寒而欲暖，劳而欲休，此人之情性也"（《荀子·性恶》），此处的"情性"就是指人的"情实"与"本真"之性。因而，孟子所谓的"乃若其情，则可以为善矣，乃所谓善也"一说其实正是对公都子所转述的告子关于人性之各种不同看法的一个总结和概括，而其具体指谓，也就可以表达为："至于其（作为'性无善无不善'、'性可以为善，可以为不善'以及'有性善，有性不善'等各种性相表现的）本然、本真的人性而言，它原本都是可以为善的（虽然它现实的表现并不一定善）；而顺乎人的本性并由本性之自然发展而来的善，就是你（公都子）所概括的'性善'，也就是我所谓性善论的完整涵义（乃所谓善也）。"③

既然庄子的"吾丧我"与孟子的"乃若其情"是这样一种含义，那么像郭象、成玄英尤其是像朱子这样的大家何以会犯这种低级的错误呢？实际上，这是一个非常简单的问题。具体的历史知识往往形成于特定的历史条件下，

---

① （宋）朱熹：《四书集注》，岳麓书社1985年版，第414页。
② 关于孟子"乃若其情"之具体所指以及朱子所解之不谛、不当之处，请参阅拙作《孟子"乃若其情"章试解》，《人文杂志》2013年第9期。
③ 丁为祥：《孟子"乃若有情"章试解》，《人文杂志》2013年第9期。

因而历史条件的不重合性也就决定了历史知识的不可通约性。但文化的传播以及延续历史智慧的文字却又必然是可以通约的；因而，在这种不可通约性与可通约性之间，我们也就只能通过历史知识的不可通约性来理解其可通约性，而不能从其可通约性的角度来直接套解其不可通约性。所谓历史知识的具体性就体现在这里。但是，一旦从其可通约性来理解其不可通约性，那么所谓望文生义、以今裁古也就成为一种无法避免的现象了，所以说，即使是朱子这样的大家，其对孟子论述的诠释也难免会陷于所谓不谛、不当之论。这都是由历史知识的不可通约性造成的。

二　由于思潮与价值观背反所形成的误解

至于由于思潮与价值观之背反所形成的误解，则主要表现在不同的时代思潮或者说是不同的人生价值观之间。而在这一问题上，最典型的又莫过于儒家学者对于佛教的理解；而这种误解性的理解或者说是建立在误解基础上的理解甚至可以存在于两种相互对立的观点之间。这方面的典型表现莫过于南北朝时期范缜专门批评佛教的《神灭论》一书。

如所周知，佛教是一种解脱智慧；对于儒家所守护的人伦世教而言，佛教的解脱智慧首先就表现为一种出离追求或超越追求，即脱离由人伦世教所构成的人生生死海而表现出来。从当时的理论分歧来看，则又主要集中在"形"与"神"何者更为根本一点上。佛教强调出离、强调超越，因而更为重视"神识"之说，而儒者如范缜则更强调"形"的基础性地位；至于各理论相互间更深刻的分歧，则主要集中在儒学与佛教究竟谁才应当成为人伦社会的精神主导上。在当时，由于儒佛两家主要集中在"形神之辨"上，因而范缜也就从"形神"的角度展开其儒佛之辨。

范缜的《神灭论》主要表达了三方面的思想，而这三个方面也在中国传统文化中有其深厚的历史依据。因而，在捍卫儒家人伦世教及其价值观方面，范缜及其《神灭论》的作用自然是不言而喻的。范缜之所以一定要坚持"神灭"的主张，主要是为了抗衡并否定来自佛教的"神不灭"意识。所以，其《神灭论》一起始就写道：

问曰：子云神灭，何以知其灭耶？
答曰：神即形也，形即神也。是以形存则神存，形谢则神灭也。

问曰:形者无知之称,神者有知之名。知与无知,即事有异。神之与形,理不容一。形神相即,非所闻也。

答曰:形者神之质,神者形之用。是则形称其质,神言其用,形之与神,不得相异。①

在这一自设宾主的问答中,范缜主要表达了三层意思:第一,"神即形也,形即神也",形与神是高度的统一;第二,形与神的差别主要表现在其不同的作用——形质神用上;第三,形与神本质上不异——根本就不是两种存在,而是同一存在之两种不同的属性及其作用表现而已——"形称其质,神言其用",因而二者必须彻底统一于形。从中国传统文化来看,这三层含义自然可以说是形与神之连贯性的统一,而其目的则在于强调"形"所代表的实然存在之基础性地位,从而否定"神"独立存在的可能。所以,其第一点所谓"神即形也,形即神也"其实主要在于肯定二者即于"形"而不是即于"神"。既然认为二者是互为相即的关系,为什么又要明确地肯定其只能即于"形"而不能即于"神"呢?这是因为,"形"与"神"之间的两个"即"字并不是相同的含义,也不是可以互换的关系。为了说明其具体差别,范缜又用了"形质神用"来对其"神即形也,形即神也"的说法进行补充,意即在二者的相"即"关系中,其具体所指是根本不同的。所谓"神即形也"是指"神"就内在于"形"之中,并且也始终以"形"作为自身的存在基础,包括其不能超越于"形"的限制之外;至于"形即神也"则是指"形"本身就包含着"神",也包括"神"的作用于其中(实际上,范缜的这一说法并不周延,因为不能说有了"形"就必然会有"神"②)。在这一基础上,自然就可以说明"形之与神,不得相异"的关系了,当然也可以说明"形谢则神灭"的道理了。

范缜为什么要如此费心地论证"形谢则神灭"的道理呢?无论是从对象认知还是思辨探讨的角度看,所谓"形神关系"都可以说是一种值得深入讨

---

① (南梁)萧琛:《难神灭论并序》,(齐梁)释僧佑撰《弘明集校笺》卷九,上海古籍出版社2013年版,第460页。

② 对于这一点,荀子就有极为清醒的认识,荀子云:"水火有气而无生,草木有生而无知,禽兽有知而无义。人有气有生亦且有义,故最为天下贵也。"(《荀子·王制》)这里所谓"有气而无生""有生而无知"等说法,正说明有前者未必就能够有后者,这正可以说是"形"对"神"之包含并不周延的表现。

论的关系，因为它本来就是人所不得不面对的两种不同的存在形式，所以才会有范缜"神即形也，形即神也"以及"形之与神，不得相异"之所谓统一的说法。但无论是对范缜还是对当时作为其论敌的佛教徒来说，这个问题都不仅仅是一个实然的对象认知或思辨的智力探讨问题，而首先是一个标志其人生方向的价值信仰问题，这也就是范缜始终坚持"不卖论求官"的根本原因。但范缜之误解，主要在于他将一个表示精神品第之超越追求的问题强扭为一个实然存在的问题了。

如果说范缜的《神灭论》确实存在儒佛价值观对立的因素，那么中国佛教徒对于其超越追求的理解又如何呢？与范缜属于同一时代且贵为帝王的梁武帝不仅崇尚佛教，而且其一生也多次入寺为僧，晚年又组织了对范缜《神灭论》之围攻性的批评。按理说，梁武帝应当对佛教以"神识"为代表的超越追求精神有更深入的理解。但是，在与达摩的历史性会见中他却又表现出了与范缜同样的逻辑。据说达摩到达中土后，极受礼遇，梁武帝曾几番派人迎至建康。可他们二人的会面却又完全是一种世俗之"有"与佛教之"空"的对话：

> 武帝问："……朕自登九五以来，度人造寺，写经造像，有何功德？"师曰："无功德。"帝曰："何以无功德？"师曰："此是人天小果，有漏之因，如影随形。虽有善因，非是实相。"武帝问："如何是实功德？"师曰："净智妙圆，体自空寂。如是功德，不以世求。"武帝不了达摩所言，变容不言。①

显然，梁武帝无疑是以其"度人造寺，写经造像"作为其成佛之主要功德的，实际上，这一点与范缜坚持以"形"为"神"之基础并主张必须灭"神"以归"形"也是同样的逻辑，但在达摩看来，这都属于"人天小果，有漏之因"，即使有所谓"善因"，说到底也并非就发自"实相"或者说是对"实相"的领悟；而真正的成佛功德，则必须是发自佛教的空寂之体与妙圆之智的。这样的功德，根本就不可能以所谓世俗的"功德"求得。很明显，虽然这一不投缘的对话也就决定了达摩此后"一苇渡江"的必然性，但这种

---

① （南唐）静筠禅师编撰《祖堂集》卷二，孙昌武、〔日〕衣川贤次、〔日〕西口芳男点校，中华书局2007年版，第96页。

"不投缘"却并不仅仅是所谓"话不投机"的问题,而在于世俗的"有形"功德与体现佛教超越追求之般若智根本不对应的问题。因而,这一"不投缘"的对话也就等于揭示了中土的世俗智慧与佛教根于空寂之体与妙圆之智的一种根本性分歧。

同样的情形也表现在理学的落实以及对理学之继承性的研究中。按理说,自程朱天理本体论形成以来,所谓"大道精微之理,儒家之所不能谈"① 的时代就已经成为过去,因而明代理学的主要任务也就在于落实天理这一道德本体问题了。就此而言,所谓宋明理学的说法也就表明了宋明儒学思想谱系的一贯性。但在明代理学中,却存在心学与气学的不同走向,而其相互间又是一种极力排斥的关系。比如罗钦顺就曾将王阳明比作"诬孟子以就达摩"②的始作俑者;到了 20 世纪,以罗钦顺为代表人物的气学对阳明心学的批评又被诠释为所谓唯物主义与唯心主义的斗争。这样一来,无论从哪个方面看,似乎明代心学与气学都是一种势不两立的关系。但在冈田武彦的研究中,明代心学与气学的对立以及理学从宋代到明代的发展却被概括为"由二元论到一元论、由理性主义到抒情主义,从思想史看就是从宋代到明代的展开"③。从这些方面来看,则明代心学与气学的对立反而是微不足道的,反倒是从二元论到一元论、从超越追求到内在性落实才构成了宋明理学的根本区别,因而也可以说这是明代理学的一个总体特征。如果以此证之于明末大儒刘蕺山对罗钦顺哲学点评性的批评,反而更可以看出明代理学的总体走向以及心学与气学之不同视角所构成的分歧:

> ……谓理即是气之理,是矣。独不曰性即心之性乎?心即气之聚于人者,而性即理之聚于人者,理气是一,则心性不得是二;心性是一,性情又不得是二。④

刘宗周对罗钦顺这一点评性的反驳再次证明,明代理学的总体趋势确实是一种内在化的走向。至于罗钦顺"斫斫以心性辨儒释,直以求心一路归之禅

---

① (宋)范育:《正蒙序》,《张载集》,中华书局 1978 年版,第 4 页。
② (明)罗钦顺:《与林次崖金宪》,《困知记》,中华书局 1990 年版,第 154 页。
③ 〔日〕冈田武彦:《王阳明与明末儒学》,上海古籍出版社 2000 年版,第 1 页。
④ (明)刘宗周:《明儒学案·师说》,《刘宗周全集》第 5 册,浙江古籍出版社 2007 年版,第 526 页。

门"，说到底不过是一种"因咽废食之见"① 而已；作为精神，这也可以被称为"窝里斗"（即指其"斫斫以心性辨儒释，直以求心一路归之禅门"而言）。

像这种细节上清楚、知识上准确与思潮走向上的背反所导致的悲剧最典型地表现在戴震的孟子研究中。戴震无疑是明确地继承明代理学之内在化走向的，但他并不是沿着"性之内在于心"的主体超越追求的路向，而是沿着"理之内在于气"的形下落实方向，这就只能使他走向乾嘉汉学了。由此，天理也就只能落实于气化流行之中而成为气之条理；至于人性，则只能落实于饮食男女而成为所谓"血气心知之性"② 了。而对于《周易》的"形而上者谓之道，形而下者谓之器"（《周易·系辞上》），戴震也解释说："形谓已成形质，形而上犹曰形以前，形而下犹曰形以后。"③ 这样一来，儒家思想中原本共时态的立体坐标也就被其改造为时间维度中的先后坐标了。在这一背景下，请看孟子与戴震不同的思想进路：

> 孟子曰："尽其心者，知其性也。知其性，则知天矣。"（《孟子·尽心上》）

> 经之至者道也，所以明道者其词也，所以成词者其字也。由字以通其词，由词以通其道，必有渐。④

这几乎可以说是实质完全相同的两种不同表达，但在孟子的语境中，其心、性、天之间是明确地包含着一种拾级而上之超越性意蕴的，而对戴震来说，所有这些说法不过是时间维度中同一性质之不断叠加而已。

三　知识与思潮之间的张力

为什么把范缜、梁武帝对佛教的理解以及范缜对"神识"的批评，包括明代理学中气学对心学的"围攻"⑤，甚至连同戴震对孟子的研究都归并到所

---

① （明）刘宗周：《明儒学案·师说》，《刘宗周全集》第 5 册，第 525—526 页。
② （清）戴震：《孟子字义疏证》卷中，《戴震全书》第 6 册，黄山书社 1995 年版，第 185 页。
③ （清）戴震：《孟子字义疏证》卷中，《戴震全书》第 6 册，第 176 页。
④ （清）戴震：《与是仲明论学书》，《戴震全书》第 6 册，第 371 页。
⑤ 王阳明曾回忆说："留都时偶因饶舌，遂致多口，攻之者环四面……"见（明）王阳明《与安之》，《王阳明全集》，上海古籍出版社 1992 年版，第 173 页。

谓"误解"的系列呢？这就涉及历史知识与时代思潮（包括人生价值观）之间的张力问题。而这一问题在思想史研究中尤为重要，所谓南辕北辙性的研究往往就是指那些思潮走向或价值观背反或呈异趋性的研究而言的。

就范缜而言，作为儒家的代表，其对佛教的批评历来都是受到高调表彰的。从儒家肯定人伦世教的价值追求而言，这无疑是值得肯定的；但如果就儒学对于人伦文明探讨之深入而言，范缜反而在起着一定的阻挠作用。让我们以范缜所坚持的"形神之辨"来说明这一点。就范缜的"形神之辨"而言，其肯定"形"为"神"的存在基础或前提基础，这无疑是正确的。但他却一定要将"神"归并到"形"的基础上来理解，并且还一定要消"神"以归"形"，这就只能对理论探讨起到阻碍的作用了。为什么这样说呢？因为"形"固然为"神"所以存在的基础，但"形"能不能完全说明"神"呢？如果"形"完全可以说明"神"，那么整个世界也就完全可以回归于始源一气了；但是，如果"形"并不足以说明"神"，那么在"形""神"共存的条件下，我们究竟应当从"神"来理解"形"呢，还是应当像荀子所说、范缜所坚持的那样依然从"形"的角度来说明"神"？正是从这个角度看，范缜彻底将"神"归并到"形"的基础上来理解，不仅消解了"神"的特殊性与超越性，而且也封闭了人们对"神"之特殊性与超越性的探讨；即使仅仅就对"神"的认识而言，完全从"形"的角度来理解"神"不仅不足以"尽神"，而且这一说法本身就是不周延的，也是不足以解释"形""神"共存之现实存在的。

对范缜的这一错误进行修正、弥补的恰恰是儒学，而这种修正与弥补又是通过儒学的深入发展实现的，这就是宋明理学。比如在张载的《正蒙》中，其对"神"就有了完全不同的理解。张载说：

> 散殊而可象为气，清通而不可象为神。[1]
> 鬼神者，二气之良能也。圣者，至诚得天之谓；神者，太虚妙应之目。[2]
> 天之不测谓神，神而有常谓天。[3]

---

[1] （宋）张载：《正蒙·太和》，《张载集》，中华书局1978年版，第7页。
[2] （宋）张载：《正蒙·太和》，《张载集》，第9页。
[3] （宋）张载：《正蒙·天道》，《张载集》，第14页。

> 神，天德，化，天道。德，其体，道，其用，一于气而已。①
>
> 凡可状，皆有也；凡有，皆象也；凡象，皆气也。气之性本虚而神，则神与性乃气所固有，此鬼神所以体物而不可遗也。②

很明显，在张载哲学中，"神"不仅是必须加以肯定的"太虚妙应之目"，而且也是"天德"及其"不测"的表现。最值得反思的还在于，张载不仅明确地坚持反佛立场，而且还是"北宋五子"中对佛教最有力的批评者。但在张载哲学中，范缜曾与之势不两立的"神"就已经成为儒学所正面肯定的概念了。

但这并不缘于儒学的嬗变，而应当说是范缜因思路狭隘所犯的错误。因为"神"本来就是儒家原有的概念，只是范缜自身思路狭隘才将其送给佛教了。从"神无方而'易'无体"到"阴阳不测之谓神"（《周易·系辞上》），再到"可欲之谓善，有诸己之谓信，充实之谓美，充实而有光辉之谓大，大而化之之谓圣，圣而不可知之之谓神"（《孟子·尽心下》），都说明"神"本来就是儒家所固有的概念。范缜将所谓"灭神"作为儒生的使命，这等于是将"神识"之说拱手送给佛教了，然后再以所谓自我树敌的方式，进行堂·吉诃德式的表演。之所以如此批评范缜，恰恰是因为这是由儒学的深入发展所证明了的道理，比如王阳明就对历史上的"三教"关系总结说：

> ……圣人尽性至命，何物不具，何待兼取？二氏之用，皆我之用：即吾尽性至命中完养此身谓之仙；即吾尽性至命中不染世累谓之佛。但后世儒者不见圣学之全，故与二氏成二见耳。譬之厅堂三间共为一厅，儒者不知皆吾所用，见佛氏，则割左边一间与之；见老氏，则割右边一间与之；而己则自处中间，皆举一而废百也。③

王阳明这里的"后世儒者"，几乎就是针对范缜而言的。因为所谓"见佛氏，则割左边一间与之；见老氏，则割右边一间与之"其实也就是范缜对佛教的态度；至于所谓"己则自处中间"，则正是范缜以来历代儒者反佛以

---

① （宋）张载：《正蒙·神化》，《张载集》，第15页。
② （宋）张载：《正蒙·乾称》，《张载集》，第63页。
③ （明）钱德洪：《王阳明年谱》三，《王阳明全集》，第1289页。

自处的事实,所以王阳明也明确地批评说这是"举一而废百也"。如果从中外文化交流融合的角度看,那么范缜的这种反佛方式实际上只是一种锢蔽自守的心态。

在这里,我们还必须对梁武帝的佛教理解稍作分析和说明。对佛教学理的认识,梁武帝固然远胜于范缜这样的儒生;但如果就对佛教学理认识之深入而言,则梁武帝与范缜也不过五十步与百步之差而已。因为范缜以"形"灭"神"固然不足道,而梁武帝却试图以"功德"成佛,虽然已经不再"灭佛",但就其以世俗的"功德"来追求成佛而言,其识见与范缜也就仍然处于同一层级,因为其"功德"并不是发自佛教本有的空寂之体与妙圆之智。

让我们再看明代的心学与气学。如前所述,明代的心学与气学都是作为对程朱天理本体论的落实出现的,并且也都以内在化为方向,这当然是就其共同性而言的。但如果就其不同的关怀侧重而言,则由于气学始终坚持其理气关系的探索方向,并且也坚持理只能内在于气中,这样一来,不仅天理只能存在于气化流行之中,而且其性质也就成为春生夏长、秋收冬藏之类的理了。这一点又以罗钦顺的理气关系说为典型表现:

> 理果何物也哉?盖通天地,亘古今,无非一气而已。气本一也,而一动一静,一往一来,一阖一辟,一升一降,循环无已。积微而著,由著复微,为四时之温凉寒暑,为万物之生长收藏,为斯民之日用彝伦,为人事之成败得失。千条万绪,纷纭胶轕而卒不可乱,有莫知其所以然而然,是即所谓理也。初非别有一物,依于气而立,附于气以行也。[1]

如果以这种春生夏长、秋收冬藏之类的理对应于朱子批评陈齐仲时所说的"且如今为此学而不穷天理、明人伦,讲圣言、通世故,乃兀然存心于一草木一器用之间,此是何学问?如此而望有所得,是炊沙而欲其成饭也"[2]相比,那么罗钦顺所谓的理其实也就正是"一草木一器用"之类的理。这无疑既包含着对程朱天理本体论的演变一面,同时又包含着对宋明理学思想格局的开新一面。但在当时,重要的并不在于开新,而在于对两宋理学之基本精神的落实与发扬。从这个角度看,则明代心学就显现出了极为重大的意义,

---

① (明)罗钦顺:《困知记》,第4页。
② (宋)朱熹:《答陈齐仲》,《朱熹集》卷三十九,四川教育出版社1996年版,第1792页。

因为其正是通过"心性不二"与"性情不二"的方式，将两宋理学的道德本体精神落实到愚夫愚妇的日用酬酢之间了；而理之"内在于气"以及"气之条理"之规定性也就只能使其走向春生夏长与秋收冬藏之类的自然之理，走向一种前因后果式的物理认知了。对于宋明理学而言，这只能说是一种流衍性的发展。

为什么这样说呢？因为宋明理学的根本任务就在于重塑国人的精神世界，从而给儒家的人伦文明提供一种更为坚实的精神支持，这也是朱子的天理本体论能够成为两宋理学集大成的根本原因。但无论是天理本体论还是超越性的道德追求精神，也都必须以人的日用伦常作为其基本落实点，这又是明代心学能够成为理学主流的根本原因。气学虽然与心学坚持着同一的内在化方向，但当其以理气关系为重心而又聚焦于天地万物所以生成演化，包括所谓春生夏长与秋收冬藏之类的自然之理时，这样的理气关系探讨也就必然会远离人们的现实生活；至于其对天地万物所以生成演化的探讨，由于并不是一种科学实证性的研究，因而说到底也不过是一种"宇宙论的玄想"[1] 而已。

能够对明代气学的这一走向进行实证性落实的恰恰是乾嘉大师戴震。从哲学进路的角度看，戴震无疑属于明代气学的继承者，只是在经过明末清初"六经皆史"思潮的转折之后，原本聚焦于天地万物所以生成演化之理的气学也就转向了对儒家原典文献进行历史性考证，以及对音韵、训诂性解释的知识澄清之路，这就有了乾嘉学术的形成；而戴震所谓的"由字以通其词，由词以通其道"与气学家所坚持的"理只是气之理，当于气之转折处观之。往而来，来而往，便是转折处也"[2] 实际上也属于同一逻辑。正因为他们坚持着同一理论逻辑，所以天理也就被戴震诠释为"情之不爽失也"[3]，而人性则被其认定为"血气心知之性"[4]；同样道理，儒家传统的道器共在的形而上与形而下之规定，也就被戴震演绎为仅仅存在于时间维度中的形而生之先后了。在这一格局下，虽然戴震也对孟子遥递向往之情，且在清代的孟子研究中，也只有戴震准确地搞清了孟子"乃若其情"之情"非性情之情也"[5]，但

---

① 刘述先：《朱子哲学思想的发展与完成》，台湾学生书局1995年版，第273页。
② （明）罗钦顺：《困知记》，第68页。
③ 戴震云："理也者，情之不爽失也；未有情不得而理得者也。"见（清）戴震《孟子字义疏证·理》，《戴震全书》第6册，第152页。
④ （清）戴震：《东原文集·原善上》，《戴震全书》第6册，第343页。
⑤ （清）戴震：《孟子字义疏证·才》，《戴震全书》第6册，第197页。

其笔下的孟子,也就与始终坚持"君子所性"并以"知性知天"为追求指向的孟子完全是两种不同的气象。这说明,时代的思潮走向,包括所谓人生价值观的方向对于研究本身起着极大的制约作用;而在价值观对立或思潮走向背反的情况下,即使全面地掌握了历史知识,也很难得出一种较为客观的结论。

四 知识与思潮的互补以及其诠释学循环

这样看来,历史性的知识与思潮性的定向在思想史研究中起着完全不同的作用。虽然深入的研究必须是尽可能地追求二者的一致或统一,但二者的不一致甚或一定程度的背反往往成为思想史研究中的常态。这究竟是为什么呢?当然,这首先是由研究者的入手角度与原初思想家的历史错位造成的。正是由于不同历史坐标的错位,从而也就有了"知识"与"思潮"错位的双重可能;但是,这双重错位又必须是借助文字、文化所体现的人类理性之通约性来传递与表达的,从而也就造成了错位的不可避免性。

不过严格来说,从历史性的"知识"到时代性的"思潮"一致发生错位的现象还是比较少见的。这就像人写文章进行自我表达无疑会存在一定的从字、词到语法上的错误,但要上述诸项一概皆错,却又必须像文物造假一样,只有真正的高手才能做到。因为在现实生活中,如果从历史性的"知识"到时代性的"思潮"一致发生错位,这样的现象根本就不会引发研究者的兴趣,所以在二者之间,总会发生某种程度上的共鸣。

从这个角度看,人们最常发生的思想史兴趣,往往是从历史知识的角度形成的,但这并不是说凡是从历史知识的角度进行的思想史研究其知识就一定是正确的。因为即使是从历史知识的角度形成思想史研究的兴趣,人们也往往是以自己当下的历史知识作为出发点的;如果在此能够对自己的历史知识进行一番斟酌,一般来说都不会发生历史知识错会的现象。但问题恰恰在于,凡是发生历史知识错会的现象,往往都是以历史知识的通约性来贯通古今的。如果在此能够稍加叩问,就会排除这种知识错会的现象了。在这种条件下,所谓思想史研究也就可以表现为戴震所规定的"由字以通其词,由词以通其道"的进程,而这样的进程也确实可以排除文字与历史知识方面的错会现象。由此出发,当由"字"通向"词",又由"词"通向"道"时,起码也就形成了对"道"的一种基础或"小学"式的理解。这可以说是思想史研究的一种基本进路，也是"字"、"词"与"道"的一种基础性循环。

但如果我们稍加检视，便可发现所谓"字"、"词"与"道"的关系并非就是一种同质的积累与叠加的关系，而是在从"字"到"词"再到"道"的每一步进展中，都有新的内容充实其中；也就是说，在由"字"、"词"与"道"所构成的链条中，每一个环节都是开放的，因而每一个环节也都可能有新的内容充实其间。这正是徐复观先生在其思想史研究中所强调的"发展"① 现象。就是说，仅仅"字"的积累还是不足以说明"词"的；而仅仅"词"的组合也不能完全说明"道"的内涵。如果要强行说明，那也仅仅是指其部分含义而已。这样一来，如果我们将这种从"字"到"词"再到"道"的方法称为一种诠释学方法，那么这就是由"字"到"词"、由"知识"到"思潮"的一种由微观到宏观的进路与方法。

不过，正如前文已经揭示的，这种方法其实并不足以揭示概念、命题之思想义理方面的全部内涵，这就需要另外一种方法，而这种方法正可以说是对前一种方法的补充或逆运算。如果借用孟子的话加以表达，可以称为"以意逆志"与"知人论世"的方法。"以意逆志"与"知人论世"是孟子解读《诗经》《尚书》所用的方法。它主要分为两步：第一，放弃对"字""词"的执着，用孟子的话说，就是"不以文害辞，不以辞害志。以意逆志，是为得之"（《孟子·万章上》）。孟子甚至还举例说："如以辞而已矣，《云汉》之诗曰：'周余黎民，靡有孑遗。'信斯言也，是周无遗民也。"（《孟子·万章上》）很明显，这就是说，如果执着于其字面的表达，就真会以为"周无遗民也"。这就要求人们超越于"字""词"之表面含义而更探其心志。第二，"知人论世"的方法，则是将其为人与时代思潮结合起来，所以孟子说："颂其诗，读其书，不知其人，可乎？是以论其世也。"（《孟子·万章下》）在这里，所谓"不知其人，可乎？"也就代表着"以意逆志"的指向；至于所谓"论其世"，则是将其人放在时代思潮中加以把握。孟子对盆成括的一段分析就可以视为其对知人论世方法的一种具体运用：

　　盆成括仕于齐，孟子曰："死矣盆成括！"

---

① 徐复观指出："过去研究思想史的人，常常忽略了同一抽象名词的内涵，不仅随时代之演变而演变；即使在同一时代中，也因各人思想的不同而其内涵亦因之不同。本书在方法上，很小心地导入了'发展'的观点，从动进的方面去探索此类抽象名词内涵在历史中演变之迹……"徐复观：《中国人性论史·再版序》，上海三联书店 2001 年版，第 2 页。

盆成括见杀,门人问曰:"夫子何以知其将见杀?"

　　曰:"其为人也小有才,未闻君子之大道也,则足以杀其躯而已矣。"(《孟子·尽心下》)

　　这可以说是孟子运用知人论世方法的一个典型案例。但通过"以意逆志"以知其为人,复通过"知人论世"以把握其人的思想性格与人生命运,则可以说是孟子知人论世方法的基本指向。这样一来,孟子也就可以从更具根源性的主体性与时代性之具体统一的角度,亦即从微观与宏观之具体统一的角度完成对古代文献的另一种解读。如果说前者是从微观走向宏观之路,那么后者便可以说是从宏观与微观的具体统一中把握其人之命运。

　　这样一来,在"字"、"词"与"道"以及历史"知识"与时代"思潮"之间,也就构成了一种双向的回环;而这种回环的每一次往复,都是我们历史认识的深入,也是思想史研究的一种深化。这种深化,不仅表现在对古代典籍与文献的深入理解上,而且是对其人人生命运的一种深刻解读。儒家知人论世方法的深刻性,也就体现在对其人其书、其思想其命运之具体的历史统一的解读中。

后　记

朱子是近世大儒、文化巨人，在儒家思想的传承、发展以及经典重构上起过巨大作用，其学说亦在韩国、日本、越南等地产生深远影响。在现当代，朱子学研究成为世界范围内的儒学盛事，名篇佳作不断。

20世纪是经学大衰落的时代，经学蜕变为所谓经学研究，儒经危乎殆哉，几至名存实亡。所幸，通过哲学等学科的研究，其所蕴含的大义在现当代仍得以赓续不绝。毫无疑问，现当代是哲学儒昌盛的时代。当然，这是有偏蔽的。久矣！学者以哲学之管窥为儒经事业本身。现当代对于朱子学的研究亦复如是，以哲学理解理学和道学，进而学者认为理学即是哲学，宋明理学研究于是借哲学之名实大兴。近一二十年来，学界风气稍有所变化，以经学视角来看待和研究宋明理学和朱子学在一定程度上受到了人们的欢迎。其中，四书学的研究日渐昌明，立项课题和论著转多，可以说，朱子四书学的研究已经不算冷门了。

朱子是宋代新儒学的集大成者。从一个方面来看，他的学问是接着二程或者北宋五子、六子来讲的；从另一方面来看，他的学问又是接着孔孟来讲的。二程初步确立了四书的道学新经典体系，朱子则更进一步，除了继承四书这个道学新经典体系之外，他又欲重返孔子所述作的经典体系，即重返于六经的经典体系。《诗》《书》《礼》《乐》《易》《春秋》六经，乃孔子所述作，然则后世推尊孔子的学者，可以独尊四书而不尊六经乎？是不然也！所以朱子必欲从四书返于六经，综合与融通，建立兼赅二者的新经典体系。朱子道统论的新建构，即是其新经学体系的建构，而理学即是此新经学体系的思想内涵。三者譬如一体之三维，相待而共成一相。

本书是"朱子经学与四书学"专题会议的论文集。这个会议于2017年11月11—12日在清华大学召开。论文的作者大多数是长期从事宋明理学研究的专家、学者，其中陈来先生是研究朱子理学、朱子哲学的大家，朱杰人先生是整理朱子文献的代表性学者。本人对全部文章仅作了简单处理，分为

"朱子经学与四书学""朱子仁说与中和说""朱子道统论及其他"三类。本书的出版，得到了清华大学人才引进经费的资助。

非常感谢立涛博士，他负责通信联络，收集了各位作者的大作。非常感谢刘荣副编审和单远举编辑，他们认真处理和编辑了本书全部文稿。

是为记。

丁四新

庚子年春分于北京学清苑寓所